职业教育城市轨道交通专业"互联网+"创新教材

城市轨道交通车辆机械系统检修

（配实训工单）

主　编　谢　勇　张　哲
副主编　胡　翔
参　编　刘剑华　杨明明

机械工业出版社

本书紧紧围绕"以企业需求为导向，以职业能力为核心"的编写理念，通过企业真实工作任务，结合大量的照片和图示，力求通过理论与实践相结合的方式介绍轨道交通车辆机械部件的结构与工作原理、各级检修的工艺过程，满足岗位技能培训与鉴定考核的需要。

本书系统、全面地阐述"城市轨道交通车辆机械系统检修"课程应掌握的知识和技能，共有六个项目，主要内容包括城市轨道交通车辆检修制度及管理，城市轨道交通车辆检修基地基础设施及设备，城市轨道交通车辆的计划检修，城市轨道交通车辆的机械部件与检修，城市轨道交通车辆的机械部件检修工艺，城市轨道交通车辆检修常用工具、量具的使用与维护。

本书可作为高等职业院校城市轨道交通车辆技术专业教材，也可供企业人员参考。为方便教学，本书配有电子课件，凡选用本书作为授课教材的教师均可登录机械工业出版社教育服务网（www.cmpedu.com）以教师身份注册后免费下载。

图书在版编目（CIP）数据

城市轨道交通车辆机械系统检修：配实训工单/谢勇，张哲主编. —北京：机械工业出版社，2021.10（2024.7重印）

职业教育城市轨道交通专业"互联网+"创新教材

ISBN 978-7-111-69350-5

Ⅰ.①城… Ⅱ.①谢…②张… Ⅲ.①城市铁路—铁路车辆—车辆检修—职业教育—教材 Ⅳ.①U279.3

中国版本图书馆CIP数据核字（2021）第204127号

机械工业出版社（北京市百万庄大街22号　邮政编码100037）
策划编辑：曹新宇　　　　　责任编辑：曹新宇
责任校对：陈　越　张　薇　封面设计：张　静
责任印制：郜　敏
中煤（北京）印务有限公司印刷
2024年7月第1版第5次印刷
184mm×260mm·16.75印张·402千字
标准书号：ISBN 978-7-111-69350-5
定价：59.80元

电话服务　　　　　　　　　网络服务
客服电话：010-88361066　　机　工　官　网：www.cmpbook.com
　　　　　010-88379833　　机　工　官　博：weibo.com/cmp1952
　　　　　010-68326294　　金　书　网：www.golden-book.com
封底无防伪标均为盗版　　　机工教育服务网：www.cmpedu.com

前 言 PREFACE

地铁车辆的检修工作是非常复杂、烦琐的，而地铁车辆的状态安全是安全运营的核心关键之一，要保证地铁车辆检修工作保质保量地进行，检修人员是关键。车辆检修人员为地铁车辆检修工作的执行者，在工作中需具备大量相关专业知识。本书结合轨道交通车辆机械系统检修作业内容，以相关理论知识为基础，内容深入浅出、简明易懂。

在编写过程中，我们查阅了大量的参考资料，多次到检修现场调研；在内容的组织上，注意实用性、理论与实践相结合，突出分析问题、解决问题和实际操作能力的培养。本书内容尽量反映城市轨道交通车辆检修现场的实际情况，在结构的安排上，强调逻辑性、系统性和层次性；在文字的表达上，力求准确、精炼、通俗易懂。

本书共有六个项目，主要内容包括城市轨道交通车辆检修制度及管理，城市轨道交通车辆检修基地基础设施及设备，城市轨道交通车辆的计划检修，城市轨道交通车辆的机械部件与检修，城市轨道交通车辆的机械部件检修工艺，城市轨道交通车辆检修常用工具、量具的使用与维护。

为落实立德树人的根本任务，学生通过了解城市轨道交通车辆机械结构、检修工艺与规章制度，养成严格遵守企业规章制度和工作纪律的意识；养成严格按照操作程序进行检修作业的严谨态度；树立爱护设备、安全生产、团队协作的意识；培养诚实守信和吃苦耐劳的精神。

本书由武汉铁路职业技术学院谢勇、张哲任主编，具体编写分工：项目一由胡翔、杨明明、刘剑华编写；项目二由胡翔编写；项目三由张哲编写；项目四～项目六由谢勇编写；实训工单由谢勇、张哲编写。全书由何成才任主审。在本书的编写过程中得到了武汉铁路职业技术学院各位领导、同事的大力支持和帮助，在此一并表示感谢！

由于编者水平有限，书中难免有错误之处，请读者给予批评和指正。

编　者

二维码清单

序号	名称	图形	序号	名称	图形
1	地铁车辆位置定义		6	全自动车钩自动连挂视频展示	
2	地铁车辆标识		7	手动解钩动作视频展示	
3	地铁车辆的编组		8	车钩附属部件	
4	转向架轮对转盘		9	可压溃变形管实验视频展示	
5	密接式车钩的结构和工作原理		10	车门驱动机构	

目 录 CONTENTS

前　言

二维码清单

项目一　城市轨道交通车辆检修制度及管理 ……………………………… 1
　　任务一　安全教育 ……………………………………………………… 1
　　任务二　城市轨道交通车辆检修管理体制认知 ……………………… 6
　　任务三　城市轨道交通车辆检修制度认知 …………………………… 8

项目二　城市轨道交通车辆检修基地基础设施及设备 …………………… 15
　　任务一　城市轨道交通车辆检修基地及其布局认知 ………………… 15
　　任务二　城市轨道交通车辆检修基地主要检修车间认知 …………… 18
　　任务三　城市轨道交通车辆检修主要工艺设备认知 ………………… 22

项目三　城市轨道交通车辆的计划检修 …………………………………… 31
　　任务一　城市轨道交通车辆的日检 …………………………………… 31
　　任务二　城市轨道交通车辆的月检 …………………………………… 48

项目四　城市轨道交通车辆的机械部件与检修 …………………………… 59
　　任务一　车钩缓冲装置的结构与检修 ………………………………… 59
　　任务二　转向架的结构与检修 ………………………………………… 71
　　任务三　客室车门的结构与检修 ……………………………………… 95
　　任务四　制动系统的结构与检修 ……………………………………… 108

项目五　城市轨道交通车辆的机械部件检修工艺 ………………………… 128
　　任务一　电动客车解编、解钩及落车、连挂作业 …………………… 128
　　任务二　车钩拆卸及安装作业 ………………………………………… 135
　　任务三　转向架拆卸及安装作业 ……………………………………… 143

任务四　空气弹簧检修作业 …………………………………………… 149
　　任务五　联轴器拆装（注油）作业 ……………………………………… 154
　　任务六　齿轮箱换油作业 ………………………………………………… 159
　　任务七　整车高度调整作业 ……………………………………………… 163
　　任务八　客室车门的检修作业 …………………………………………… 166
　　任务九　空气压缩机的检修作业 ………………………………………… 176

项目六　城市轨道交通车辆检修常用工具、量具的使用与维护 …………… 182
　　任务一　常用工具的使用与维护 ………………………………………… 182
　　任务二　常用量具的使用与维护 ………………………………………… 191

参考文献 …………………………………………………………………………… 203

实训工单（单独装订）

项目一

城市轨道交通车辆检修制度及管理

任务一 安全教育

任务目标

1. 建立自我保护安全意识。
2. 掌握生产基础安全知识。
3. 增强事故预防及应急处理能力。
4. 提高安全生产操作技能。

知识课堂

一、基本概念

1. 安全与事故的定义

安全泛指没有危险、不出事故的状态。生产过程中的安全指不发生工伤事故、职业病、设备或财产损失。

事故是指造成人员死亡、伤害、职业病、财产损失或其他损失的意外事件。

2. 事故的分类

某城市城市轨道交通企业车辆事故的分类如图1-1所示。

3. 各类标志

在生活和工作中,经常会见到各种标志,其颜色和图案各异,可分为禁止标志、警告标志、指令标志和提示标志等4类。

4类标志中,不同颜色都有各自的含义。

红色:表示禁止和阻止的意思,主要用于禁止标志、停止信号。

黄色:表示提醒人们注意,主要用于警告、警戒标志。

蓝色:表示指令,要求人们必须遵守的规定,主要用于指令标志,如必须佩戴个人防护用具、道路指引车辆和行人行走方向的指令。

绿色:表示允许、安全的信息,主要用于提示标志,安全通道、行人和车辆通行标志、

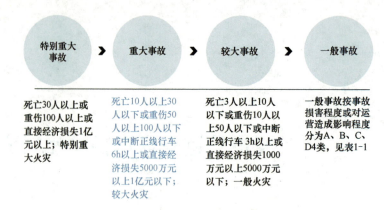

图1-1 某城市城市轨道交通企业车辆事故的分类

表1-1 一般事故的分类

A类	B类	C类	D类
①正线列车冲突 ②正线列车脱轨 ③正线列车分离 ④正线挤岔 ⑤正线列车非法逆行 ⑥未经批准向占用区间发出列车等	①非运营时间内由于排水不畅造成积水漫过轨道 ②列车夹人动车 ③未经批准列车全列载客进入辅助线或车场线 ④隧道内设备位移侵限等	①列车救援时间超过30min ②列车夹物行车三站两区间以上 ③无操作资格或无调度命令或错误操作行车、供电等重要设备 ④运营期间,车站正常照明全部熄灭超过30min 等	①未经批准应停列车在站通过或通过列车在站停车进行乘降作业 ②运营期间,车站正常照明全部熄灭超过10min ③控制中心调度有线通信系统或无线通信系统之一全部中断超过10min ④其他施工作业未进行请、销点等

消防设备和其他安全防护装置的位置。

(1) **禁止标志** 禁止标志是禁止人们不安全行为的图形标志,是带斜杠的圆形边框,颜色为白底、红圈红杠黑图案,如图1-2所示,共23种。

　　禁止通行　　　　禁止烟火　　　　禁止合闸　　　　禁止乘人

图1-2 禁止标志

(2) **警告标志** 警告标志是提醒人们对周围环境引起注意的图形标志,是正三角形边框,颜色为黄底黑边黑图案,如图1-3所示,共28种。

(3) **指令标志** 指令标志是指强制人们必须做出某种动作或采用防范措施的图形标志,是圆形边框,颜色为蓝底白图案,如图1-4所示,共12种。

(4) **提示标志** 提示标志是指向人们提供某种信息的图形符号,是正方形边框,颜色为绿底图案,如图1-5所示,共3种。

图 1-3　警告标志

图 1-4　指令标志

图 1-5　提示标志

二、通用安全注意事项

对于城市轨道交通检修员工而言,需掌握安全工作基本原则、员工通用安全守则、基本安全生产制度和作业纪律、通用作业安全等安全知识。

1. 安全工作基本原则
1)管生产必须管安全、谁主管谁负责。
2)三不伤害,指的是"不伤害自己,不伤害他人,不被他人伤害"。

2. 员工通用安全守则
员工检修作业时,需做到五注意、六必须、七不准、八严禁。

(1) 五注意

①注意警示标志,谨防意外;②注意扶梯运作,谨防被夹;③注意地面积水、积油,谨防滑倒;④注意设备异常现象,及时发现,及时排除,谨防酿成事故;⑤注意高空坠物,谨防砸伤。

(2) 六必须

①必须坚守岗位,遵章守纪;②必须按规定正确使用劳保用品;③跨越线路必须一站、二看、三通过;④施工前做好防护,施工后必须清理现场,出清线路;⑤堆放物品必须整齐

稳固；⑥发现违章操作，必须坚决制止。

（3）七不准

①不准在线路附近舞动绿色、黄色、红色物品；②不准在无屏蔽门站台边缘与安全线之间坐卧、行走、堆放物品；③不准发出违章指令；④不准在行车场所追逐打闹、打架斗殴；⑤不准使用有安全隐患的工具、设备；⑥不准臆测行事；⑦当班时不准饮酒、看报刊杂志、聊天和打盹等。

（4）八严禁

①严禁擅自跳下站台和进入隧道；②严禁携带易燃、易爆、有剧毒等危险物品进站、乘车；③严禁上下行驶中的车辆；④严禁擅自进入行车部位和重要设备场所；⑤严禁擅自触动任何设备、设施；⑥严禁攀登到机车、车辆和车载货物顶部；⑦严禁擅自移动、改换防护装置、警示标志；⑧严禁走道心、枕木头，脚踏轨面和道岔尖轨。

3. 基本安全生产制度

安全生产做到三不动、三不离、三懂三会、故障三清以及四不放过。

（1）三不动、三不离、三懂三会、故障三清

三不动：①未联系登记好不动；②性能、状态不清楚的设备不动；③对正在使用中的未经授权的设备不动。

三不离：①检修完，不复查试验好不离开；②影响正常使用的设备未修好不离开；③发现设备、设施异响，不查明原因不离开。

三懂三会：①懂设备结构、会使用；②懂设备性能、会维修；③懂设备原理、会排除故障。

故障三清：①时间清；②地点清；③原因清。

（2）四不放过

①事故原因没有查清不放过；②事故责任者没有受到严肃处理不放过；③广大职工没有受到教育不放过；④防范措施没有落实不放过。

4. 轨行区作业安全事故十防

1）防止人员误进轨行区，违规携带危险品进站乘车。

2）防止错办进路、错发调度命令，未确认信号、道岔、进路动车。

3）防止列车超速运行、错开车门、开门走车、夹人夹物走车。

4）防止列车冲突、脱轨、追尾、冒进信号。

5）防止车辆制动系统失灵、悬架装置脱落。

6）防止道岔失控、信号显示错误。

7）防止接触轨触电伤亡，接触网（轨）错送电、漏停电。

8）防止发生弓网事故、轮轨事故。

9）防止感应板、电机超限，施工清场不彻底。

10）防止重点部位发生火灾及消防联动设备失效。

三、消防安全及劳保用品

1. 消防安全

物质燃烧须同时具备3个条件：可燃物、助燃物和着火源。根据燃烧的3个条件，可得出防火的基本方法为：控制可燃物，隔绝助燃物，消除着火源。

常见的灭火方式有：化学抑制法、隔离灭火法、窒息灭火法和冷却灭火法。

常用灭火器的种类有以下3种：

1）干粉灭火器：主要用来扑救固体、液体、气体和电器火灾，如图1-6所示。

2）二氧化碳灭火器：适用于扑救液体、气体、电气设备的初期火灾。

3）泡沫灭火器：适用于扑灭固体、液体火灾，不能扑灭电火灾。

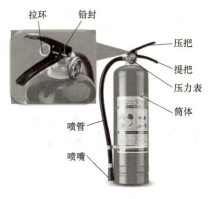

图1-6 干粉灭火器

干粉灭火器的使用步骤：①当发生火灾时，边跑边将筒身上下摇动数次；②拔出安全销，将筒体与地面垂直，手握胶管；③选择上风位置，接近火点，将皮管朝向火苗根部；④用力压下压把，摇摆喷射，将干粉射到火焰根部。

2. 劳保防护用品

劳保防护用品就是在劳动过程中，为了防御物理、化学、生物等有害因素伤害人体而穿戴和配备的各种物品的总称。常用的劳保防护用品如图1-7所示。

图1-7 常用的劳保防护用品

（1）荧光衣 检修作业多为夜间，荧光衣使检修人员更易被发现，可进行有效的安全防护。

（2）安全鞋 安全鞋具有防滑、耐油、耐酸碱、防砸、防刺穿、绝缘的特点。

（3）安全帽 安全帽提供对高空坠物、头部碰撞、带电导体、危化品飞溅、高温高压气流等危害因素的安全防护，以保护头部安全。

（4）口罩 口罩在有粉尘的作业环境中使用，对进入肺部的空气有一定的过滤作用，可以保护呼吸道。

（5）手电筒 手电筒为检修作业提供光源，满足检修作业及夜间行走对光线的需求。

思考与练习

1. 事故调查处理的"四不放过"是指哪些？
2. 简述手提干粉灭火器的使用方法。
3. 简述安全色：红色、蓝色、黄色、绿色表示的意思。

4. 简述"三不动、三不离"的制度规定。
5. 什么是安全生产？
6. 什么是安全线？

任务二　城市轨道交通车辆检修管理体制认知

任务目标

1. 了解城市轨道交通车辆检修部门的工作范围。
2. 掌握城市轨道交通车辆运用工作和检修工作的管理模式。
3. 熟知城市轨道交通车辆的检修方式。

知识课堂

城市轨道交通车辆检修管理体制是整个城市轨道交通管理系统的重要组成部分。它要求实现城市轨道交通设备资源、人力资源统一管理、综合利用，采用集约化、规模化和规范化的管理手段，提高车辆检修质量和工作效率，保证车辆运用效率及安全，以获得最佳运营经济效益和社会效益。

一、城市轨道交通车辆检修部门管理工作要求

1. 车辆检修单位（部门）的主要工作范围

1）车辆检修单位（部门）根据列车的运营计划，制订相应的列车检修计划。
2）在每日列车运营结束后，车辆检修单位（部门）对回库列车进行日常检查、维护。
3）运营列车在途中发生故障时，若故障在列车司机处理范围之内，并经司机处理恢复良好运行状态的列车，可继续运行或维持运行，尽量避免救援；列车司机若不能处理时，应尽快组织救援，以保证运营线路的畅通。

2. 车辆检修单位（部门）的职责

1）负责电客车维护、维修、抢修工作。
2）负责电客车维修设备的操作、维护和维修工作。
3）负责组织落实检修基地所辖范围内的救援、抢修工作。
4）负责检修基地、停车场的行车组织工作，以及与行车有关的生产作业组织工作。

3. 城市轨道交通车辆检修组织流程（图1-8）

图1-8　检修组织流程

二、城市轨道交通车辆的检修方式

城市轨道交通车辆检修工作、运用工作的管理模式有两种，第一种模式是车辆检修工作和运用工作由车辆部门统一管理；第二种模式是车辆检修工作由车辆部门进行管理，车辆的运用工作由客运部门进行管理。

1. 第一种模式

1）对列车的运用和检修进行统一管理、集中安排，管理程序简化、管理效率较高。

2）便于出台与车辆技术有关的列车运用规章制度、司机操作规程及列车故障操作办法等。

3）列车运行情况能及时反馈并妥善处理。

4）能积极进行车辆运用与车辆检修后的调试工作。

5）便于进行列车司机岗位的各种适应性、资格性培训。

2. 第二种模式

1）可以实行统一管理、全面负责。

2）客运部门除了保证车辆的正常运行外，还必须配合做好车辆检修所需调车工作，以及列车检修后的各种机能调试工作。

3）车辆段负责及时完成车辆检修任务，保证向运营线路提供良好运用状态的列车。

4）车辆段负责制定各种与车辆技术有关的列车运行规章制度。

5）车辆段协助开展列车司机岗位的各种适应性、资格性培训工作。

三、城市轨道交通车辆检修工的岗位职责

1. 车辆检修工的主要工作

地铁车辆检修离不开车辆检修工，地铁车辆检修工的主要职责是对地铁车辆进行检查和修理。

检和修两者是相辅相成的，不存在单独的检，也不存在单独的修。简单地说就是对运营车辆进行检查，发现车辆有异常情况时，对异常情况进行修理，保障车辆的正常状态。

2. 车辆检修工的岗位职责

车辆检修工的岗位职责主要包括遵守安全规定、完成检修任务、执行相关文件、参与事故救援、参加学习培训、传带新晋员工等。

3. 如何成为一名合格的车辆检修工

要成为一名合格的车辆检修员工，务必做到四能、四勤。

（1）四能　四能是指能看懂车辆专业知识，能分析车辆电路原理，能使用车辆诊断软件，能运用车辆检修工具。

（2）四勤　四勤是指勤询问，细思量；勤动手，莫要慌；勤观察，多分析；勤反思，多预防。

4. 车辆检修现场安全管理规定

（1）劳保穿戴　车辆检修作业时，工作人员必须戴好安全帽和安全带，穿好工作服和安全鞋。

（2）进入现场须知　进入现场须知是指新员工进入车辆检修车间，必须专人负责带领；必须进行危险源学习；必须到DCC请点；必须按规定穿戴劳保用品。

（3）进入现场六严禁　进入现场六严禁是指禁止随意走动，禁止随意离队，禁止取下安全帽，禁止嬉戏打闹，禁止随意就座，禁止攀爬跳跃。

5. 车辆检修工的行为规范

（1）基本规范　车辆检修工的基本规范包括遵纪守法、诚实守信；严于律己，宽以待人；敬业爱岗，勤奋学习；钻研业务，提高技能；热爱组织、热爱集体。

（2）仪表规范　车辆检修工的仪表规范包括精神饱满，乐观开朗，积极向上；仪表端庄，着装得体；男员工不穿无领上装、短裤和拖鞋；女员工不穿无袖上装、超短裙、凉拖；工作中必须穿工作服或工装，并佩带公司工卡；严禁在生产岗位、办公室及公共场所吸烟。

（3）工作规范　车辆检修工的工作规范包括遵守公司制度，完成各项工作任务；熟悉岗位规范，明确工作职责；正确使用劳动保护、防护用品；工作时间不得擅离职守，严禁做与工作无关的事。

（4）行为规范　车辆检修工的行为规范包括遵守劳动纪律，按时上下班；严禁在上班前8h和班中饮酒；严禁擅自进入主要设备场所；严禁擅自触动任何设备、设施；严禁擅自移动、改换防护装置；严禁工作期间上网聊天、玩游戏。

思考与练习

1. 城市轨道交通车辆的检修模式有哪些？分析其各自特点。
2. 车辆检修单位的主要工作范围是什么？
3. 如何成为一名合格的检修工？检修工应具备哪些基本技能？

任务三　城市轨道交通车辆检修制度认知

任务目标

1. 熟知城市轨道交通车辆的检修修程。
2. 熟知城市轨道交通车辆零件的损伤形式。
3. 掌握城市轨道交通车辆零件的常用修理方法。
4. 了解城市轨道交通车辆的检修限度。

知识课堂

一、城市轨道交通车辆检修修程

当车辆运营里程（时间）达到规定范围，符合检修要求时，根据车辆检修技术管理规程，按照车辆部件检修工艺标准，对车辆及部件进行检查、维护和修理。通常车辆的检修修程分为日常检修和定期检修。其中，日检、双周检、月（三月）检属于日常检修范畴，定修、架修、大修属于定期检修范畴。

1. 日检

日检是指每日运营列车入库后在整备线上进行的作业，主要进行车辆的外部检查，以保证次日列车的正常运营。

检查项目：车体、车辆走行装置、制动系统、车门传动装置、受电弓、照明装置等。

2. 双周检

双周检是指对主要部件运用状态进行技术标准的检查，如轮对运用尺寸、蓄电池电解液浓度、牵引电动机电刷长度、制动闸瓦的厚度等。

3. 月（三月）检

月（三月）检是指对列车进行全面细致的检查，更换接近使用限度的易损、易耗件，并对主要部件的技术状态进行检查、测试和维护。

4. 定修（年修）

定修是指对主要设备及零部件运用状态进行检查；对不良的设备及零部件进行更换或维修，保证技术标准符合运用要求；对电气部分技术整定值进行检测及调整。

5. 架修

架修是将车辆予以解体，进行设备及零部件的检查、测定、修复及更换等检修。

架修对转向架、车钩、车门传动装置、牵引电动机、受电弓等重要部件进行测试、检查、修复，恢复车辆设备及零部件的运用性能。

6. 大修

对车辆进行全面分解，整体修复，修竣后性能、标准应达到新造车的技术水平。车辆通过定期检修修程后，要对车辆进行静态调试、试运转运行和动态调试。

在上述修程中，高等级修程都涵盖低等级修程中的检修内容。天津、广州、北京城市轨道交通车辆检修修程见表 1-2～表 1-4。

表1-2 天津城市轨道交通车辆检修修程

修程	检修周期	停修时间
日检	每日	90分钟
月检	1.25万km	1天
定修	12.5万～15万km	10天（4节）15天（6节）
架修	50万～60万km	18天
厂修	100万～120万km	32天

表1-3 广州城市轨道交通车辆检修修程

修程	检修周期		停修时间	
	运营时间	走行里程/万km	近期	远期
日 检	1天	—	—	—
双周检	2周	0.35～0.5	1天	4小时
三月检	3个月	2.5～3.5	3天	2天
半年检	6个月	6.5～8.0	—	—

(续)

修程	检修周期		停修时间	
	运营时间	走行里程 / 万 km	近期	远期
一年检	1 年	12.5～15.0	8 天	6 天
二年检	2 年	23～28	—	—
三年检	3 年	34～40	—	—
架 修	6 年	62～75	24 天	18 天
大 修	12 年	125～150	36 天	30 天

表1-4 北京城市轨道交通车辆检修修程

修程	检修周期		停修时间 / 天
	运营时间	走行里程 / 万 km	
月修	1 个月	0.9～1.1	2
定修	13～15 个月	13～15	16
架修	26～30 个月	26～30	24
厂修	78～90 个月	78～90	—

二、城市轨道交通车辆零件的常见损伤形式及影响

技术状态良好的城市轨道交通车辆经过长期运用，随着运行里程和时间的增加将会逐步损坏，达不到预定的工作性能，也就是说车辆发生了损伤。城市轨道交通车辆零件损伤主要有磨损、腐蚀、裂纹折损、变形及零件松弛等 5 种。

1. 常见的损伤形式

（1）磨损 磨损是零部件在工作过程中，由于摩擦使零件表面材料受到损失，使几何尺寸和表面粗糙度值发生变化的一种损伤。车辆零件的磨损有正常磨损和不正常磨损两种。

1) 正常磨损是不可避免的。

2) 不正常磨损是工作条件不正常或材质不良引起的偏磨或急剧磨损。这种磨损不仅速度快，而且会引起其他危害，例如车轮轮缘的垂直磨耗会引起车辆脱轨，造成事故。不正常磨损是可以避免的。

（2）腐蚀 金属和周围介质发生化学作用，或由化学作用而造成的破坏叫作腐蚀。腐蚀会使金属零件表面的成分、性质、尺寸和形状发生变化，从而缩短了金属零件的使用期限。车辆零件腐蚀破坏的形式有以下几种：

1) 表面的均匀腐蚀——铁锈。

2) 夹锈，发生在两连接件接触面之间。

3) 局部穿孔或大面积蚀透。腐蚀在局部区域特别严重，造成零件蚀透。

4) 腐蚀性裂纹。零件表面受到腐蚀引起应力集中，造成零件的裂纹。

（3）裂纹折损 裂纹折损是指车辆零件上产生的裂纹或折损，是作用于车辆零件上的载荷在零件内产生的应力超过零件材料的强度极限，或在交变载荷的作用下，交变应力超过零件材料的疲劳极限时而产生的损伤。车辆零件的断裂主要有冲击断裂、静载断裂和疲

劳断裂。车辆零件发生的断裂大部分属于疲劳断裂。

疲劳断裂是零件在长期交变载荷的作用下，载荷引起的应力远小于零件材料强度极限条件下发生的断裂。由于车辆的主要零部件在车辆运行中所受载荷是交变性或有交变载荷的成分，因此，在运用中极易产生金属疲劳而导致零件断裂。

（4）变形　车辆零件刚度过低或受到过大的载荷会发生变形。零件变形会使车辆承载能力下降，会使车辆超出车辆限界，与线路两侧的设备碰撞造成事故。

车辆零件发生变形的原因除受到过大的载荷以外，还有在运用中受到不正常的冲击，零件设计不合理，因受到腐蚀使零件强度不足等。零件发生变形后，其受力状态发生变化，往往使应力上升，变形发展加快，或引起零件产生裂纹和断裂。

（5）零件松弛　由于列车运行中的振动与交变载荷的作用，经常发生车辆上的紧配合件与紧固件等的松弛现象。

2. 零件损伤的影响因素

（1）影响磨损速度的因素　零件的磨损速度与零件的摩擦形式和载荷、摩擦面的介质、摩擦表面的特性等因素有关。

1）零件的摩擦形式和载荷。滚动摩擦的磨损速度远比滑动摩擦小，同一种磨损形式也会因载荷性质和相对速度的差异而不同，动载荷和有较大的相对速度时磨损速度也较大。

2）摩擦面的介质。润滑油能使摩擦表面不产生干摩擦，良好的润滑条件能降低零件的磨损速度。

3）摩擦表面的特性。表面层金属的金相组织不同，硬度也不同，零件表面硬度越大，耐磨性越好；摩擦表面越粗糙，磨损速度越大，加工质量好能加速磨合过程，减少磨合时的磨损量。

（2）影响腐蚀速度的因素　零件的腐蚀速度与金属成分和组织结构、零件的结构外形和表面粗糙度、周围介质的成分、温度等因素有关。

1）金属成分和组织结构。一般低碳钢容易受腐蚀，但含有少量铜、磷的低碳钢（耐候钢）因其腐蚀产物可形成保护膜，能显著提高耐蚀性。

2）零件的结构外形和表面粗糙度。零件的外表形状越复杂、表面越粗糙，越易吸附电解液而形成电化学腐蚀。

3）周围介质的成分。大气腐蚀的主要因素有空气湿度和空气成分。空气湿度大、空气中酸性气体含量高是使车辆零件腐蚀加快的主要原因。

（3）影响裂纹折损、变形的因素　零件的折损、变形与金属材料的内部缺陷、零件外形设计上的缺陷、零件表面加工时引起的缺陷、检修时引起零件损伤等因素有关。

1）金属材料的内部缺陷。金属材料在冶炼、浇注和锻造等过程中产生的各种内部缺陷是引起应力集中的主要原因。

2）零件外形设计上的缺陷。如零件外形断面突然变化较大，过渡圆角半径较小，对零件材质的疲劳极限会产生很大的影响。

3）零件表面加工时引起的缺陷。表面粗糙度、加工留下的残余应力及加工深度对疲劳强度极限都有直接的影响。表面越粗糙，疲劳强度越低。

4）检修时引起零件损伤。零件在搬运时被碰伤、检查时被锤击打伤，都会造成应力集中；不正确的组装，也会产生附加应力，导致疲劳破坏。

3. 防止或减缓零件损伤的方法

（1）降低磨损速度的方法

1）提高摩擦面的硬度，如渗碳、渗氮、淬火、滚压、喷丸强化等。

2）恰当地选择耐磨材料。在摩擦副的机构中，对较复杂、昂贵的机件一般应选择优质和耐磨的材料制造，对与其相配合的机件应选用软质耐磨材料。

3）合理采用润滑剂。条件允许时，应尽量使零件处于液体摩擦状态。

4）保证零件表面小粗糙度值和高精度。零件新制或修理时，要使表面粗糙度值和精度达到技术要求。

（2）降低腐蚀速度的方法

1）设立防腐保护层。例如在金属表面上以薄膜的形式附加上耐腐材料，可使易腐蚀的零件表面不能与大气接触，从而防止腐蚀。常用的防腐保护层有油漆防腐层、金属防腐层和塑料防腐层。

2）充分考虑零件的结构。在容易腐蚀的部位，应尽量采用对接满焊；尽量避免形成封闭的存水结构或积尘存垢部位，必要时在适当位置设排水孔或通风口，以利于自行排水与除尘，减缓此部位的腐蚀。

3）采用耐腐蚀材料。普遍使用耐候钢，以提高车体钢结构的耐蚀性能，对于特别容易腐蚀的钢结构零部件，或在防腐蚀方面有特殊要求的车辆，采用铝合金或不锈钢制造。

（3）防止裂纹折损的措施

1）注意零件尺寸，防止应力集中。零件的断面不可骤然改变形状尺寸，如螺栓与杆部过渡处，轴肩部应有圆角并符合规定的半径。

2）注意零件表面加工质量，消除表面缺陷。零件表面进行机械加工时，应符合规定的表面粗糙度值，对于表面缺陷，如碰伤、锻造橘皮等及时消除。

3）正确掌握零件热修的规范，消除零件的残余内应力。零件在热修时要严格按照工艺规格控制加热温度、加热速度和冷却速度，以免造成材质缺陷和产生过大的内应力。

三、地铁车辆零件常用的修理方法和检验方法

1. 零件各种损伤的修理方法

（1）磨损的修理

1）改变公称尺寸的修理。即只对零件的几何形状和表面质量进行加工，配合的正常工作条件通过选配来解决。

2）恢复原公称尺寸的修理。这种方法可使磨耗零件既恢复了表面质量、几何形状，又恢复了原公称尺寸，使装配工作更为方便，如镶套、电镀等。

（2）腐蚀的修理

1）恢复零件的强度。由于腐蚀使零件厚度减小，结构变弱，因此腐蚀深度超限时，必须进行除锈、堆焊或加焊补强板。

2）恢复防腐保护层。防腐保护层的破坏是零件腐蚀的第一步，当防腐保护层被破坏或零件表层受到轻微腐蚀时，要彻底除锈后，重新建立防腐保护层。

（3）裂纹的修理 首先要发现裂纹，裂纹的修理一般采用电磁探伤和超声波探伤两种方法。电磁探伤用于探测铁磁性零件的表面缺陷和近表面缺陷，可直接由附于构件表面的磁粉分布情况来判断裂纹形状；超声波探伤用于探测非铁磁性零件表面和车轴，检查其内部

裂纹及缺陷。修理裂纹时要根据零件的重要性、裂纹的深度和长度等，采用铲、旋、磨等方法消除裂纹或用焊修等方法弥补裂损。

（4）弯曲变形的修理　弯曲变形常是因零件受到腐蚀等原因后强度下降而造成的，变形一般用调整法修理并按具体情况予以补强。

（5）配合松弛的修理　常见为螺栓连接件、铆接件松弛等故障，应予以重新组装。对于静配合件，如车轮和车轴，若发现松弛必须分解，重新选配零件组装。

2. 零件常用的检验方法

（1）感官检验法

1）目检：用眼睛或用放大镜检查零部件的表面状态，如表面裂损、刮痕、锈蚀、剥离和透油等均可通过目检发现。

2）听检：最常见的是用锤子敲打检查部位，从发出的声音和锤子的振动判断零件内部是否有缺陷，连接是否紧密。另外，从车轮、轴承工作时发出的声响，也可以判断其质量大致情况。

3）触检：例如用手接触机器的运转部分，检查零件是否发热；又如配合间隙，也常以配合件的相对晃动量做粗略检查。

（2）量具、仪器的检验法

1）用量规、样板测量零件的尺寸和形状。最典型的就是定期用轮对踏面形状样板检查车辆轮对踏面磨耗和轮缘磨耗。

2）用通用量具测量零部件的尺寸、形状和位置。零部件的平行度、垂直度、同轴度、对称度、圆度、圆柱度、跳动量、配合间隙与过盈量等诸多形、位误差，均可通过通用量具检测。

3）用探伤仪器检验零部件的隐蔽缺陷。利用超声波探伤检查轮对、车轴内部缺陷和裂纹，用电磁探伤检查零部件表面缺陷和浅层裂纹，在城市轨道交通车辆修理中获得广泛使用。

4）用机械仪器、电学仪器检查零部件其他方面的性能。所用仪器如检查弹簧的弹力、零部件严密性的仪器，检查电气部件的万用表、绝缘表以及光学测量仪器、气动检测和电感检测仪器等。

（3）现代技术诊断法　现代技术诊断就是采用一整套检测技术装备，在不解体的情况下，获取车体技术状态的资料，确定车辆是否需要修理和修理工作量的大小。现代技术诊断法的出现不但改进了车辆维修技术和工艺，还将引起维修制度和维修组织方面的重大改革。目前地铁电动客车走行部轴承故障、踏面轮缘损伤、电气回路和控制回路故障均已出现自动诊断装置，有不少已在运用中，对保证车辆运行安全、降低检修成本发挥着重要作用。

四、城市轨道交通车辆检修限度

城市轨道交通车辆检修限度是车辆在运用中和定期检修时，对零件允许存在的损伤程度和零件位置允许变化的程度所规定的尺寸标准。例如车轮踏面损伤深度＜0.5mm、擦伤长度＜40mm、车轮直径＞770mm等，都是车辆检修限度。车辆检修限度是地铁车辆检修工艺规程中很重要的内容，在日常检查维护时用检修限度来判断零件是否可以继续使用，在定期检修中用检修限度来判定零件是否需要修理及检修后质量是否合格。车辆检修的限度规定是否合理与车辆的技术质量和车辆检修的经济效益非常密切。

1. 检修限度的种类

城市轨道交通车辆的检修限度以使用场合的不同可分为运用限度和修理限度。修理限度按不同修程分为定修限度、架修限度和大修限度，一般在车辆检修限度表上还附有零件原形尺寸。

（1）原形尺寸 各零件原形尺寸及配合原始间隙是指车辆各零部件的设计尺寸和制造允许公差，组装时的允许间隙。

（2）运用限度 运用限度是指车辆零件的损伤已达到了极限或车辆及部件的位置达到了极限状态，超过了这个尺寸车辆不能继续使用，必须进行修理和更换。

（3）修理限度 修理限度是指地铁车辆进行各种定期检修时应控制的检修限度。各种修程对车辆修复程度要求不同，因而有各种限度。例如大修限度指车辆大修时的限度尺寸，其确定原则是恢复到设计所规定的原形尺寸和配合尺寸。

2. 确定检修限度的原则

（1）确定车辆运用限度的原则 确定车辆运用限度的原则以该零件发生的损伤对零件的正常使用和行车安全的影响为主要根据，主要考虑的问题有：

1）零件本身工作正常不会造成损伤急剧发展。
2）零件与其他部分配合正常。
3）车辆运用的安全性和平稳性。
4）车辆检修和运输的经济效益。

（2）确定修理限度的基本原则 确定修理限度的基本原则是符合该修程所要求的技术质量，它是决定零件在各级修程中修与不修，及其装配条件是否合格的标准制定修理限度，主要考虑的问题有：

1）保证零件安全运行到下一次定期检修。
2）各级修程间相互配合。
3）在保证质量的前提下，节约检修原材料。

思考与练习

1. 城市轨道交通车辆零件有哪些常见的损伤形式？其影响因素是什么？
2. 城市轨道交通车辆维修修程是如何规定的？
3. 针对不同的损伤因素如何防止或减缓损伤？
4. 什么是城市轨道交通车辆检修限度？
5. 城市轨道交通车辆零件的常用修理方法和检验方法有哪些？

项目二

城市轨道交通车辆检修基地基础设施及设备

任务一 城市轨道交通车辆检修基地及其布局认知

任务目标

1. 了解城市轨道交通车辆段的功能、特点、分类以及主要功能分区。
2. 熟知车辆段内的线路设施。
3. 熟知城市轨道交通车辆检修基地的主要设备的用途。

知识课堂

一、城市轨道交通车辆检修基地的功能和特点

城市轨道交通车辆检修基地不仅是城市轨道交通车辆运用、停放、清洁和检修的基地，还多与综合维修中心、运营公司材料总库、办公楼等连在一起，组成地铁系统的维修、维护及技术支持的保障基地，其架构如图 2-1 所示。

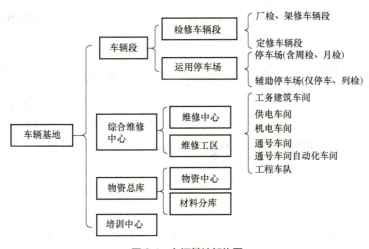

图 2-1 车辆基地架构图

城市轨道交通车辆检修基地具有以下主要功能:
1) 城市轨道交通车辆的运用功能。
2) 城市轨道交通车辆的检修功能。
3) 城市轨道交通车辆的清洁功能。
4) 城市轨道交通事故列车的救援功能。
5) 城市轨道交通沿线固定设备的日常检查和维修功能。
6) 城市轨道交通运营所需物资、设备的采购、储存和供应功能。
7) 城市轨道交通系统各类管理,技术人员的日常管理办公和培训功能。

二、城市轨道交通车辆检修基地的分类

车辆检修基地根据功能和规模的大小可分为停车场和车辆段。

1. 停车场的主要功能

1) 承担城市轨道交通车辆的整备作业(包括停放及检查、清洁、维修任务)。
2) 进行车辆定修(年检)及以下范围修程。
3) 通过静态调试和动态调试,对列车进行综合性能的测试。
4) 对车辆施行临修或采用部件互换修的方式进行车辆检修。

2. 车辆段的主要功能

1) 承担所属线路的车辆停放、清洁和列检工作。
2) 承担所在线路车辆的定修(年检)及以下车辆检查、维修和临修工作。
3) 承担所属线路和由多条联络线互相沟通的线路的车辆架修、大修工作。
4) 承担车辆部件的检测和修理工作。

三、车辆段的主要功能分区

整个车辆段可由出入段线、运用库、检修库、洗车机库和综合楼等区域组成,如图2-2所示。

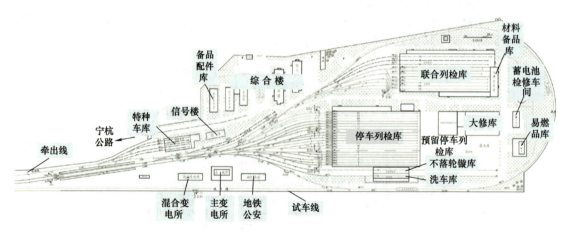

图 2-2 车辆段平面示意图

1. 出入段线

出入段线的主要功能是衔接(正线)运营线路与车辆段之间的线路,一般在车站与(正线)运营线路接轨。

规划设计时须考虑以下几方面：
1）应有利于车辆段内部线路的布置及占地的合理使用。
2）接轨方式应保证车辆进出的方便快捷，尽可能减少对正线的干扰。
3）连接站为高架站或地下站时，出入段线应具有一定的长度，以保证车辆有足够的爬坡能力。

2. 段内线路设施

段内线路设施主要解决城市轨道交通车辆在车辆段内的运转、停放和检修作业，按其功能的不同可分为：洗车线、吹扫线、试车线、回转线、材料线、车辆停放线、车辆检修线。

（1）洗车线　洗车线一般与洗车机配合使用，承担地铁车辆的外皮定期自动洗刷和维修前的外皮自动洗刷任务。洗车线有效长度需满足洗刷设备前后各有1列车长的要求，洗车机设备前后宜采用平直线路，多为贯通式布置。

（2）吹扫线　吹扫线承担地铁车辆检修时车底部分的冲洗、吹干任务，以便提高车辆检修质量和改善工作条件，减少对环境的污染。一般可满足每次吹扫1列车的需要，并设有检查坑，便于车下冲洗、吹扫作业。

（3）试车线　承担地铁车辆检修后动态调试工作和购置新车的调试验收工作。要求为平直线，其长度应能满足列车最高速度试车要求。试车线应设双向信号。

（4）回转线　回转线是指为避免地铁车辆轮对的偏磨及解决单司机室的调车机车转向问题而根据实际需要设置的线路，可满足车辆调头的要求也可利用三角线或转车盘代替。

（5）材料线　材料线是指为了便于地铁运营线路材料、机具的运输而设置的线路，一般供地铁平板车使用。此外考虑铁路车辆的运输，还应具备与国铁轨道相连接的条件。

（6）车辆停放线、车辆检修线　车辆停放线、车辆检修线包括停车列检线、月检线、年检线、架修线、静调线等，设置在运用库和检修库内，并应布置为平直线路，其定位要满足车辆停放和检修需要。

（7）牵出线　牵出线应满足段（场）内调车，其长度和数量应根据列车的编组长度和调车作业的方式和工作量确定。

3. 运用库
运用库是指城市轨道交通列车的停放和日常检查、月检等作业场所。

4. 检修库
检修库是指城市轨道交通车辆年修、架修、大修等修程的作业场所。

5. 调机工程车库
调机工程车库是指内燃调车机、轨道检查车、接触网检查车等轨道车辆的停放及检查作业场所。

6. 洗车机库
洗车机库是指城市轨道交通列车外皮的清洗作业场所。

7. 综合楼
车辆段办公用房、综合维修中心、培训中心设于综合楼内。综合维修中心配备的主要大型设备有轨道检测车、隧道清洗车、接触网作业车等特种工程车辆，各检修车间内的起重机以及各种机加工设备等。综合维修中心的功能有：
1）承担全线轨道、桥梁、路基、隧道等建筑设施的巡检和维修维护工作。
2）承担全线车站建筑、站内装饰、导向标志、出入口设施检查和维修工作。

3）承担全线所有地面建筑的维修维护工作。
4）承担全线变电所、接触网、供电线路及设备的运营管理、巡检和维修维护工作。
5）承担全线各种机电设备，包括通风空调系统、给排水系统、电梯及自动扶梯以及车站其他设备的巡检和维修维护工作。
6）承担全线通信、信号系统的线路和设备，行车调度设备等的巡检和维修维护工作。
7）承担全线自动化系统，主要包括自动售检票系统（AFC）、防灾报警系统（FAS）、车站设备监控系统（BAS）以及通用办公自动化系统的巡检和维修维护工作。

8. 物资总库

物资总库的主要功能是承担车辆配件、机电设备配件、枕木、劳保等物资的存放和发放，主要配备了自动化立体仓储设备，在大部件存放区配备2t悬挂起重机，以及必要的地面运输设备。

9. 生活区

由食堂、公寓组成生活区。

思考与练习

1. 城市轨道交通车辆检修基地有哪些分类？其主要功能是什么？
2. 车辆段的主要功能分区有哪些？
3. 车辆段内主要线路设施有哪些？

任务二　城市轨道交通车辆检修基地主要检修车间认知

任务目标

1. 了解车辆段主要检修车间工艺设计和设备配备。
2. 熟知主要检修车间的工艺设计、作业内容及设备配备。

知识课堂

一、停车场具备的维修设施、功能

停车场是城市轨道交通车辆停放的场所，承担车辆的停放、洗刷、清扫以及车辆日常检查和乘务工作，一般要求其满足以下要求：

1）有足够的停放列车的轨道。
2）配备足够的工程车，如内燃机车、蓄电池机车、平板车、接触网作业车等。
3）设置洗车机对入库列车外部进行清洗。
4）设置不落轮镟床，对不符合标准的轮对的轮缘、踏面进行必要的镟修。
5）有足够的维修股道。

6）有足够的维修工具。
7）要设计车辆维修信息管理系统。
8）要配备足够的救援器材，并将救援材料、设备装在救援车辆上随时待命。

二、车辆段具备的维修设施、功能

具备大修功能的车辆段除了要具有停车场的所有功能外，还要具备车辆的定修、架修、大修以及部件维修的功能，还须具备：

1）足够占地面积的厂房以及各专业维修的工作间。
2）必要的提升和起重运输设备，如固定式架车机和移动式架车机。
3）转向架清洗设备和更换设备。
4）车体工作间和车体喷漆间。
5）部件的性能维修要有组装设备、有效的清洁方法、有效的检测和测试手段。

三、检修车间各主要功能分区的组成及主要设备

1. 运用库

停车列检（日检或双日检）库、双周检库、三月检库、镟轮库、辅助办公房屋合建为运用库。

（1）运用库检修工艺流程　运用库检修工艺流程如图2-3所示。

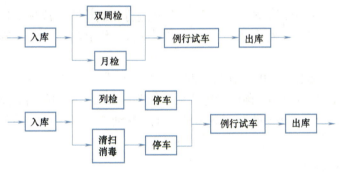

图2-3　运用库检修工艺流程

（2）停车列检库的设备配置　停车列检库如图2-4所示，每股道均单独装有分段隔离开关及其联锁装置、报警音响及标志灯。库内有广播时钟系统、无线对讲设备。检查坑内设安全电压照明及动力插座。为了方便工作人员上下列车，每股道均设置移动式上车梯。库内适当位置设拖布池，以便于车内清扫及库内地面清洁作业。

2. 检修库

检修库的车间厂房主要由大修/架修库、定修/临修库、静调库、吹扫库、转向架及轮对轴承间、制动检修间、车钩缓冲器检修间、电子检修间等组成，并预留油漆库、车体车间、门窗检修间等。

（1）检修库主要工艺流程　检修库主要工艺流程如图2-5所示。
（2）主要功能分区的主要检修内容及设备配备

1）大修/架修库。
① 架修作业内容：根据车辆架修规程对车辆进行全面检查、修理工作，主要包括拆卸

及组装受流器、空调单元、转向架、牵引及制动系统、车门以及车内设施等;对车辆各系统进行全面的测试,检修或更换易损部件;对车辆进行静态、动态调试。

图 2-4　停车列检库

图 2-5　检修库主要工艺流程

② 厂修作业内容:根据车辆厂修规程对车辆进行全面检查、修理工作,主要包括拆卸车辆各系统部件和大部件,对车辆各系统及部件进行检修后组装,对车辆进行静态、动态调试。

③ 设备配置:一般配备 10t 吊钩桥式起重机 2 台,设 1 列位(6 辆)整体式地下架车机 1 组(承担车辆的架落车作业),预留整体式地下架车机 1 组。库内配备移动式中间作业平台和车顶作业平台,以便检修人员上、下车辆,配备移动式升降平台,供车底电器箱柜等大部件的拆装。

2)定修/临修库。

① 定修作业内容:根据车辆定修规程对车辆进行全面技术检查,主要包括检查牵引及制动系统、转向架、车门及控制系统、受流器、空调装置等;对需检修的部件进行拆卸、更换,对蓄电池进行补液、充电或更换,对齿轮箱、轴箱进行检查、补油、测试;对车辆进行静态、动态调试。

② 临修作业内容:对车辆的临时故障进行检修,更换需检修的转向架及其他大型部件。

③ 设备配置:设定修线 1 列位,临修线 1 列位,设 10t 桥式起重机 1 台、5t 桥式起重机 1 台。临修线设普通检查坑,临修线设 1 组移动式架车机。库内配备移动式中间作业平台和车顶作业平台。

3)静调库。

① 静调库作业内容:列车静调作业按单元车调试及整列车连挂调试两步进行。单元车调试分为一般检查、线路测试和通电调试。整列车调试经单元静调合格后,整列车连挂并对主回路、牵引系统进行检测确认合格后,出库上试车线进行列车动态调试。

② 设备配置：设检查坑、双层作业平台及静调电源柜、直流稳压电源、各型传感器、记录仪等设备。

4）转向架轮轴间。

① 转向架轮轴检修内容：包括转向架大分解，对分解后的构架、轮对轴箱、减振器和齿轮箱等进行清洗并送往相关检修间，构架探伤，对修竣的转向架部件刷油漆，转向架总组装以及对组装后的转向架进行试验。

② 设备配置：设有 10t 桥式起重机 1 台，5t 单梁起重机 1 台，3t 单梁起重机 2 台，车间内配备转向架清洗机、轮对探伤机、不落轮镟床、轮对跑合试验装置、轮对轴箱分解机、轴承清洗机、轮对轴箱组装机等设备。

5）受电弓检修间。

① 受电弓检修作业内容：城市轨道交通车辆受电弓的检修和调试。

② 设备配置：受电弓检修间与空调检修间、钩缓间共用 1 台 2t 单梁起重机，并设受电弓试验台等设备。

6）空调机组检修间。

① 空调机组检修作业内容：承担城市轨道交通车辆空调装置的日常维修及定期检修、组装、试验工作。

② 设备配置：配备的主要设备有 2t 电动单梁起重机、高压冲洗机、制冷剂加注机、综合试验台等。

7）车钩缓冲器检修间。

① 车钩缓冲器检修作业内容：承担大修车辆及临修车辆的车钩、牵引杆、缓冲器的检查、分解、修理、组装和试验工作。

② 设备配置：配备的主要设备有缓冲器性能试验设备、移动式磁粉探伤机、车钩检测仪等。

8）制动检修间。

① 制动检修作业内容：车辆制动系统的检修、探伤、组装和试验。

② 设备配置：制动检修与空气压缩机检修间合设 1t 单梁起重机，并设阀类试验台、单元制动装置试验台、软管试验设备等。

9）吹扫库。

① 吹扫库作业内容：厂修、架修、定修和部分临修列车检修前的车底、车顶和客室的吹扫和清扫。

② 设备配置：配置车底吹扫设备和吸尘器，用于机械自动吹扫和人工吸尘。

10）压缩空气站。

① 压缩空气站作业内容：本段生产用压缩空气的供应。

② 设备配置：设有两台风冷式双螺杆空气压缩机，并配备高效除油过滤器、压缩空气冷冻干燥器及储气罐等设备。

3. 自动化立体仓库

① 自动化立体仓库作业内容：主要用于 1000kg 以下材料及配件的存储、发放和管理，使材料、配件的储运、领用、记转账、周转、点算、报废和报表等全部实现自动化处理，对材料及配件的流向进行全方位、全过程的质量跟踪，对检修质量和资金占用情况等做到精确的分析与考核。

② 设备配置：货架、有轨巷道堆垛起重机、出入库水平输送系统、穿梭小车、钢制托盘货箱及计算机管理系统，如图 2-6 所示。

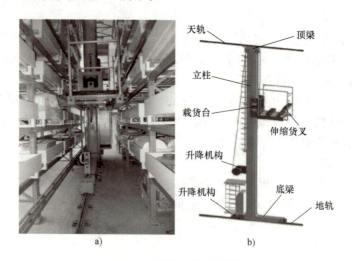

图 2-6 自动化立体仓储设备
a）自动化立体仓库　b）有轨巷道堆垛起重机

思考与练习

1. 车辆段主要有哪些检修车间？
2. 简述停车场与车辆段功能的异同。

任务三　城市轨道交通车辆检修主要工艺设备认知

任务目标

了解城市轨道交通车辆检修基地主要设备的用途和主要技术参数。

知识课堂

一、车辆检修设备的配置

1. 按基本需求配置
以各段场的功能为依据，配备生产运营的基本设备。

2. 按专业需求配置
根据各段的车型、部件专业检修的特点，配备相应的专用设备。

3. 按特殊要求配置

以运营安全为依据，配备专业性较强的特种设备。

设备配置的基本要求：先进性、专业性、安全性和高效性。

二、车辆检修主要设备

1. 移动式电动架车机

移动式电动架车机主要用于轨道车辆进行检修过程中提升车体，是轨道车辆检修的专用设备，如图2-7所示。

图 2-7　移动式电动架车机

注意事项：一般是用于单辆车的架车作业，4台架车机同时支于车体下方的架车位，相对的两台架车机需进行联锁控制，同步升降，在架车作业过程中，要做到呼唤应答，确保架车机同步升降。

2. 固定式架车机组

固定式架车机组安装在地下基础坑内，完成对整列车（6辆）或一个单元（3辆）或单节车的架车、落车作业，其结构如图2-8和图2-9所示。架车作业时，由调车机车或公铁两用牵引车将列车牵引到架车台位，并正确对位；架车机组将车辆（带转向架）举升到设定高度；解除转向架与车体之间的连接；升起车体托架支撑车体，架车机构带转向架一同落下，推出转向架。落车作业的工艺过程为架车作业的反序过程。

图 2-8　固定式架车机组

作业注意事项：架车作业时，应从地下同步升出各支架，同时保证地面的平整，以方便检修作业。架车机组控制系统在升降过程中应自动检测各升降单元的同步性，并对不同步过程进行控制和调整。当同步控制失效，不同步范围超过允许值时，控制系统应对不同步的升降过程紧急停机。

主要参数：设备同步误差允许限值是任意两个车辆架车装置之间 ±4mm。纵向间隙 ≤10mm。接头高低差≤1mm。设备设有总控制台和现场控制器，既可在总控制台对设备进行升降控制，也可在现场进行升降控制。总控制台和现场控制器具有互锁功能。

3. 工艺转向架

在轨道车辆检修中，架车机将检修车辆架起后，用工艺转向架支撑车体，以便于车辆的检修，如图 2-10 所示。

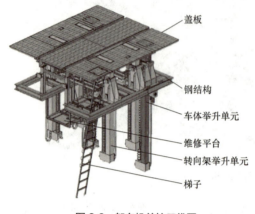

图 2-9　架车机单坑三维图

图 2-10　工艺转向架

4. 列车自动清洗机

列车自动清洗机对车辆外皮进行洗刷，采用列车自行牵引，可在洗车线上对列车两侧、车头、车尾及侧顶弧进行洗刷，清除由于列车运用和检修过程中造成的车辆外部表面的灰尘、油污和其他污垢。列车自动清洗机由洗刷系统、水循环处理系统、供气系统、电控系统和监控系统 5 大部分组成，如图 2-11 所示。列车清洗时间约 20min。清洗列车的水应能循环使用，以减少洗车的用水量。

图 2-11　列车自动清洗机

5. 不落轮镟床

数控不落轮镟床的结构如图 2-12 所示,用于车削加工不解体的地铁车辆及轨道车、平板车、工程车等轮对踏面及轮缘,也可加工地铁车辆及轨道车、平板车等工程车解体后的单个转向架轮对,还可加工解体后带轴箱的单个轮对,机床安装在地坑中,设备采用数控(CNC)系统,系统具备自动测量、加工、数据记录、存储和打印、故障诊断、铁屑破碎等基本功能,具备对不同轮对的轮廓形状曲线进行编程和加工的功能。

图 2-12 数控不落轮镟床的结构

6. 三层检修作业平台及防护装置

三层检修作业平台及防护装置(图 2-13)设置在车辆段检修库内,用于对轨道车辆车体侧面、车辆顶部设备进行检查、维修和更换作业。平台设有安全防护栏,从底部到平台设有上下蹬梯,检修平台为作业人员提供安全的工作空间。

车下作业:对走行部及车体下部的电器箱、制动单元、蓄电池进行检查。车上作业:对车体、车门等设备进行检查。车顶作业:对空调、受电弓等设备进行检查。

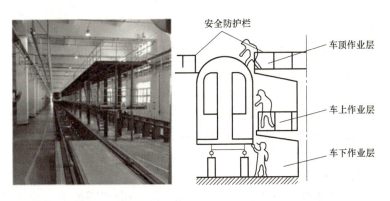

图 2-13 三层检修作业平台及防护装置

7. 移动式中间作业平台

移动式中间作业平台如图 2-14 所示,用于轨道车辆检修时人员进出车厢或车外门窗设施的拆装和检修作业。设备底部安装有两个定向脚轮和两个万向脚轮,可前后、左右移动,万向脚轮上带有制动装置，可以很方便地平稳移动或停放。

图 2-14　移动式中间作业平台

8. 转向架 / 轮对转盘

转向架 / 轮对转盘如图 2-15 所示，用于转向架或轮对的换向作业，配合相应工位完成相关检修作业。转盘表面允许 3t 叉车满载通过。

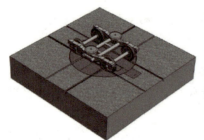 

转向架 / 轮对转盘

图 2-15　转向架 / 轮对转盘

9. 公铁两用车

公铁两用车如图 2-16 所示，可用于各型车辆解编，也可进行单辆调车作业。公铁两用车在未作业时，允许在普通地面行驶。

10. 轮对压装机

轮对压装机如图 2-17 所示，主要用于轨道车辆滚动轴承的压装，是轨道车辆滚动轴承压装的专用设备。它能够自动记录轨道车辆滚动轴承压装过程中产生的位移 - 压力关系曲线及有关轴承压装数据。

11. 固定式轮对轴承推卸机

固定式轮对轴承推卸机如图 2-18 所示，主要用于转向架圆锥滚子轴承与轮对的分解、拆卸作业。

12. 转向架清洗机

转向架清洗机如图 2-19 所示，用于转向架的整体清洗工作，也适用于转向架构架、转向架等零部件解体后的清洗，是一种以高压水辅以清洗剂及热能的清洗装置。

图 2-24 轴承加热器

图 2-25 磁粉探伤仪

20. 转向架试验台
转向架试验台如图 2-27 所示，用于地铁车辆转向架的静态变形测试。

图 2-26 牵引电动机试验台

图 2-27 转向架试验台

21. 空调悬臂吊
空调悬臂吊是起吊、安装、拆卸、运输列车车顶部空调总成和受电弓等部件的专用设备。

22. 转向架升降台
转向架升降台用于提升转向架不同的高度，便于对其进行检修和更换附件。通常该设备安装于转向架检修线上，复原时，提升托架到与地面轨道同一高度，方便转向架推入。

23. 减振器试验台
减振器试验台用于对转向架上横向和垂向液压减振器进行综合性能的测试，由计算机进行控制操作，即时显示液压减振实验时的拉伸和压缩负载曲线，并打印和保留。

24. 阀类试验台
阀类试验台可完成空气弹簧的密闭性能，高度阀的空气流量、延迟时间的测试，压差阀的动作压力、空气流量、密闭性能的测试与试验，主要用于检修后的性能测试。

25. 空气压缩机总成试验台
空气压缩机总成试验台主要用于对维修后的空气压缩机进行磨合，检测其排气量、工作温度及起动性能等。

26. 单元制动机试验台

单元制动机试验台可对电客车单元制动机进行各项性能指标的试验，如检测单元制动机的机械强度、泄漏程度和压力值等。

思考与练习

1. 城市轨道交通车辆检修基地的主要设备及用途有哪些？
2. 简述不落轮镟床的作用及工作原理。
3. 简述室内移车台的作用及使用时的注意事项。

项目三

城市轨道交通车辆的计划检修

任务一　城市轨道交通车辆的日检

任务目标

1. 熟知城市轨道交通车辆日检工作的流程和安全注意事项。
2. 掌握城市轨道交通车辆日检部件及检查项目。

知识课堂

城市轨道交通车辆的计划检修是按车辆的运营里程数或运营时间,对车辆进行不同等级的周期性检修,一般分为日检、周检、月检、定修(运营1年或10万km)、架修(运营5年或50万km)、大修(运营10年或100万km)6级修程。其检修工艺流程如图3-1所示。计划检修遵循高一级修程包含低一级修程内容的原则,并且磨损件限度标准要保留足够的使用余量至下一修程。本项目以某地铁2号线的电动客车在计划检修中的日检、月检(双周检、双月检)、定修、架修为例进行介绍。

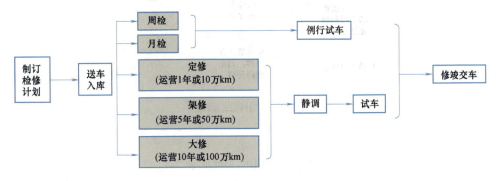

图 3-1　检修工艺流程

一、日检概述

日检：列车每天正常退出正线，运营回库后，对车辆按照"车辆日检规程"所进行的检查。

"车辆日检规程"是指规定日检的范围、内容、方法以及所使用的工具、材料和确定相应的技术要求的一种文件。

日检是最初级的检查，主要目的是对车辆主电路、控制电路、受流器、牵引电动机等电气设备，走行部分的转向架构、轮对、齿轮箱及联轴器、车载设备的控制单元及各类信号、指示灯进行检查。其中，除各控制单元的检查以外，其余多以目测检查为主。

二、主要城市电动客车的日检范围

各公司的规定不同，但日检范围主要内容大致相同，是针对车辆运营安全至关重要的部位（如走行部分的转向架构架、轮对、齿轮箱悬挂装置、联轴器、轴承箱，制动系统的空气压缩机组、单元制动机、闸瓦，车门控制系统，车载信号设备等）进行检查。

上海地铁1号线电动客车日检规程：车顶电气、车内电气、车下电气、转向架、车体、空气气路及制动系统6个部分的检查。

北京地铁DKZ4型电动客车日检规程：受流器、电器箱、风源系统、空气制动装置、基础制动装置、转向架、连接缓冲装置的检查。

日检主要是对列车的外观进行检查，一般不做功能检查，所以日检一般主要采用目视的方法检查车辆零部件的安装是否松弛，外观是否变形，是否有断裂，箱盖是否严密锁好等。

三、日检的流程、操作方式

1. 日检作业的流程

日检作业的流程如图3-2所示。

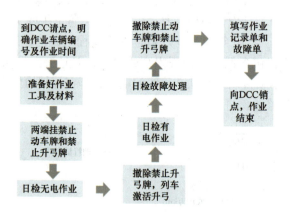

图3-2 日检作业的流程

2. 工具、辅料准备

（1）日检作业使用的工具　日检作业使用的工具见表3-1。

（2）日检作业使用的辅料及耗材　日检作业使用的辅料及耗材如图3-2所示。

表 3-1　日检作业使用的工具

序号	名称	型号	数量
1	方孔钥匙	8mm×8mm	2把
2	手电筒	—	2个
3	主控钥匙	—	2把
4	禁动牌	—	2块

表 3-2　日检作业使用的辅料及耗材

序号	名称	型号	数量
1	抹布	无纺布	适量
2	划线笔	—	1支
3	酒精	—	适量

3. 日检前准备

1）作业者按照要求穿着工作服，佩戴防护用具，如图 3-3 所示。

2）向 DCC 请点，明确作业列车编号及作业时间。

3）无电作业前，必须在列车两端分别挂好"禁止动车"牌和"禁止升弓"牌。

4）有电作业前，必须确认车底作业人员全部出清，然后撤除禁止动车牌，激活列车，升起受电弓。

图 3-3　日检作业前准备

4. 日检工作线路

日检工作每个小组两人，分 1 号位、2 号位检查人员。1 号位、2 号位负责车侧、车底、车体外观及有电功能检查作业。日检工作线路图如图 3-4 所示。

首先，1 号位从 TC1 出发，2 号位从 TC2 出发，完成车侧检查，如图 3-4a 所示；然后，2 号位从 TC1 进入车底，1 号位从 TC2 进入车底，1 号位、2 号位在 M1 与 M2 车连接处相遇，如图 3-4b 所示；最后，1 号位完成 TC1 端有电功能测试及 1 单元客室内装检查，2 号位完成 TC2 端有电功能测试及 2 单元客室内装检查，如图 3-4c 所示。

5. 日检作业安全注意事项

1）作业前确认列车已降弓，处于断电模式。

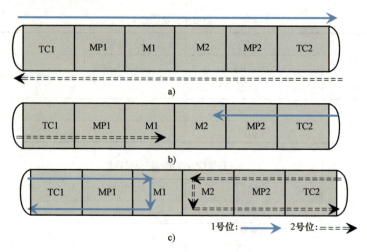

图 3-4 日检工作线路图

a）车侧检查路线　b）车底检查路线　c）车上有电功能检查及客室内装检查路线

2）列车两端挂好禁动牌。

3）按照要求穿戴好劳保用品。

4）升弓前，确认车底无人作业，鸣笛两声警示，降弓前鸣笛1声警示，降弓前确认列车两端空气压缩机未起动，关闭列车负载（空调、客室电热和客室照明、司机室照明）。

5）在开关门检查时，必须进行人工广播后再进行开关门作业。

6）推动主控手柄前需确认 HSCB 已断开。

7）作业完成后清理现场，确认所携带的检修工具齐全，未遗留在作业现场。

8）作业完成离开列车，关闭客室侧门，锁闭司机室门。

四、某地铁电动客车的日检

下面介绍某地铁2号线电动客车的日检，分为无电功能检查和有电功能检查，本任务着重介绍无电功能检查部分。

1. 日检无电功能检查——列车前端检查

（1）检查前照灯、尾灯、刮水器、风窗玻璃　检查车端外部前照灯、尾灯、风窗玻璃、刮水器，外观应良好无裂纹，安装螺栓应紧固无松动、防松标记应清晰无错位，如图3-5所示。

（2）检查蹬车梯　检查蹬车梯，外观应良好、无裂纹，安装螺栓应紧固无松动、防松标记应清晰无错位，如图3-6所示。

（3）检查解钩隔离塞门　检查解钩隔离塞门，手柄应与管路平行，安装螺栓应紧固无松动、防松标记应清晰无错位，铭牌应无丢失，如图3-7所示。

（4）检查分线箱　检查分线箱，外观应良好无损伤，安装螺栓应紧固无松动、防松标记应清晰无错位，电气连接外观应良好，安装紧固应无松动，接地线应无断股，铭牌应无丢失。

（5）检查总风隔离塞门　检查总风隔离塞门，手柄应与管路平行，管路连接应紧固无松动、防松标记应清晰无错位，铭牌应无丢失，如图3-8所示。

图 3-5 列车前端外部

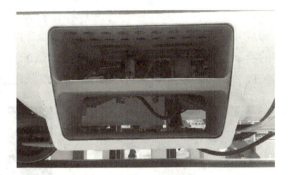

图 3-6 蹬车梯

图 3-7 解钩隔离塞门

图 3-8 总风隔离塞门

2. 日检无电功能检查——转向架侧面检查

（1）**检查 TI 天线梁**　检查 TI 天线梁，外观应良好无损伤，安装螺栓应紧固无松动、防松标记应清晰无错位，如图 3-9 所示。

（2）**检查轮对踏面**　检查轮对踏面，应未磨耗到限，轮毂应无径向裂纹，虚假轮缘的高度应不超过 2mm，如图 3-10 所示。踏面擦伤达到以下程度时应当加工：① 1 处以上的大于 40mm；② 两处以上的在 20～40mm；③ 4 处以上的在 15～20mm。踏面擦伤有严重槽沟时必须加工，深度大于 1.5mm 应进行镟轮。

图 3-9 TI 天线梁

图 3-10 轮对踏面

（3）**检查车轮注油孔螺堵**　检查车轮注油孔螺堵，应安装紧固无松动、防松标记应清晰无错位，应无漏油，如图 3-11 所示。

(4）检查一系悬挂装置　检查一系悬挂橡胶弹簧安装螺栓，应紧固、防松标记应清晰无错位，橡胶堆应无鼓包，应无油污染，金属零件应无裂纹，检查橡胶零件的粘接裂缝、橡胶零件的臭氧裂纹，如图3-12所示。橡胶弹簧的更换标准：①臭氧裂纹的裂纹深度超过3mm；②粘接裂纹的裂纹深度超过3mm；③裂纹长度超过30mm。

图3-11　车轮注油孔螺堵

图3-12　一系悬挂装置

（5）检查轴箱及轴端装置　检查轴箱表面，应无裂纹，紧固件应无松动、防松标记应清晰无错位，箱体表面应无发热变色、脱漆及漏油；检查轴端装置（传感器或者接地装置）各紧固件，应无松动、防松标记应清晰无错位，状态良好，电缆连接应紧固无损伤、与其他部件无干涉。轴箱温度试纸温度应显示正常，试纸应完好无损坏，如图3-13所示。

（6）检查轮对提吊　检查轮对提吊，外观应无裂纹、无变形，安装螺栓应紧固无松动、防松标记应清晰无错位，如图3-14所示。

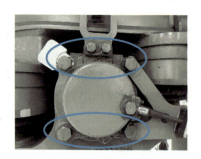

图3-13　轴箱及轴端装置

图3-14　轮对提吊

（7）检查构架　检查构架表面及焊接处，应无裂纹、无损伤，应无不正常磨耗，横梁堵应无松动，应无漏泄，铭牌应无丢失，如图3-15所示。

（8）检查车底与转向架接地线　检查车体与转向架接地线，应无断股，安装螺栓应紧固无松动、防松标记应清晰无错位，如图3-16所示。

（9）检查手动缓解拉绳　手动缓解拉绳应处于正常位置，锁扣良好，安装螺栓应紧固无松动、防松标记应清晰无错位，如图3-17所示。

（10）检查闸瓦　检查闸瓦表面，应完好无裂纹，磨损厚度应未达到限度（15mm），开口销开度60°应无丢失，插销应无丢失，如图3-18所示。

（11）检查基础制动单元　检查基础制动单元紧固螺栓，应紧固无松动、防松标记应清晰无错位，如图3-19所示。

图 3-15 构架铭牌

图 3-16 车底与转向架接地线

图 3-17 手动缓解拉绳

图 3-18 闸瓦

（12）检查二系悬挂装置　检查空气弹簧及应急弹簧表面，应无漏气、无结构性损伤、无裂纹、无鼓包：①检查空气弹簧上面板和车体的空气弹簧座之间是否密贴；②检查橡胶气囊的表面是否有划伤；③检查每个零件的变形；④检查橡胶气囊上是否有化学物品和油；⑤检查橡胶堆金属零件是否有弯曲或裂纹，橡胶和金属零件的粘接状态，如图 3-20 所示。

图 3-19 基础制动单元紧固螺栓

图 3-20 二系悬挂装置

更换标准是①橡胶气囊的裂纹：帘布外露；②橡胶气囊的磨损：帘布外露；③底座的锈蚀：锈蚀超过 2mm；④橡胶堆：橡胶堆的橡胶和金属件的粘接部分离深度超过 10mm；橡胶的裂纹圆周超过 30%。

（13）检查抗侧滚扭杆　检查抗侧滚扭杆连接件，应外观良好，安装螺栓应紧固无松动、防松标记应清晰无错位，橡胶件应无异常，如图 3-21 所示。

（14）检查高度阀　高度阀杆应能左右转动、开口销无丢失且60°开口；高度阀安装螺栓应紧固无松动、防松标记应清晰无错位；管路连接应紧固无松动、防松标记应清晰无错位；应无漏泄，如图3-22所示。

图3-21　抗侧滚扭杆　　　　　图3-22　高度阀

3. 日检无电功能检查——TC车一位侧箱体检查

（1）检查分线箱　检查分线箱，外观应良好无损伤，安装螺栓应紧固无松动、防松标记应清晰无错位，电气连接外观应良好、安装紧固无松动，接地线应无断股，如图3-23所示。

（2）检查转向架制动隔离塞门　检查手动隔离塞门，手柄应与管路平行，安装螺栓应紧固无松动、防松标记应清晰无错位；电气连接外观应良好、安装紧固无松动；管路连接应紧固无松动、防松标记应清晰无错位，应无漏泄，铭牌应无丢失，如图3-24所示。

（3）检查制动模块　检查风缸模块，外观应良好无损伤，安装螺栓应紧固无松动、防松标记应清晰无错位，风缸应无漏泄，接地线应无断股，管路连接应无松动、防松标记应清晰无错位，铅封应无丢失，铭牌应无丢失，如图3-25所示。

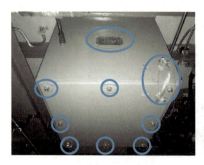

图3-23　分线箱　　　图3-24　转向架制动隔离塞门　　　图3-25　风缸

（4）检查制动辅助控制箱　检查风缸模块，外观应良好无损伤，安装螺栓应紧固无松动、防松标记应清晰无错位，风缸应无漏泄，接地线应无断股，管路连接应无松动、防松标记应清晰无错位，铅封应无丢失，铭牌应无丢失。

（5）检查制动辅助充电机箱　检查制动辅助控制箱，外观应良好无损伤，搭扣应安装紧固，安装螺栓应紧固无松动、防松标记应清晰无错位，电气连接外观应良好、安装紧固无松动，接地线应无断股，管路连接应紧固无松动，铭牌应无丢失。

（6）检查应急通风逆变器箱　检查应急通风逆变器箱，外观应良好无损伤，搭扣应安装紧固,安装螺栓应紧固无松动、防松标记应清晰无错位,电气连接外观应良好、安装紧固无松动,接地线应无断股,铭牌应无丢失。

(7)检查蓄电池箱及控制箱 检查蓄电池箱及控制箱,外观应良好无损伤,安装螺栓应紧固无松动、防松标记应清晰无错位,箱体柜门锁应锁闭到位、作用良好,搭扣应安装紧固,吊攀位置应正确,电气连接外观应良好、安装紧固无松动,接地线应无断股,铭牌应无丢失。

(8)检查智能阀 检查智能阀,外观应良好,安装螺栓应紧固无松动、防松标记应清晰无错位,电气连接外观应良好、安装紧固无松动,接地线应无断股,测试接头应安装正确,应无漏泄,铭牌应无丢失。

4. 日检无电功能检查——连接处检查

(1)检查接地电阻 检查接地电阻、绝缘子和接地汇流排的外观应无破损、无烧伤,接地线应无断股,安装螺栓应紧固无松动、防松标记应清晰无错位,铭牌应无丢失。

(2)检查接线箱 检查接线箱,外观应良好无损伤,安装螺栓应紧固无松动、防松标记应清晰无错位,电气连接外观应良好、安装紧固无松动,接地线应无断股,铭牌应无丢失,如图3-26所示。

(3)检查贯通道 检查贯通道棚布表面,应无破损及其他异常,如图3-26所示。

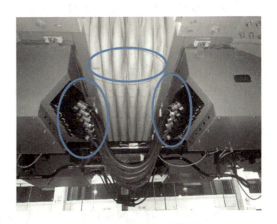

图3-26 贯通道、接线箱

(4)检查下节车接线箱 检查接线箱,外观应良好无损伤,安装螺栓应紧固无松动、防松标记应清晰无错位,电气连接外观应良好、安装紧固无松动,接地线应无断股,铭牌应无丢失,如图3-26所示。

5. 日检无电功能检查——MP1/MP2车一位侧箱体检查

(1)检查接地电阻 检查接地电阻、绝缘子和接地汇流排,外观应无破损、无烧伤,接地线应无断股,安装螺栓应紧固无松动、防松标记应清晰无错位,铭牌应无丢失。

(2)检查分线箱

(3)检查转向架1制动隔离塞门 检查手动隔离塞门,手柄应与管路平行,安装螺栓应紧固无松动、防松标记应清晰无错位;电气连接外观应良好、安装紧固无松动;管路连接应紧固无松动、防松标记应清晰无错位,应无漏泄,铭牌应无丢失。

(4)检查制动模块 检查风缸模块,外观应良好无损伤,安装螺栓应紧固无松动、防松标记应清晰无错位,风缸应无漏泄,接地线应无断股,管路连接应无松动,防松标记应清晰无错位,铅封应无丢失,铭牌应无丢失。

(5)检查制动辅助控制箱 检查制动辅助控制箱,外观应良好无损伤,搭扣应安装紧固,安装螺栓应紧固无松动、防松标记应清晰无错位,电气连接外观应良好、安装紧固无松动,接地线应无断股,管路连接应紧固无松动,铭牌应无丢失。

(6)检查牵引高压箱 检查牵引高压箱,外观应良好无损伤,散热器应无堵塞,安装螺栓应紧固无松动、防松标记应清晰无错位,箱体柜门锁应锁闭到位、作用良好,电气连接外观应良好、安装紧固无松动,接地线应无断股。

（7）检查转向架 2 制动隔离塞门　检查手动隔离塞门，手柄应与管路平行，安装螺栓应紧固无松动、防松标记应清晰无错位；电气连接外观应良好，安装紧固无松动；管路连接应紧固无松动、防松标记应清晰无错位，应无漏泄，铭牌应无丢失。

（8）检查智能阀　检查智能阀，外观应良好，安装螺栓应紧固无松动、防松标记应清晰无错位，电气连接外观应良好、安装紧固无松动，接地线应无断股，测试接头应安装正确，应无漏泄，铭牌应无丢失。

6. 日检无电功能检查——M1/M2 车一位侧箱体检查

1）检查接地电阻。

2）检查分线箱。

3）检查转向架 1 制动隔离塞门。

4）检查制动模块。

5）检查制动辅助控制箱。

6）检查牵引辅助箱。

7）检查应急通风逆变器箱。检查应急通风逆变器箱，外观应良好无损伤，搭扣应安装紧固，安装螺栓应紧固无松动、防松标记应清晰无错位，电气连接外观应良好、安装紧固无松动，接地线应无断股，铭牌应无丢失。

8）检查分线箱。

9）检查牵引辅助器箱。检查牵引辅助器箱，外观应良好无损伤，散热器应无堵塞，安装螺栓应紧固无松动、防松标记应清晰无错位，箱体柜门锁应锁闭到位、作用良好，吊攀位置应正确，电气连接外观应良好、安装紧固无松动，接地线应无断股。

10）检查网关阀。检查网关阀，外观应良好，安装螺栓应紧固无松动、防松标记应清晰无错位，电气连接外观应良好、安装紧固无松动，接地线应无断股，测试接头应安装正确，无漏泄，铭牌应无丢失。

7. 日检无电功能检查——M1/M2 车二位侧箱体检查

1）检查接地电阻。

2）检查分线箱。

3）检查牵引辅助箱。

4）检查母线接触器箱（M1 车）。检查母线接触器箱，外观应良好无损伤，安装螺栓应紧固无松动、防松标记应清晰无错位，箱体柜门锁应锁闭到位、作用良好，吊攀、防掉锁位置应正确，电气连接外观应良好、安装紧固无松动，接地线应无断股。

5）检查制动电阻。检查制动电阻，外观应良好无损伤、无烧伤变色，安装螺栓应紧固无松动、防松标记应清晰无错位，接地线应无断股，风口应无堵塞，铭牌应无丢失。

6）检查分线箱。

7）检查智能阀。

8. 日检无电功能检查——MP1/MP2 车二位侧箱体检查

1）检查接地电阻。检查接地电阻、绝缘子和接地汇流排，外观应无破损、无烧伤，接地线应无断股，安装螺栓应紧固无松动、防松标记应清晰无错位，铭牌应无丢失。

2）检查分线箱。检查分线箱，外观应良好无损伤，安装螺栓应紧固无松动、防松标记应清晰无错位，电气连接外观应良好、安装紧固无松动，接地线应无断股，铭牌应无丢失。

3)检查牵引逆变器箱。检查牵引逆变器箱,外观应良好无损伤,散热器应无堵塞,安装螺栓应紧固无松动、防松标记应清晰无错位,箱体柜门锁应锁闭到位、作用良好,吊攀位置应正确,电气连接外观应良好、安装紧固无松动,接地线应无断股。

4)检查应急升弓模块(MP1车)。检查应急升弓模块外观应良好无损伤,安装螺栓应紧固无松动、防松标记应清晰无错位,搭扣应安装紧固,管路连接应紧固无松动、防松标记应清晰无错位,电气连接器安装应良好无松动,接地线应无断股,应无漏泄。

5)检查应急通风逆变器箱。

6)检查制动电阻。

9. 日检无电功能检查——TC1/TC2车二位侧箱体检查

1)检查分线箱。

2)检查蓄电池箱及控制箱。检查蓄电池箱及控制箱,外观应良好无损伤,安装螺栓应紧固无松动、防松标记应清晰无错位,箱体柜门锁应锁闭到位、作用良好,电气连接外观应良好、安装紧固无松动,接地线应无断股,铭牌应无丢失。

3)检查辅助充电机箱。检查辅助电源箱,外观应良好无损伤,安装螺栓应紧固无松动、防松标记应清晰无错位,箱体柜门锁应锁闭到位、作用良好,吊攀、防掉锁位置应正确,电气连接外观应良好、安装紧固无松动,接地线应无断股。

4)检查分线箱。

5)检查风源装置。检查风源装置,外观应良好,安装螺栓应紧固无松动、防松标记应清晰无错位,空气压缩机油应无变质、无乳化,油位应该位于最低点与最高点之间,真空指示器应无色(红色说明有问题),管路连接应紧固无松动、防松标记应清晰无错位,空气压缩机安全绳连接应牢固,接地线应无断股。

6)检查网关阀。

10. 日检无电功能检查——TC车前端装置检查

1)检查全自动车钩。检查全自动车钩,外观应良好,安装螺栓应紧固无松动、防松标记应清晰无错位;检查压溃管,外观应良好无损坏,红色指示销应正常;卡环油脂应无变质,油量应正常;检查对中装置,外观应良好无裂纹;接地线安装应紧固无断股;电气连接外观应良好、安装紧固无松动;管路连接外观应良好、安装紧固、无裂纹、无漏泄;解钩拉环应能正常解钩;车钩钩头面油漆应良好;检查垂直支撑橡胶,外观应良好无裂纹,如图3-27所示。

图3-27 全自动车钩

2)检查分线箱。

3)检查电笛。检查电笛,外观应良好,安装螺栓应紧固无松动、防松标记应清晰无错位。

4)检查TI天线。检查TI天线,应无损伤、无裂纹,安装螺栓应紧固无松动、防松标记应清晰无错位,如图3-28所示。

5)检查接近传感器。检查接近传感器,应无损伤、无裂纹,安装螺栓应紧固无松动、防松标记应清晰无错位。

6)检查轮缘润滑装置。检查轮缘润滑装置,外观应良好,安装螺栓应紧固无松动、防松标记应清晰无错位,喷嘴角度应正确,如图3-29所示。

图 3-28 TI 天线

图 3-29 轮缘润滑装置

11. 日检无电功能检查——拖车转向架车底检查

（1）**检查车轴** 检查车轴，应无腐蚀、划伤和碰撞痕迹，无断裂迹象，车轴与轮饼白色防松标记应无错位，如图 3-30 所示。

（2）**检查基础制动单元** 检查基础制动单元，外观应良好，安装螺栓应紧固无松动、防松标记应清晰无错位，管路连接应紧固无漏泄、防松标记应清晰无错位，停放制动拉绳应完好，如图 3-31 所示。

图 3-30 车轴

图 3-31 基础制动单元

（3）**检查闸瓦** 检查闸瓦，表面应完好无裂纹，磨损厚度应未达到限度（15mm）。

（4）**检查牵引拉杆** 检查牵引拉杆，表面应无损伤、无裂纹，螺栓应紧固无松动、防松标记应清晰无错位，如图 3-32 所示。

（5）**检查牵引梁** 检查牵引梁，表面应无损伤、无裂纹，安装螺栓应紧固无松动、防松标记应清晰无错位，如图 3-33 所示。

图 3-32 牵引拉杆

图 3-33 牵引梁

（6）检查横向挡　检查横向挡，表面应无损伤、无裂纹，安装螺栓应紧固无松动、防松标记应清晰无错位，如图 3-34 所示。其更换标准是①橡胶裂纹：深 5mm 以下 × 长 30mm；②橡胶与金属粘接的分离：深 5mm 以下 × 长 20mm。

（7）检查垂向挡　检查垂向挡，表面应无损伤、无裂纹，安装应紧固无松动，如图 3-35 所示。

图 3-34　横向挡

图 3-35　垂向挡

（8）检查中心销　检查中心销，表面应无损伤、无裂纹，安装螺栓应紧固无松动、防松标记应清晰无错位，如图 3-36 所示。

（9）检查差压阀　检查差压阀应无漏泄，安装螺栓应紧固无松动、防松标记应清晰无错位，如图 3-37 所示。

图 3-36　中心销

图 3-37　差压阀

（10）检查横向液压减震器　检查横向液压减震器，安装螺栓应紧固无松动、防松标记应清晰无错位，应无漏油，端部橡胶应节点应无损坏或无脱出的情况，铭牌应无丢失，如图 3-38 所示。

（11）检查抗侧滚扭杆　检查抗侧滚扭杆（车底部分）和安全吊表面，应无损伤、无变形，安装螺栓应紧固无松动、防松标记应清晰无错位，如图 3-39 所示。

12. 日检无电功能检查——TC 车车底装置检查

1）检查制动管路。检查制动管路，安装螺栓应紧固无松动、防松标记应清晰无错位，应无漏泄，如图 3-40 所示。

2）检查网关阀。检查网关阀，外观应良好，安装螺栓应紧固无松动、防松标记应清晰无错位，电气连接外观应良好，管路连接应安装紧固无松动、防松标记应清晰无错位，应无漏泄，如图 3-41 所示。

图3-38 横向液压减震器

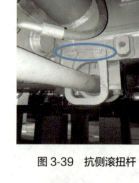

图3-39 抗侧滚扭杆

图3-40 制动管路

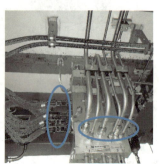

图3-41 网关阀

3)检查低压线槽组成。检查低压线槽组成,外观应良好无损伤,安装螺栓应紧固无松动、防松标记应清晰无错位,电气连接外观应良好、安装紧固无松动,接地线应无断股,铭牌应无丢失,如图3-42所示。

4)检查风源装置。检查风源装置,外观应良好,安装螺栓应紧固无松动、防松标记应清晰无错位,空气压缩机油应无变质、无乳化,油位应该位于最低点与最高点之间,管路连接应紧固无松动、防松标记应清晰无错位,空气压缩机安全绳连接应牢固,如图3-43所示。

图3-42 低压线槽

图3-43 风源装置

5)检查制动模块。检查风缸模块,外观应良好无损伤,安装螺栓应紧固无松动、防松标记应清晰无错位,风缸应无漏泄,接地线应无断股,管路连接应紧固无松动、防松标记应清晰无错位,铅封应无丢失,如图3-44所示。

6)检查制动辅助控制箱。

7）检查分线箱。

8）检查辅助电源箱。检查辅助电源箱，外观应良好无损伤，安装螺栓应紧固无松动、防松标记应清晰无错位，电气插接器应安装良好无松动，接地线应无断股。

9）检查应急通风逆变器箱。检查应急通风逆变器箱，外观应良好无损伤，安装螺栓应紧固无松动、防松标记应清晰无错位，电气连接外观应良好、安装紧固无松动，接地线应无断股，如图3-45所示。

图3-44　制动模块

图3-45　应急通风逆变器箱

10）检查蓄电池箱及控制箱。检查蓄电池箱及控制箱，外观应良好无损伤，安装螺栓应紧固无松动、防松标记应清晰无错位，箱体柜门锁应锁闭到位、作用良好，电气插接器应安装良好无松动，接地线应无断股，如图3-46所示。

11）检查智能阀。智能阀如图3-47所示。

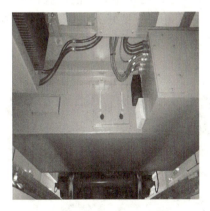
图3-46　蓄电池箱及控制箱

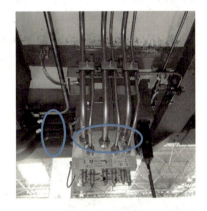
图3-47　智能阀

13. 日检无电功能检查——车底连接处检查

1）检查接线箱。

2）检查贯通道下部。检查贯通道外部底侧棚布，表面应无破损及其他异常，如图3-48所示。

3）检查半自动车钩（M1与M2）。检查半自动车钩，外观应良好，安装螺栓应紧固无松动、防松标记应清晰无错位；压溃管应无损坏，红色指示销应在正常范围内；对中装置的外观应无裂纹，安装螺栓应紧固无松动，防松标记应清晰无错位；接地线应安装紧固无断股，跨接电缆应表面无损伤、安装良好无松动；半自动车钩手动解钩手柄应未被操作，处于正常锁闭位，如图3-49所示。

图3-48　贯通道下部

图3-49　半自动车钩

4）检查半永久牵引杆（TC与MP、MP与M）。检查半永久牵引杆，外观应良好，安装螺栓应紧固无松动、防松标记应清晰无错位；压溃管应无损坏，红色指示销应在正常范围内；接地线安装应紧固无松动、无断股，管路外观应良好，连接紧固无松动、防松标记应清晰无错位，应无漏泄；卡环应安装紧固无松动，油脂应正常，如图3-50所示。

5）检查分线箱。

14. 日检无电功能检查——动车转向架车底检查

1）检查车轴。检查车轴，应无腐蚀、划伤和碰撞痕迹，无断裂迹象，车轴与轮饼白色防松标记应无错位。

2）检查齿轮箱、联轴器、齿轮箱吊杆。检查齿轮箱、联轴器，外观应良好无损伤、无漏油，安装螺栓应紧固无松动、防松标记应清晰无错位，齿轮箱润滑油位应在上下限之间，如图3-51所示，且未乳化、劣化；检查齿轮箱吊杆，外观应良好无损伤，安装螺栓应紧固无松动、防松标记应清晰无错位，如图3-52所示，铭牌应无丢失。检查齿轮箱、联轴器温度试纸温度，应显示正常，试纸应完好无损坏。

图3-50　半永久牵引杆

图3-51　齿轮箱、联轴器

3）检查牵引电动机。检查牵引电动机，外观应良好无损伤、无漏油，安装螺栓应紧固无松动、防松标记应清晰无错位，电气连接应紧固无松动、防松标记应清晰无错位，铭牌应无丢失。牵引电动机注油堵橡胶盖应无丢失。检查牵引电动机出风口，应无异物。检查牵引电动机温度试纸温度，应显示正常，试纸应完好无损坏，如图3-53所示。

图 3-52 齿轮箱吊杆

图 3-53 牵引电动机

4）检查基础制动单元。检查基础制动单元，外观应良好，安装螺栓应紧固无松动、防松标记应清晰无错位，管路连接应紧固无漏泄、防松标记应清晰无错位，停放制动拉绳应完好，如图 3-54 所示。基础制动单元底部呼吸塞应无丢失。

5）检查闸瓦。检查闸瓦，表面应完好无裂纹，磨损厚度应未达到限度（15mm），开口销开度 60°应无丢失，插销应无丢失，如图 3-55 所示。

图 3-54 基础制动单元

图 3-55 闸瓦

图 3-56 横向挡

6）检查横向挡。检查横向挡，表面应无损伤、无裂纹，安装螺栓应紧固无松动、防松标记应清晰无错位，如图 3-56 所示。

其更换标准是①橡胶裂纹：深 5mm 以下 × 长 30mm；②橡胶与金属粘接的分离：深 5mm 以下 × 长 20mm。

7）检查垂向挡。

8）检查中心销。

9）检查差压阀。

10）检查横向液压减震器。

11）检查抗侧滚扭杆。

15. 日检无电功能检查——M/MP 车车底装置检查

M/MP 车车底装置检查内容包括制动管路、智能阀、低压线槽组成、分线箱、制动模块、制动电阻、辅助控制箱、牵引高压箱、应急通风逆变器箱等部分。

另外，日检有电功能检查包含上电、激活和试灯检查，升弓、空调、照明、停放以及高速断路器检查，开关门检查，制动系统与 PIS 功能检查，司机室内装检查，降弓及制动检查，模式复位及故障记录以及断电检查，客室检查。

思考与练习

1. 城市轨道交通车辆日检作业包括哪些主要内容?
2. 请写出日检作业使用的工具。
3. 请写出日检作业的安全要点。
4. 简述转向架的日检检查内容。
5. 停车列检库安全的基本要求是什么?

任务二　城市轨道交通车辆的月检

任务目标

1. 熟悉月检工作中的安全管理规定及安全注意事项。
2. 掌握城市轨道交通车辆月检检查项目。

知识课堂

一、月检概述

月检是对运营时间/运营里程数分别达到一个月/15000km 的电动客车所进行的检修、维护。

月检主要是对主电路中的受电弓、牵引电动机及电器箱,走行部分的转向架构架、轮对、齿轮箱及联轴器,车载设备控制单元及各类信号、指示灯等进行检查,以保证走行部分的安全和电气控制性能的良好及磨损件具有足够的工作尺寸。

二、部分城市电动客车的月检范围

郑州地铁电动客车的月检范围:车体及贯通道、车钩缓冲装置、转向架、供风及制动系统、车底主要设备、受电弓、空调系统、PIS、控制系统、牵引系统、制动系统、辅助系统、动态调试等。

上海地铁 1 号线电动客车的月检范围:车顶电气、客室电气、驾驶室电气、车下电气、转向架、车体、空气气路及制动系统、动态调试 8 个部分。

北京地铁电动客车的月检范围:受流器、电动机、运行控制装置、辅助电源装置(SIV)、一般电气装置、转向架、空气压缩器、空气制动装置、基础制动及手制动装置、风动门装置、连接缓冲装置、车体、灯装置、联络广播装置、无线电台装置、ATP、列车识别装置、列车监控装置、仪表、蓄电池箱等。

三、月检的流程、操作方式

1. 月检作业的流程

月检作业的流程如图 3-57 所示。

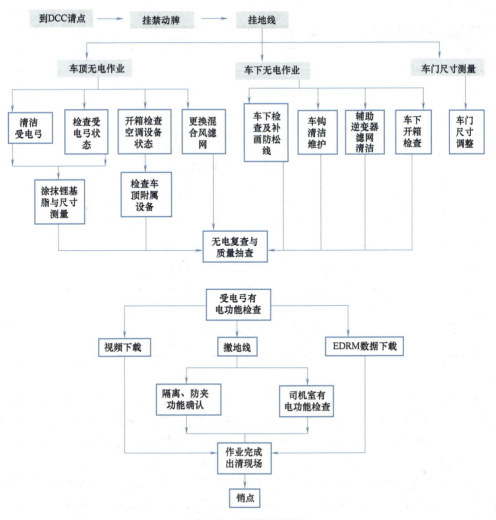

图 3-57 月检作业的流程

2. 工具、辅料准备

（1）月检作业使用的工具 月检作业使用的工具见表 3-3。

表 3-3 月检作业使用的工具

序号	名称	型号	数量
1	方孔钥匙	8mm×8mm	2把
2	手电筒	—	1个
3	主控钥匙	—	2把
4	禁动牌	—	2块
5	游标卡尺	—	1把
6	支撑架	—	1把
7	秒表	—	1个
8	塞尺	2mm	1套
9	整形锉	—	1把

（续）

序号	名称	型号	数量
10	扭力扳手套件	20～100N·m	1套
11	套筒扳手套件	58件套	1套
12	梯子	—	1把

（2）月检作业使用的辅料及耗材　月检作业使用的辅料及耗材见表3-4。

表3-4　月检作业使用的辅料及耗材

序号	名称	型号	数量
1	抹布	无纺布	适量
2	划线笔	—	4支
3	锂基脂3号	—	0.25kg
4	油漆膏	红色	4支
5	油漆膏	黄色	2支
6	医用酒精95%	500mL	3瓶
7	工业清洗剂	500mL	3瓶

3. 月检工作线路

月检工作人员分为5组，1号位1人，2号位1人，3号位4人，4号位2人，5号位2人。

其中，1号位和2号位负责车侧、车底、车体外观及有电功能检查作业；3号位负责车顶空调检查及混合风滤网更换；4号位负责受电弓清洁，受电弓维护测量及有电功能检查；5号位负责车门尺寸测量，配合升降弓、列车数据填表等工作。

在月检工作线路中，1号位与2号位工作线路相同。3号位完成车顶空调检查、混合风滤网更换，4号位完成受电弓检查、维护测量及受电弓有电功能检查，如图3-58所示。

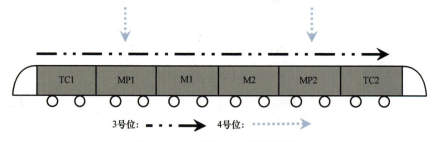

图3-58　3号位和4号位月检线路

4. 月检作业安全注意事项

（1）无电作业注意事项

1）按照要求穿戴好劳保用品，正确佩戴安全带且安全带高挂低用。

2）作业前确认相应轨道接触网断电并挂好接地线、受电弓降弓、列车处于断电状态、无库用电源向列车供电，断开蓄电池控制开关。

3）列车两端放置"禁止动车"牌，两端司机室升弓按钮处挂"禁止升弓"牌，列车上电旋钮处挂"严禁合闸"牌，按下司机台上紧急制动按钮。

4）作业完成后清理现场，确认所携带的检修工具齐全，未遗留在作业现场，确认平台门锁闭。

（2）有电作业注意事项

1）列车两端放置"禁止动车"牌。

2）升弓前鸣笛两声警示，降弓前鸣笛一声警示，降弓前关闭列车负载（空调、客室电热和客室照明）。

3）在开关门检查时，须进行人工广播后再进行开关门作业。

4）推动主控手柄前需确认HSCB（高速断路器）断开。

5）按照要求穿戴好劳保用品。

6）作业完成后清理现场，确认所携带的检修工具齐全，未遗留在作业现场。

四、某地铁电动客车的月检

月检无电功能检查、有电功能检查与日检无电功能检查、有电功能检查作业内容、标准一致。

其中，月检无电功能检查——MP1/MP2车一位侧箱体检查增加了检查高压电气箱：检查高压电气箱，外观应良好无损伤，车间电源插座盖板应锁闭良好，安装螺栓应紧固无松动、防松标记应清晰无错位，箱体柜门应锁闭到位、作用良好，电气连接外观应良好、安装紧固无松动，接地线应无断股。

另外，月检增加了受电弓、空调的检查，具体内容如下。

1. 升降弓调整

（1）静态接触压力测量　将弹簧秤有钩一端挂在受电弓弓头横杆中点处，垂直下拉，在距离升弓高度800～1200mm范围内记录弹簧秤读数，如图3-59所示。

静态接触压力应处于（120±10）N之间。如果测得静态压力小于120N，应先检查受电弓各转动部位是否灵活无卡滞，同时顺时针方向旋转受电弓控制单元精密减压阀的手轮，使空气压力增大，直至测量的标准静态压力满足上述要求；反之，静态压力过大可逆时针方向旋转精密减压阀的手轮，使空气压力减小，直至测量的标准静态压力满足上述要求的压力值。

（2）检查碳滑板与接触网接触情况　在升弓状态下检查碳滑板与接触网的接触情况。4根碳滑条磨耗面应与接触网贴合良好、无夹角，如图3-60所示。

图3-59　静态接触压力测量

图3-60　碳滑板与接触网接触情况

（3）检查气囊运动情况　检查气囊的运动及膨胀情况，观察气囊的运动是否正常，如图 3-61 所示。要求：①气囊沿纵向运动无偏离中心的现象；②气囊各处的膨胀大小一致；③膨胀大小最宽处与最窄处差距在 11mm 以内。

（4）检查受电弓升弓功能　检查受电弓升弓功能，测试升弓时间：车内作业者按下升弓按钮后，车顶作业者看到受电弓动作时用秒表开始计时，碳滑板与接触网接触后停止计时，如图 3-62 所示。要求：①升弓功能正常，两架受电弓升弓动作基本同步；②升弓时间为（8±1）s，且对接触网无有害冲击现象。

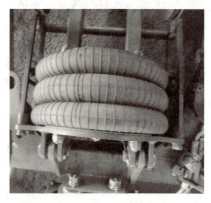

图 3-61　气囊运动情况

（5）测试降弓时间　车内作业者按下降弓按钮后，车顶作业者听到气缸放气声时用秒表开始计时，受电弓完全落下后停止计时。要求：①降弓功能正常，两架受电弓升弓动作基本同步；②降弓有明显的快速离网和缓慢降弓两个过程正常；③降弓时间为（7±1）s，且对受电弓底架无有害冲击现象。

2. 受电弓及平台清洁

1）清洁弓头油污、碳粉。要求表面清洁，无污渍堆积，露出本色，如图 3-63 所示。

2）使用无纺布蘸酒精清洁上臂、下臂、下导杆、上导杆上的油污、碳粉等污渍。要求表面清洁，无污渍堆积，露出本色，如图 3-64 所示。

图 3-62　受电弓升弓功能的检查

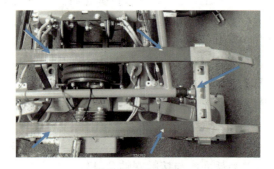

图 3-63　弓头清洁

图 3-64　臂、杆清洁

图 3-65　避雷器清洁

3）清洁受电弓底架、ADD 控制箱的绝缘子油污、灰尘。要求表面清洁，无污渍堆积，露出本色。

4）清洁避雷器油污。要求表面清洁，无污渍堆积，露出本色，如图 3-65 所示。

5）清洁绝缘气管油污。要求表面清洁，无污渍堆积，露出本色，如图 3-66 所示。

6）清洁受电弓安装紧固件表面。要求防松线清晰、无错位。

7）清洁受电弓平台绝缘层。要求车顶绝缘层完整，无超过 30m×30mm 面积的缺块，无超过 100mm 裂纹；清洁受电弓安装平台碳尘，如图 3-67 所示。

图 3-66　绝缘气管清洁

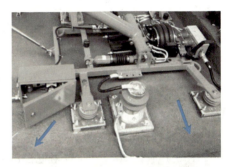
图 3-67　受电弓平台绝缘层清洁

3. 受电弓状态及车顶附属设备维护

（1）**检查碳滑板的外观**　要求：①无超过 40% 宽度或厚度的崩边；②无裂纹；③无超过 100mm 的崩边；④上表面无严重灼伤；⑤碳棒和托架结层之间不可有间隙（如有间隙，及时补胶）；⑥无碳棒单位长度 100mm、深度 5mm 的凹槽，碳滑条与端角过渡流畅，如图 3-68 所示。

（2）**检查碳滑板支座关节转动情况**　要求转动灵活、无卡滞，如图 3-69 所示。

图 3-68　碳滑板的外观

图 3-69　碳滑板支座关节转动

（3）**检查弓头板簧**　要求：①板簧弹性正常，形变后能自行恢复；②外观正常无损坏；③表面无裂纹、凹坑、明显形变，如图 3-70 所示。

（4）**检查弓头外观**　要求：①外观良好；②安装螺栓紧固；③防松标记清晰、无错位，如图 3-71 所示。

（5）**检查弓头各紧固件**　要求螺栓、螺母安装紧固，防松标记清晰、无错位。

（6）**检查气囊的外观**　要求：①外观良好，无变形；②表面无损伤、漆面无损坏、无锈蚀；③焊缝紧密无损伤。

图 3-70 弓头板簧

图 3-71 弓头紧固螺栓

（7）检查气囊各紧固件　要求安装螺栓紧固，防松标记清晰、无错位。

（8）检查升弓工作及紧固件　要求：①升弓动作中无异响，升弓中各关节轴承无卡滞现象；②各部件安装螺栓紧固，防松标记清晰、无错位。

（9）检查钢丝绳的外观　如图 3-72 所示，在降弓位置用手拉动升弓钢丝绳，要求：①无法使其脱出导槽；②两根钢丝绳松紧度一致。检查钢丝绳调节螺母和紧固螺母，要求调节螺母及紧固螺母无松动，防松标记清晰、无错位。

（10）检查阻尼器　检查阻尼器的外观，要求无卡滞和漏油现象，如图 3-73 所示。检查阻尼器紧固件，要求紧固件安装紧固，防松标记清晰、无错位。

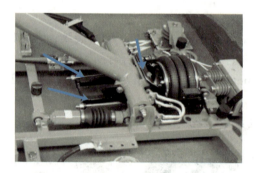

图 3-72 钢丝绳

图 3-73 阻尼器

（11）检查底架与车顶连接处绝缘子外观　如图 3-74 所示，要求：①表面无污渍，露出本色；②外观无裂纹、无裂损；③无放电、灼伤痕迹。如果有以下情形，应立即更换绝缘子：a. 外套脆化、粉化或破裂；b. 伞裙和出现电腐或电痕；c. 绝缘子各连接部分由于胶粘密封剂失效而出现脱胶现象，出现裂缝和滑移；d. 绝缘子的伞裙有缺损面积 $\geqslant 25mm^2$；e. 伞裙根部有裂纹，从边缘沿径向有贯穿性裂纹。

检查底架与车顶连接处绝缘子紧固螺栓，螺栓应紧固无松动，防松标记应清晰、无错位。

（12）检查底架与 ADD 控制箱连接处绝缘子的外观　如图 3-75 所示，要求螺栓紧固无松动，防松标记清晰、无错位。

（13）检查避雷器的外观　如图 3-76 所示，要求：①表面无污渍，露出本色；②外观无裂纹、无裂损；③无放电、灼伤痕迹。检查避雷器接地线，要求接地线安装紧固、无断股。检查避雷器连接处各紧固件，要求螺栓紧固无松动，防松标记应清晰、无错位。

（14）检查底架与 ADD 控制箱连接处绝缘子紧固螺栓　要求螺栓紧固无松动，防松标记清晰、无错位。

图 3-74 底架绝缘子

图 3-75 ADD 控制箱连接处绝缘子

（15）检查受电弓控制箱箱体的外观　如图 3-77 所示，要求外观良好无破损，箱盖锁锁闭到位。检查受电弓控制箱箱体紧固件，安装螺栓应紧固无松动，防松标记应清晰、无错位，打开受电弓控制箱，检查内部阀件气路连接状态，如图 3-78 所示，要求：管路连接紧固，防松标记清晰、无错位；连接处无漏泄；阀门位置正确，扎带状态正常。

图 3-76 避雷器

图 3-77 受电弓控制箱箱体

将箱体内干燥过滤器保护罩（图 3-79）打开，排出内部积水，确保内部无积水。检查气路测试接口，要求：测试接口连接处无泄漏，防尘堵正常，塞入测试接口无丢失。检查气路截断塞门，如图 3-80 所示，要求：塞门位置正确，扎带绑扎良好，连接处无泄漏。

（16）检查 ADD 控制阀　检查 ADD 控制阀，如图 3-81 所示，要求：外观良好无破损，连接处无漏泄。检查 ADD 控制箱箱体紧固件，要求安装螺栓紧固无松动，防松标记清晰、无错位。

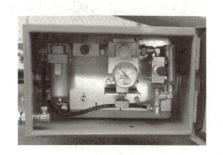
图 3-78 控制箱打开状态

检查 ADD 控制箱箱体电气连接件，要求：电气连接插头外观良好，安装紧固；波纹管管路夹安装紧固，防松标记清晰、无错位。

检查 ADD 控制箱箱体气路连接状态，要求：管路连接安装紧固，防松标记清晰、无错位；气路连接处无漏泄；气管和其他部件无干涉；各阀门位置正确，扎带状态正常。

检查导流线的外观，要求：导流线无断股；压接头表面无裂纹；表面无放电痕迹，无电腐蚀。

图 3-79 干燥过滤器保护罩

图 3-80 气路测试接口

（17）**检查上臂** 检查上臂的外观，要求：外观良好，无变形；表面、漆面无损坏、无锈蚀；焊缝紧密、无损伤。

检查调整钢丝绳的外观，要求外观良好，无断裂；开口销无丢失，开度正常。

检查上臂关节、各紧固件，要求活动部件转动灵活，无卡滞现象，安装螺栓紧固无松动，防松标记清晰、无错位。

（18）**检查上导杆** 如图 3-82 所示，检查上导杆的外观，要求：外观良好，无变形；表面无损伤，漆面无损坏、无锈蚀；焊缝紧密、无损伤。

图 3-81 ADD 控制阀

图 3-82 上导杆

检查上导杆关节，要求活动部件转动灵活，无卡滞现象。

检查上导杆各紧固件，要求：螺栓紧固，防松标记清晰、无错位；开口销无丢失，开度正常。

使用润滑脂对上导杆两端的关节轴承进行润滑，润滑脂应均匀涂抹轴承间隙。

（19）**检查下臂** 如图 3-83 所示，检查下臂的外观，要求：外观良好，无变形；表面无损伤，漆面无损坏、无锈蚀；焊缝紧密、无损伤。

检查下臂关节，要求活动部件转动灵活，无卡滞现象。

检查下臂各紧固件，要求：螺栓紧固，防松标记清晰、无错位；开口销无丢失，开度正常。

（20）**检查底架** 如图 3-84 所示，检查底架的外观，要求：底架外观良好，无变形，表面无损伤，漆面无损坏、无锈蚀，焊缝紧密无损伤。

检查底架活动关节，要求：活动部件转动灵活，无卡滞现象。

检查底架紧固件，要求：各紧固件齐全，安装螺栓紧固，防松标记清晰、无错位。

图3-83 下臂

图3-84 底架

检查电气连接线和管路的外观，要求：外观良好，连接状态正常；电气连接管路夹安装紧固。

检查降弓止挡、弓头撑板的外观，要求：外观良好，安装紧固无松动，防松标记清晰、无错位；在降弓位置时，降弓止挡能与上臂密贴，弓头撑板与弓头密贴。

（21）检查车顶绝缘层　检查车顶绝缘层，车顶绝缘层应完整，无超过 30×30mm 面积的缺块，无超过 100mm 裂纹。清洁受电弓安装平台碳尘。

（22）检查下导杆　如图 3-85 所示，检查下导杆的外观，要求：外观良好，无变形，表面无损伤，漆面无损坏、无锈蚀，焊缝紧密、无损伤。

检查下导杆轴承，要求动部件转动灵活，无卡滞现象。

检查下导杆紧固件，要求：各紧固件齐全，安装螺栓紧固，防松标记清晰、无错位。

使用润滑脂对下导杆两端的关节轴承进行润滑，润滑脂应均匀涂抹轴承间隙。

4. 混合风过滤网的拆装

1）用方孔钥匙锁闭送风机盖板上的方孔锁。

要求：①所有方孔锁锁舌闭锁到位；②方孔锁舌开、锁闭功能正常，锁舌紧固，无松动、损坏情况。

2）用手捏住新风过滤网中间部位的手柄，垂向抽出新风过滤网，轻放于平台。

如图 3-86 所示，要求：①新风过滤网的外观良好，网面无破损；②侧面卡扣弹性正常，无丢失。

图3-85 下导杆

图3-86 新风过滤网

5. 送风机的检查

（1）检查空调机组螺栓　检查空调机组安装座螺栓、冷凝风机盖板螺栓、压缩机盖板紧固件，要求：紧固件安装紧固，防松线无错位。

（2）检查机组电气连接插外观及紧固性　要求：外观良好无损坏，紧固件安装紧固，防松线无错位。

（3）检查送风机盖板的外观　要求：①盖板无裂纹、无变形，盖板紧固件防松标记清晰、无错位；②盖板折页无裂纹、无脱焊，销轴无脱出。

（4）检查压缩机盖板　要求：①盖板外观良好，无裂纹、无变形；②盖板安装螺栓紧固，防松标记清晰、无错位；③胶条无脱落。

（5）检查冷凝风机、冷凝器盖板　要求：①盖板的导流格栅无变形、无脱焊、无异物，盖板无裂纹、无变形、无干涉；②盖板安装螺栓紧固，防松标记清晰、无错位。

（6）检查送风机　要求：①外观良好，无裂纹、无烧损等异常现象；②电气连接良好，电缆无开裂；接地线安装紧固，断股不超过10%；③转动送风机轴承无卡滞异响，转动灵活。

（7）检查蒸发器　要求：①铝翅片外观良好，无大面积变形情况；②表面清洁、无油污。

6. 空调机组各部件的检查

（1）通过导流格栅间隙查看冷凝风机扇叶的外观　要求冷凝风机扇叶无裂纹、无变形。

（2）检查风机电源线和确认风机内部无异物　要求：①冷凝风机电源线连接良好，扎带无断裂；②冷凝风机内部无异物；③手动转动送风机轴承无卡滞异响，转动灵活。

（3）检查冷凝腔内部可见部件的安装状态　要求：①紧固件防松标记清晰、无错位；②各部件无丢失、外观良好，线缆走向无干涉、无破损。

（4）检查废排装置的外观　要求：①外观良好、无明显损坏；②安装紧固，防松线清晰、无错位；③手摸螺栓无松动。

（5）检查天线装置的外观　要求：①外观良好、无明显损坏；②安装紧固，防松线清晰、无错位。

（6）TC车车顶部安装螺栓检查　检查TC车车顶前部各紧固螺栓，应无松动，防松线无错位。

思考与练习

1. 月检的主要目的是什么？
2. 简述月检车顶作业安全注意事项。
3. 简述受电弓静态接触压力测量的作业内容及合格标准，静态接触压力偏小的调整方法，偏大的调整方法。

项目四

城市轨道交通车辆的机械部件与检修

任务一　车钩缓冲装置的结构与检修

任务目标

1. 了解车钩的基本结构和工作原理。
2. 能够熟练地检修车钩钩头、电气连接箱、缓冲器、对中装置、钩尾冲击座以及其他附件。
3. 掌握车钩的试验方法。

知识课堂

密接式车钩的结构和工作原理

一、车钩的作用

车钩具有以下作用：
1）连接列车各车辆，并使之保持一定的距离。
2）传递、缓和列车在运行中或在调车时所产生的纵向力和冲击力。
3）全自动车钩缓冲装置的作用是保证车组之间的机械、气路、电气自动连接、分解。
4）全自动车钩一般设置在列车的端部，在两列车连挂运行、救援以及库内调动列车时使用。

二、车钩的类型

以夏芬伯格车钩为例，城市轨道车辆所用密接式车钩可分为全自动车钩、半自动车钩、半永久牵引杆 3 种，其 3 种车钩的分布情况如图 4-1 所示。

1. 全自动车钩

（1）全自动车钩的结构　全自动车钩的结构如图 4-2 所示。它可实现车辆的机械自动连接、电路自动连接、气路自动连接，连挂时无须人工辅助，只需驱动一辆车与另一辆车相碰就可以实现两辆车的自动连挂，即使在水平方向和垂直方向有一定的角位移的情况下，也可以通过对中装置实现自动连挂。

车钩类型	头车全自动车钩	半永久牵引杆1	半永久牵引杆2	半永久牵引杆2	半永久牵引杆1	中间半自动车钩1
连接功能	机械自动连挂	机械人工连挂	机械人工连挂	机械人工连挂	机械人工连挂	机械自动连挂
	气路自动连接	气路人工连接	气路人工连接	气路人工连接	气路人工连接	气路自动连接
	电路自动连接	电路人工连接	电路人工连接	电路人工连接	电路人工连接	电路人工连接
能量吸收	EFG3缓冲器	EFG3缓冲器	EFG3缓冲器	EFG3缓冲器	EFG3缓冲器	EFG3缓冲器
	可压溃筒体300mm	可压溃筒体200mm	/	/	可压溃筒体200mm	可压溃筒体100mm
	过载保护装置	/	/	/	/	/

中间半自动车钩2	半永久牵引杆1	半永久牵引杆2	半永久牵引杆2	半永久牵引杆1	头车全自动车钩	车钩类型
机械自动连挂	机械人工连挂	机械人工连挂	机械人工连挂	机械人工连挂	机械自动连挂	连接功能
气路自动连接	气路人工连接	气路人工连接	气路人工连接	气路人工连接	气路自动连接	
电路人工连接	电路人工连接	电路人工连接	电路人工连接	电路人工连接	电路自动连接	
EFG3缓冲器	EFG3缓冲器	EFG3缓冲器	EFG3缓冲器	EFG3缓冲器	EFG3缓冲器	能量吸收
/	可压溃筒体200mm	/	/	可压溃筒体200mm	可压溃筒体300mm	
/	/	/	/	过载保护装置	/	

图 4-1 车钩的分布

全自动车钩可实现连挂列车的竖曲线运动、平曲线运动及旋转运动,能顺利地在一定的坡道和曲线上运行。解钩时,可通过操作司机室的解钩按钮实现自动气动解钩。当气路存在故障时,可在车钩旁拉动解钩绳实现手动解钩。

(2) 机械钩头内部的结构　机械钩头内部的结构如图 4-3 所示,由解钩气缸、钩锁杆、钩舌和钩锁杆弹簧等组成。车钩连挂时,相邻两个车钩的凸锥、凹锥相互插入。固定在中心轴上的钩舌板在弹簧的作用下可绕轴心转动并带动钩锁杆动作。钩舌板是按功能需要设计成的不规则几何形状,设有供连挂时定位和供解钩气缸活塞杆作用的凸舌,以及与钩舌连接杆连接的定位槽、钩嘴等,是车钩实现动作的关键零件。

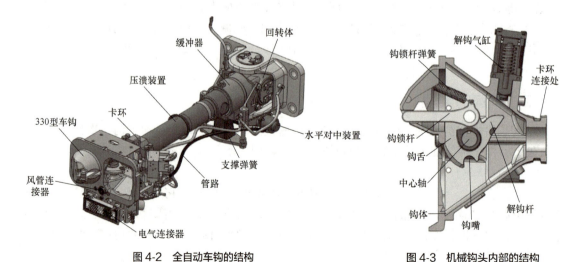

图 4-2 全自动车钩的结构　　　　图 4-3 机械钩头内部的结构

（3）机械钩头连挂原理　机械钩有 3 种状态，分别是待挂、连挂和解钩。

1）待挂状态。钩锁杆轴线平行于车钩的轴线，钩锁杆的连接销中心与钩舌中心销连接线垂直于车钩的轴线，如图 4-4 所示。

2）连挂状态。当两车钩端面紧密贴合时，车钩的凸锥滑入连挂车钩的凹锥，钩锁杆撞击连挂车钩钩舌。车钩锁抵抗弹簧的作用力转动，直至将钩锁杆与钩嘴啮合。此时钩舌受拉弹簧的作用，向后转动到已连挂位置，此时两钩的钩锁杆与两钩的钩舌构成一个平行四边形，力处于平衡状态，两钩刚性、无间隙地彼此连接，处于闭锁状态，如图 4-5 所示。

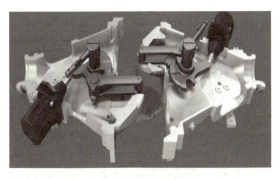

图 4-4　待挂状态

图 4-5　连挂状态

3）解钩状态。压力空气进入解钩气缸，推动活塞运动，压迫解钩杆，两钩舌被同时推至解钩位置，如图 4-6 所示。达到解钩后排气，气缸中受压弹簧使活塞返回到原始位置。

（4）全自动车钩连挂前检查内容　连挂前应确认车钩处于连挂范围内并检查：

1）车钩凸锥内、凹锥内、钩舌、连挂杆、MRP 阀上有无异物，若有异物应清除。

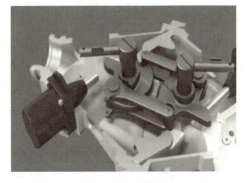

图 4-6　解钩状态

全自动车钩
自动连挂
视频展示

2）车钩是否处于待连挂位：可通过连挂指示线是否指向钩体红色指示槽来判断，如图 4-7 所示。

3）确认两手动截止阀都处于打开位置，即手动截止阀把手与管路平行。

4）确认电气连接器缩回，护盖关闭（图中电气连接器为打开位置）。

将车厢停在距需连挂车厢约 1m 的位置，以 0.8～3km/h 的速度连挂。机械车钩连挂到位后，推送机构推送电气连接器前移，护盖打开，两车钩电气连接器触合。

（5）全自动车钩完成连挂判断　判断标准如下：①两车钩连挂面紧密贴合；②连挂指示线指向机械车钩红色连挂指示槽；③两车钩电气连接器触合，护盖打开；④司机控制台连挂指示灯亮。

（6）全自动车钩装置自动解钩　按下司机室的解钩按钮，直至钩锁打开（钩锁打开时可听到"咔嗒"一声),电气连接器缩回,护盖关闭。判断:①连挂指示线不指向机械车钩红色连挂指示槽;②电气连接器缩回,护盖关闭;③司机控制台连挂指示灯灭。

(7) 全自动车钩装置手动解钩　　只有在特殊情况下才手动解钩。手动解钩的步骤如下:①切断电源;②关闭两个车钩上的手动截止阀,电气连接器推送机构气缸中的空气被排出,电气连接器保持在当前的位置;③将扳手放在六角法兰销轴的六角法兰上,如图4-8所示,提起前端锁定装置,向右侧转动扳手,手动使电气连接器缩回,移开扳手;④拉动解钩手柄,直至钩舌"咔嗒"一声解开;⑤分离车辆,机械车钩分离;⑥解钩手柄自动回到原位,两车钩连挂指示线已指向红色解钩槽。

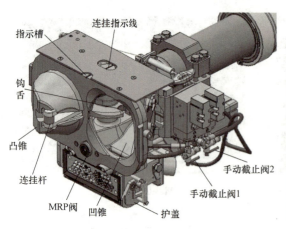

图 4-7　全自动车钩连挂

图 4-8　手动解钩

(8) 全自动车钩仅需机械连挂　　关闭两车钩的各自两个手动截止阀,使推送气缸中的空气排出,电气连接器保持原位,即可进行机械连挂。

(9) 全自动车钩小曲线连挂　　如果车钩连挂范围不够,无法在急弯道、过渡弯道及S弯道上实现自动连挂,需人工干预进行连挂,干预方法如下:

1) 将需连挂的两车靠近至约1m的距离后停车。

2) 用拉绳拉动两车钩,使两车钩的机械钩头大致在两车钩回转中心连线方向(注:拉绳拉车钩位置应避免车钩连挂面且应不妨碍车钩的相关部件动作或不损坏相关部件)。

3) 在保证人身安全的情况下,慢慢驶向静止车厢进行连挂(0.8~3km/h)。

4) 连挂后,检查车钩是否连挂完成。

2. 半自动车钩

车钩机械、气路自动连接,但电连接器的连接和分离只能以手动方式进行的车钩称为半自动车钩。半自动车钩的钩缓装置位于列车编组的两个单元间,用于列车的分段运行,一侧半自动车钩配备有压溃管装置和弹性缓冲器,另一侧配备有弹性缓冲器和刚性杆。

3. 半永久牵引杆

为了固定编组运行,正常情况下不进行解体,所以在列车内部经常采用半永久牵引杆。半永久牵引杆用于单元内部两车之间的连接,其作用是保证车组单元内部车辆的机械连接和气路连接,其连接和分解需要人工手动操作。

半永久牵引杆有带压溃管半永久牵引杆和不带压溃管半永久牵引杆两

手动解钩动作视频展示

种，其结构如图 4-9 所示，两种半永久牵引杆在列车内部各个端面成对使用。

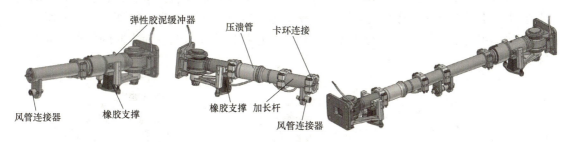

图 4-9　半永久牵引杆

三、车钩附属部件

1. 风管连接器

如图 4-10 所示，当两车钩连挂时，阀杆和密封圈同时受压，密封圈在防止泄漏的同时，阀杆压缩阀垫、滑阀和顶杆弹簧，气路开通。解钩时，由于密封圈和阀杆失去压力，在弹簧的作用下各部件恢复原位，气路断开。

车钩附属部件

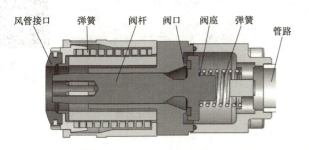 

图 4-10　风管连接器（自动开闭式）

2. 卡环

卡环用于车钩主要功能模块之间的连接以及两半永久牵引杆连接，用于传递车钩纵向牵引力。卡环由两个套筒通过螺栓连接，套筒将两个部件的轴肩围住，并由螺栓紧固连接，如图 4-11 所示。套筒水平安装，下部套筒设有排水孔。

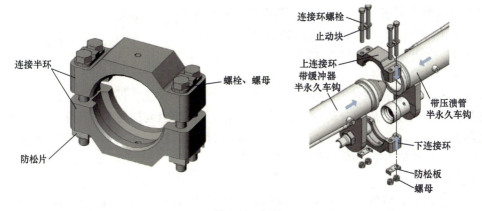

图 4-11　卡环

3. 环形橡胶缓冲器

环形橡胶缓冲器主要由上部外罩和下部外罩、橡胶垫和拉杆组成,拉杆由橡胶垫围住并夹在上、下外罩之间。橡胶缓冲器是橡胶钩尾座的一部分,如图4-12所示。缓冲器和钩尾安装座的组合能够缓冲车辆的弹性万向运动,包括拉伸和压缩载荷方向的位移,垂直位移和扭转运动。

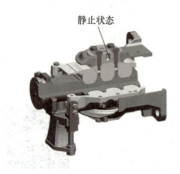
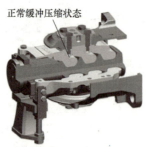
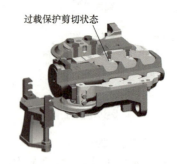

图4-12 环形橡胶缓冲器

4. 可压溃变形管

为了满足速度15km/h时的能量吸收要求,车钩缓冲装置变形吸能装置采用膨胀式压溃管,如图4-13所示。列车在非正常状况下,车钩力超过压溃管触发力值时,压溃装置开始吸收冲击能量,达到保护人身和车辆设备安全的目的。

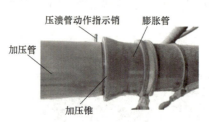

图4-13 可压溃变形管

可压溃变形管实验视频展示

5. 垂向支撑

车钩垂向支撑方式为橡胶垫和位于橡胶垫钩尾座下侧的垂向支撑,如图4-14所示,必要时可对此水平位置进行调节。

如果车钩钩头下垂,松开螺母1和螺母2,顺时针方向拧紧两侧螺栓相同的圈数,直至车钩达到垂直对中要求,重新拧紧螺母1和螺母2。

如果车钩钩头上翘,松开螺母1和螺母2,逆时针方向松动螺栓相同的圈数,直至车钩达到垂直对中要求,以350N·m的力矩重新拧紧螺母1和螺母2。

图4-14 垂向支撑

6. 水平对中装置

如图4-15所示,水平对中装置由凸轮盘、滚轮和碟簧组成。通过碟簧提供回复力,使滚轮压迫凸轮盘转动,从而带动钩缓装置整体转动。凸轮盘与滚轮配合能够提供回复力的角度范围为±25°;若在小曲线上连挂时,回复角度将超过±25°导致两车钩不能完成自动连挂。此时可以实施人工干预,使机械对中失效。

7. 过载保护装置

车钩的过载保护装置位于头车自动或半自动车钩安装的连接位置,有压溃体和拉断螺栓两种结构形式。

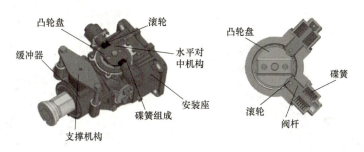

图 4-15　水平对中装置

（1）压溃体　压溃体的结构如图 4-16 所示，钩缓装置受到的压缩载荷达到过载保护装置额定触发力时，螺栓压溃体将发生收缩变形，其外径小于车钩安装孔，因此，压溃体及安装螺栓、螺母最终将滑出安装孔，车钩在压缩力的作用下可以向后运动，与车体分离。

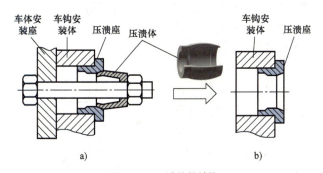

图 4-16　压溃体的结构
a）压溃前　b）压溃后

（2）拉断螺栓　如图 4-17 所示，当钩缓装置受到的压缩载荷达到过载保护装置额定触发力时，过载保护装置上的螺栓将断裂，安装座与安装板脱离，车钩在压缩力的作用下可以向后运动，与车体分离。

当一列 AWO 列车以小于 7km/h 的速度与另一列处于停放制动的 AWO 列车碰撞时，车钩系统能完全吸收冲击能量，能量吸收可恢复，无任何部件损坏。

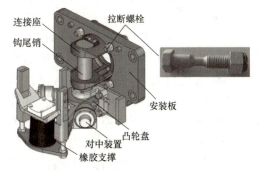

图 4-17　拉断螺栓

当一列 AWO 列车以 7～15km/h 的速度与另一列车处于停放制动的 AWO 列车碰撞时，车钩及缓冲器系统能有效地吸收其碰撞能量，除可压溃变形管外，车体及车钩其他部件均不损坏。

当一列 AWO 列车以大于 15km/h 的速度与另一列车处于停放制动的 AWO 列车碰撞时，车体结构将参与变形吸能。

8. 电气连接器

电气连接器由电气车钩、前盖、导向杆和气缸等组成，如图 4-18 所示，它与机械车钩配合，在连挂时自动连接车组电路，在车组分解时自动关断电路。

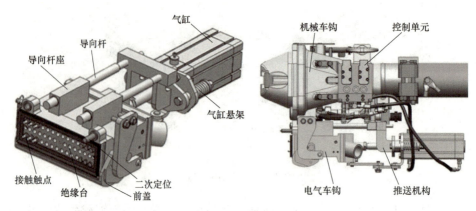

图 4-18 电气连接器

(1) 电气连接器待挂状态 如图 4-19 所示，机械车钩未进行连挂时，压力空气通过 V2 手动截止阀到达 V3 控制阀分配端，经过分配后流向推送气缸 C2 前端推送气缸回退，带动电气车钩回缩保持在待挂位。

(2) 电气连接器连挂状态 如图 4-19 所示，机械车钩连挂完成时，主风管连接器 V1 被连通，压力空气通过手动截止阀 V5 进入控制单元内部，再到达控制阀 V4 分配端，经过分配后流向控制阀 V3 控制端，控制阀 V3 在压力空气的作用下换向，原先分配给推送气缸 C2 前端的压力空气分配给推送气缸 C2 的后端。

(3) 电气连接器解钩状态 如图 4-19 所示，司机控制向解钩管路充风，压力空气进入解钩气缸 C1 后端，另一路经过单向阀 V6 进入控制单元，到达控制阀 V4 控制端，控制阀 V4 在压力空气的作用下换向，控制阀 V3 在控制压力消失后重新回复到弹簧作用位，将分配给推送气缸 C2 后端的压力空气重新分配给推送气缸 C2 的前端。

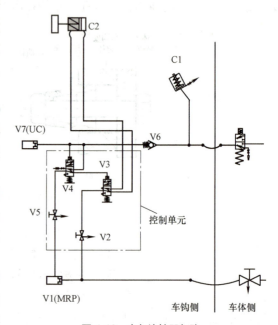

图 4-19 电气连接器气路
V1—主风管连接器 V2、V5—手动截止阀
V3、V4—单气控两位五通阀
V6—单向阀 V7—解钩风管连接器
C1—解钩气缸 C2—电气车钩推送气缸

四、车钩缓冲装置的检修

1. 车钩磨损的检测

在将全自动车钩、半自动车钩或车体分解之前，用车钩间隙规检测车钩钩锁的磨损情况（车钩间隙规如图 4-20 所示），具体检测步骤如下：

1）测量间隙前清理车钩头端面和钩锁。

2）从间隙规钩板上卸下钩舌销。

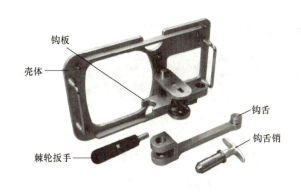
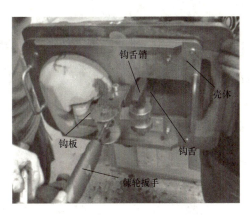

图 4-20 车钩间隙规

3）适当放置间隙规，使钩板位于车钩端面上。
4）钩住车钩的钩舌，使之咬入间隙规的钩板。
5）使间隙规的钩舌与车钩的钩板啮合。
6）旋转棘轮手柄，调节间隙规钩板位置使钩舌销能够插入。
7）顺时针方向旋转棘轮手柄，使间隙规受到拉伸力。
8）将转矩极限调节至 100N·m。间隙规上的精度为 0.1mm。
9）测量车钩间隙，检查是否超出磨损极限。如果超出磨损极限（1.4mm），必须拆下并分解车钩头，对钩锁零件进行检查，确定是否出现损坏和磨损，必要时应更换。

2. 车钩钩头的检修

1）清洁和检查钩锁机构零件的磨损情况：连接杆、连接杆销子、钩舌板、中心销、撞块、棘爪、导向杆、张紧弹簧。
2）更换磨损或损坏的零件，按照润滑方案和工艺给相关零件涂油。
3）更换部分弹簧件。
4）对钩舌板、连接杆和中心销进行磁粉探伤或其他无损探伤。
5）重新油漆各零件。
6）用压缩空气清洁弹簧支撑座，更换损坏件，并给压簧涂润滑脂（Rivolta GWF）。
7）在螺栓螺纹表面涂润滑脂（Rivolta GWF）。
8）在机械车钩表面涂 HS300 防腐涂层，如图 4-21 所示。

图 4-21 车钩润滑

3. 电气连接箱的检修

1) 用干布和无油压缩空气吹扫、清洁触头和绝缘块。

2) 更换个别已损坏的触头，如图 4-22 所示。

3) 检查接线柱，并用万用表测量接线柱的绝缘性能。

4) 更换密封用的橡胶框，如图 4-22 所示。

图 4-22 电气连接箱

5) 修复电气连接箱的塑料绝缘涂层。

① 更换密封件。

② 清洁零部件并检查零部件的磨耗情况，更换磨耗件，用无油压缩空气吹扫清洁软管和风管。

③ 如果有必要，应重新油漆。

④ 用润滑脂（Rivolta GWF）润滑滑动接触表面和衬套。

⑤ 用润滑脂（Rivolta GWF）润滑螺栓端部。

⑥ 用密封胶（Loctite572）密封插接式软管的螺纹件。活接螺母不必密封。

⑦ 用润滑脂（Rivolta SKD3400）润滑气缸内侧表面和活塞杆。

4. 主风管连接器的检修

1) 清洁零件，检查零件是否有损坏，更换损坏件。

2) 更换主风管和解钩风管弹簧阀对接口的橡胶密封件。

3) 更换主风管和解钩风管的橡胶管。

4) 用酒精清洁橡胶件（不得用润滑脂处理）。

5) 用润滑脂（Rivolta GWF）保护螺栓端部。

6) 用密封胶（Loctite572）密封气管上的螺纹件。活接螺母不必密封。

7) 在车钩装车前，用肥皂液检查气管接头是否泄漏，测试气压应为 1.0MPa。

5. 解钩气缸的检修

1) 用无油压缩空气和抹布清洁所有零件。

2) 用刚性金属丝清洁气缸盖板上的排气孔。

3) 检查活塞 O 形密封圈和气缸盖板上的防尘圈有无裂痕。如果有裂痕，应将其更换。

4) 检查活塞杆的磨损情况。若磨损严重，应更换。

5) 检查活塞复位弹簧是否断裂。如果有断裂，应将其更换。

6) 用润滑脂（Rivolta SKD3400）润滑气缸活塞杆和气缸内侧壁。

7) 将润滑脂（Rivolta GWF）涂于螺栓端部。

6. 缓冲装置的检修

1) 使用压缩空气或干燥的皮抹布清洁零件。

2) 检查支撑弹簧有无裂纹和损坏。如果裂纹深度超过 3mm、长度超过 10mm，则应更换支撑弹簧。

3) 更换轴承托架中的套筒、清洁环和减磨盘。

4) 清洗橡胶缓冲器单元的零件，并检查有无损坏（橡胶缓冲垫在横轴方向裂纹长度超过 20 mm 且深度超过 5mm，或在纵轴方向裂纹长度超过 70mm 且深度超过 10mm 时更换）。

5）使用干毛刷清洁橡胶缓冲垫，必要时可使用酒精去除灰尘。

6）如果有必要，修补防锈涂层（橡胶零件绝不能与润滑脂接触）。

7）使用 AUTOL-TOP 2000 略微润滑减摩盘底座、清洁环、轴颈底座以及两个壳体的底座啮合表面，润滑轴承托架内的套筒、轴颈、拉杆的凸缘。

7. 对中装置的检修

（1）水平对中装置的检修

1）用压缩空气和抹布清洁各零件。

2）用刚性金属丝或螺钉旋具清洁气缸排气孔。

3）检查凸轮盘和衬套是否有损坏和磨损。如果有损坏，则应更换。

4）检查活塞杆端部的滚轮是否有损坏。如果有损坏，则应更换。

5）用润滑脂（Rivolta GWF）润滑所有的滑动件和壳体内侧。

6）用润滑脂（Rivolta GWF）保护螺纹和螺栓端部。

7）用润滑脂（Loctite572）保护插接式软管上的螺纹件。

（2）垂向支撑装置的检修

1）清洁橡胶弹簧，检查橡胶弹簧是否有裂纹和损坏。如果裂纹深度超过 3mm 或长度超过 10mm 时，则须更换橡胶弹簧。

2）清洁和更换衬套。

8. 钩尾冲击座的检修

1）当车钩受到 850kN 以上的冲击载荷或严重的碰撞事故后，必须检查过载保护螺栓和衬套是否损坏。若有损坏，则必须更换。

2）清洁底架，检查底架的尼龙导轨轨板是否损坏。若有损坏，则必须更换，并应对其进行润滑，但是不允许对过载保护螺栓和衬套的接触表面进行润滑。

3）清洁球铰结构，检查球铰结构的橡胶件是否有损坏。若有损坏，则必须更换。

4）自锁螺母重复使用不得超过 5 次。

9. 其他附件的检修

1）清洁连接环的内、外表面。

2）用磁粉探伤或其他无损检测的方式进行探伤。

3）用润滑脂（Safecoat DW36X）涂连接环内侧底部，不得涂连接环和车钩钩头法兰环的工作表面。

4）用润滑脂（Rivolta GWF）保护螺纹和螺栓端部。

5）安装时，连接环的排水孔必须朝下。

10. 车钩缓冲装置的试验

（1）车钩连挂和解钩试验　车钩连挂和解钩试验在车钩试验台上进行。连挂时，听其声音是否清脆，以判断机械钩头连接的质量。通过操纵手动解钩装置，检查手动解钩性能是否正常。

（2）气密性试验　在车钩处于连挂状态下，将肥皂水喷在所有阀和管路接头处，以检查气路是否泄漏，如图 4-23 所示。

五、车钩系统常见故障处理

车钩系统常见故障处理方法见表 4-1。

图 4-23 管路接头检漏

表 4-1 车钩系统常见故障处理方法

部件	故障现象	故障原因	处理方法
全自动车钩	钩缓装置连挂时不能正确导向对中	钩缓装置没有进行正确调整对中	对钩缓装置进行必要的对中调整,使其能够正确导向、顺利进行连挂
	机械车钩不能连挂	连挂机构内部部件损坏	检修、更换损坏部件
		连挂机构内部部件锈蚀	检修、清洁并润滑部件
		连挂机构内部部件磨损	使用校准量规检查,更换磨损部件
		连挂机构内部有异物	去除异物
	机械车钩不能解钩	车钩受到牵引力	推顶两车体,消除牵引力
		解钩装置损坏	检修、更换解钩装置
	电气连接器不能推出	手动截止阀没有打开	打开手动截止阀
	手动解钩时电气连接器不能缩回	未提前端锁定装置	提起前端锁定装置再扳动扳手
	MRP 阀不能连通	阀内有异物堵塞	去除异物
		阀内部件损坏	检修、更换损坏部件
	MRP 阀解钩后不能自动关闭	阀内有异物	去除异物
		顶杆密封圈损坏	更换顶杆密封圈
		顶杆弹簧断裂	更换顶杆弹簧
	MRP 阀漏风	橡胶密封件损坏	检修、更换橡胶密封件
	车钩高度调整量用尽,钩缓装置仍无法垂向对中	橡胶支撑损坏	更换橡胶支撑
半自动车钩	风管连接器漏风	压溃管受到非正常冲击	检修、更换橡胶密封件
	车钩缓冲装置纵向非正常冲动	压溃管受到非正常冲击导致触发	更换压溃装置
		缓冲器纵向非正常磨损或内部坏	更换缓冲器
	车钩高度调整量用尽,钩缓装置仍无法垂向对中	支撑弹簧损坏	更换支撑弹簧

思考与练习

1. 全自动车钩一般由哪几部分组成?
2. 简述橡胶缓冲装置的工作原理。
3. 简述 Scharfenberg 型密接式车钩缓冲装置的组成,并简述三态作用原理。
4. 过载保护螺栓安装在什么地方?有什么作用?
5. 简述城轨车辆 3 种类型车钩连接方式的异同。
6. 当两车相撞时,车辆的能量吸收装置有哪些?
7. 简述车钩注油作业时的润滑点。

任务二　转向架的结构与检修

任务目标

1. 掌握车辆转向架的作用及结构。
2. 熟悉车辆转向架各部件的结构及检修。
3. 了解转向架的台架实验。

知识课堂

一、转向架的基本功能

1）采用转向架可增加车辆的载重、长度和容积。

2）转向架相对车体可以自由回转，使较长的车辆能自由通过小半径曲线，减小运行的阻力与噪声，提高运行速度。

3）支撑车体，承受并传递从车体至轮对的各种载荷及作用力，使各轴重均匀分配。

4）通过轴承装置将车轮沿钢轨的滚动转化为车体沿线路的平动，减小运行的阻力与噪声，提高运行速度。

5）便于安装弹簧减振装置，保证车辆具有良好的动力性能和运行品质，提高运行的平稳性和安全性。

6）便于安装制动装置，传递制动力，满足运行要求。

7）便于安装牵引电动机及减速装置，驱动轮对，使车轮沿着轨道运行。

8）转向架为车辆的一个独立部件，便于转向架的互换、制造和维修。

二、转向架的结构

1. 转向架的分类及结构

转向架按轴数分类，一般铁道机车车辆有 2 轴转向架、3 轴转向架、多轴转向架（极少数）等，而对城市轨道交通车辆通常只有 2 轴转向架。

转向架按有无动力分类，可以分为动力转向架和非动力转向架，如图 4-24 和图 4-25 所示。

转向架按轴箱定位方式分类，可分为干摩擦导柱式轴箱定位转向架、转臂式轴箱定位转向架、金属层叠式轴箱定位转向架、人字形橡胶弹簧轴箱定位转向架、拉杆式轴箱定位转向架等，如图 4-26 所示。

2. 构架

构架是转向架的骨架，用以连接（安装）转向架各组成部分和传递各方向的力，并用来保持车轴在转向架内的位置，其结构如图 4-27 所示。动车构架与拖车构架结构不同。

城市轨道交通车辆一般采用焊接构架。焊接构架的组成梁是中空箱形，重量轻，节省材料，且能满足强度和刚度的要求。构架侧梁采用箱形全钢板焊接结构，与侧梁相贯通的横梁用无缝钢管制成。无缝钢管兼作空气弹簧附加空气室。

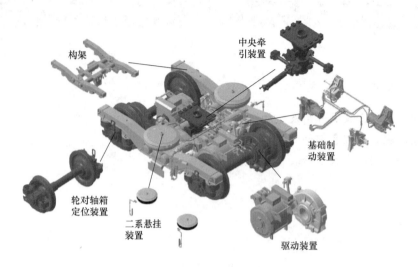

图 4-24 动力转向架

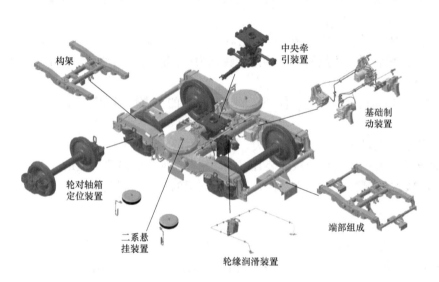

图 4-25 非动力转向架

图 4-26 轴箱定位
a）转臂式轴箱定位 b）金属层叠式轴箱定位 c）人字形橡胶弹簧轴箱定位

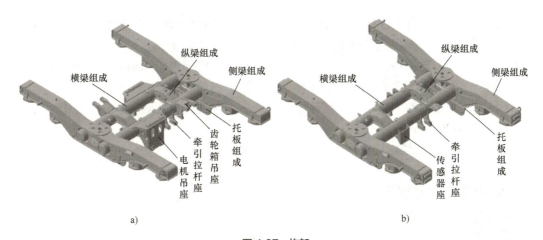

图 4-27 构架
a) 动车用构架 b) 拖车用构架

对其设计的要求是:
1) 构架部分尺寸精度要求高,以保证一些部件的高精度安装定位。
2) 便于各部件与附加装置的安装。
3) 具有足够的强度和刚度。

3. 轮对

轮对沿着钢轨滚动,把旋转运动转换为列车的平移运动,除传递车辆重量外,还传递轮轨之间的各种作用力,其中包括牵引力和制动力。轮对由车轮和车轴压装而成,车轮与车轴之间为过盈配合,分为动车轮对和拖车轮对。

轮对要求有足够的强度;质量小,具有一定弹性;阻力小,耐磨性好;能适应车辆直线运行,同时能顺利通过曲线,具备必要的抵抗脱轨的安全性。

(1) 车轴　车轴采用优质碳素钢加热锻压成型,经过热处理(正火或正火后再回火)和机械加工制成,其结构由轴颈、轴身、轮座和齿轮座等组成,如图 4-28 所示。动车与拖车车轴结构有所不同。

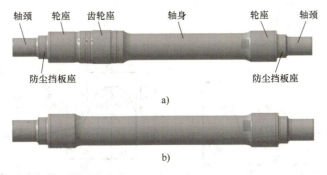

图 4-28 车轴
a) 动车车轴 b) 拖车车轴

1) 轴颈:用以安装滚动轴承,负担着车辆重量,并传递各方向的静动载荷。
2) 轮座:是车轴与车轮配合的部位。轮座直径向外侧逐渐减小,成为锥体,锥度为 1:300,同时为了便于压装、减少应力集中,轮座最外侧还有一小段锥度较大的锥面。

3）防尘挡板座：为车轴与防尘挡板座配合部位，其直径比轴颈直径大、比轮座直径小，位置介于两者之间，是轴颈与轮座的过渡部分，以减少应力集中。

4）齿轮座、齿轮箱轴承座：动车车轴的一端有齿轮座、齿轮箱轴承座，部分类型（动车组）拖车车轴的中央部有制动盘座，车轴的齿轮座、制动盘座部位凹槽较多。

5）轴身：是车轴的中央部分，该部位受力最小。为了减小簧下质量，有些轮对采用空心车轴，如图 4-29 所示。

（2）车轮　采用整体辗钢全加工车轮，结构如图 4-30 所示。

图 4-29　空心车轴　　　　　　　　图 4-30　车轮的结构

踏面：车轮与钢轨面相接触的外圆周面踏面，与轨面在一定的摩擦力下完成滚动运行。

轮缘：车轮内侧面的径向圆周凸起部分，作用是保持车轮在轨道上正常运行不脱轨。

轮辋：车轮具有完整踏面的径向厚度部分，作用是保证踏面具有足够的强度和便于加修踏面。

辐板：连接轮辋与轮毂的部分，起支撑作用。

轮毂：轮与轴互相配合的部分，轮毂孔与轮座过盈配合。

注油孔：车轮压装到车轴上，可以通过注油孔注油退卸车轮。

车轮踏面需要做成一定的斜度，踏面呈锥形，其结构如图 4-31a 所示。做成锥形踏面的主要优点是：便于车辆通过曲线；可自动调中；踏面与钢轨接触面可以不断变化，使踏面磨耗沿宽度方向比较均匀。

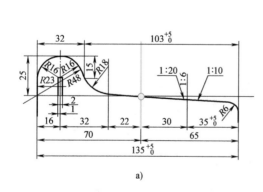
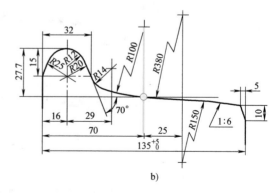

图 4-31　踏面

a）锥形踏面　b）LM 磨耗型踏面

1）基点与基线：从车轮内侧面向外 70mm 处踏面上的一点称为基点，由基点组成的线叫作基线。

2）踏面的锥度：1∶20 锥面的作用是在直线上自动对中，曲线上使外轮滑动量小；1∶10 锥面的作用是在通过小半径曲线时，接触于 1∶10 斜面上，可进一步减少外轮滑动量。

3）轮缘顶点：从车轮内侧面向外 16mm 处轮缘上的一点，称为轮缘顶点。

4）轮缘的厚度：轮缘的厚度为 26～32mm（在轮缘顶点向下 15mm 处测量）。

5）轮缘的高度：轮缘的高度为 25mm（在轮缘内侧面向外 70mm 处的踏面上测量），轮缘的角度为 65°。

6）车轮直径测量的基准：基线圆称为滚动圆。滚动圆的直径作为车轮的名义直径。车轮的直径为 770～840mm。

实践证明，锥形踏面车轮在运行的初期磨耗很快，但磨耗成一定形状后，车轮与钢轨的磨耗都变得缓慢，形状也变得相对稳定。如果把车轮踏面一开始就做成类似磨耗后的稳定形状（即磨耗形踏面），可增大轮轨接触面积，减少轮轨接触应力，明显减少轮与轨的磨耗；发生磨耗后外形变化小，镟轮时无益消耗小，可延长车轮的使用寿命，减少车轮检修工作量。磨耗型踏面的结构如图 4-31b 所示，这种结构既能保证车辆直线运行的横向稳定，又有利于曲线通过，故被轨道车辆广泛采用。

4. 轴箱

轴箱装置将轮对和侧架或构架联系在一起，使轮对沿钢轨的滚动转化为车体沿线路的平动；承受车辆的重量，传递各方向的作用力；保证良好的润滑性能，减少磨耗，减小运行阻力；具有良好的密封性，防止尘土、雨水等物侵入及甩油，从而破坏油脂的润滑，甚至发生燃油等事故。轴箱装置采用滚动轴承，降低了车辆起动阻力和运行阻力，在牵引力相同的条件下，可以提高牵引列车的重量和运行速度；改善了车辆走行部的工作条件，减少了燃轴等惯性事故；减少了日常养护工作，延长了检修周期，缩短了检修时间，加速了车辆的周转，节省了润滑脂，降低了运营成本。

图 4-32 所示为 ZMC08C-1 型转向架轴箱的结构，动车和拖车转向架轮对的每个轴端均配有一套轴箱装置，轴承与轴颈过盈配合，轴箱体安装在轴承上。

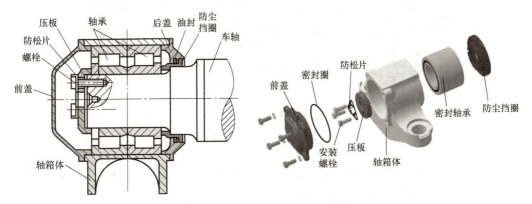

图 4-32 ZMC08C-1 型转向架轴箱

轴箱体内的轴承内圈与车轴轴颈过盈配合，轴箱体轴承安装孔与轴承外圈间隙配合；轴承由前盖、后盖、压板实现轴向定位，轴承为整体式双列圆锥滚子轴承单元，轴承压装后轴向游隙为轴箱体转臂定位橡胶关节安装孔与转臂定位橡胶关节过盈配合。

通过轮对中车轴轴颈、轴压盖、轴承、前端盖、外端盖、轴箱体、转臂定位橡胶关节实现轮对与构架之间的横向定位和纵向定位，通过车轴轴颈、轴承、轴箱体、螺旋弹簧实现轮对和构架之间的垂向定位。

轴箱内部横向力传递，其右端为车轴→防尘挡圈与后轴承内圈→后轴承滚子→后轴承外圈→前轴承外圈→轴箱盖→轴箱体；其左端为车轴→压板→前轴承挡圈→前轴承滚子→前轴承外圈→后轴承外圈→轴箱后盖→轴箱体。

城市轨道交通车辆轴箱类别有4种，分别是防滑轴箱、ATP轴箱、接地轴箱和普通轴箱，如图4-33所示。

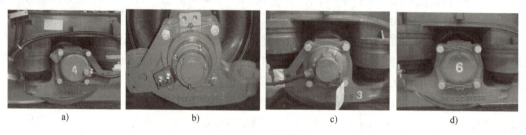

图 4-33　4 类轴箱

a) 防滑轴箱　b) 接地轴箱　c) ATP 轴箱　d) 普通轴箱

5. 弹性悬挂装置

（1）一系悬挂装置　一系悬挂装置有两个圆锥叠层橡胶弹簧单元和一个基座型轴箱体。上端通过两个螺栓将轴箱弹簧固定在构架上的一系弹簧座上，下端通过压板、两个螺栓固定到轴箱上，如图4-34所示。弹簧单元安装在轴箱上，一系悬挂的纵向运动及横向运动由弹簧单元高径向刚度控制。起吊止挡和缓冲挡相结合限制轮对垂向旋转。橡胶弹簧具有一定的减振性能，不需要安装一系垂向减振器。

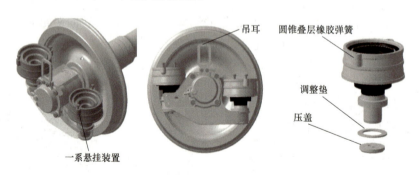

图 4-34　一系悬挂装置

一系悬挂装置的作用主要为：悬挂在构架与轮对之间，传递牵引力和制动力；缓冲牵引力及制动力的冲击；支撑构架与车体重量。

（2）二系悬挂装置　二系悬挂装置设置在转向架构架与车体之间，直接支撑车体，为了提高乘坐舒适性，可采用大柔度弹簧。二系弹簧还具有良好的横向性能，以便转向架通过曲线并保证车辆的横向稳定性。二系悬挂装置主要由空气弹簧、高度调整阀、差压阀、减震装置和横向止挡等部件组成，如图4-35所示。

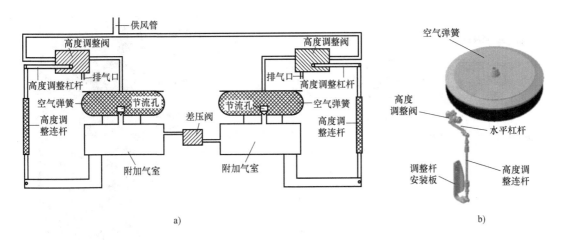

图 4-35 一系悬挂装置
a) 二系悬挂系统的组成　b) 二系悬挂实物

1) 差压阀。如图 4-36 所示,每一个转向架安装一个差压阀,差压阀连接在空气弹簧的两个附加气室之间。差压阀的动作压差约为 100kPa。根据差压阀的特性,当一个空气弹簧减压或增压时,两个空气弹簧内部的压力差超出许用范围时,差压阀就会发生动作,将两个辅助气室导通,使相邻的空气弹簧随即减压或增压,确保车辆运行安全。

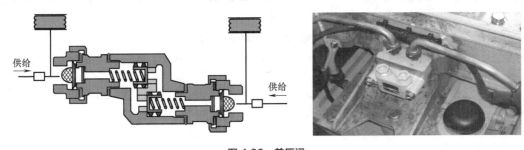

图 4-36 差压阀

2) 自动高度调整阀。高度调整阀一般由高度控制机构、进排气机构和延时机构等部分组成,如图 4-37 所示,主要部件有高度调整阀体、吸入阀、缸盖、主轴、过滤器、空气节流阀、进气阀、排气阀等。

车体高度变化时,连接构架和车体驱动杆上下运动,触动高度调整阀的控制臂,使高度调整阀充气或排气。其充排气过程如图 4-38 所示。

① 正常载荷时,车体与转向架的距离为 H,高度调整阀关闭各通路 L、V、E,气囊保压,维持车体高度不变。

② 载重加大到一定程度时,车体与转向架距离小于 H,高度阀导通主风管道空气弹簧气囊通路,V→L,气囊充气,直至车体升高到标准位置。

③ 载重减少到一定程度时,车体与转向架距离大于 H,高度阀导通空气弹簧气囊与大气通路,L→E,气囊排气,直至车体降低到标准位置。

车体一般由前后共 4 个空气弹簧共同支撑,但这些空气弹簧是否由专门的高度调整阀控制,对车辆影响很大。根据高度调整阀对空气弹簧的控制方式不同,车体支撑方式一般可分为四点支撑、三点支撑和两点支撑。

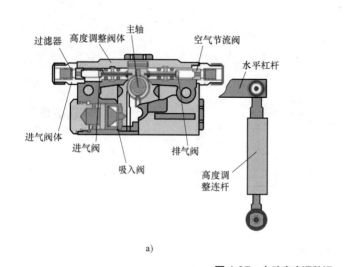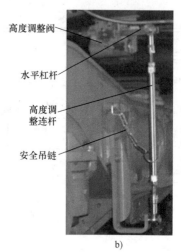

图 4-37 自动高度调整阀

a) 内部结构 b) 外部结构

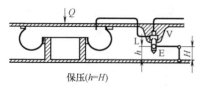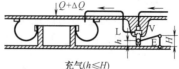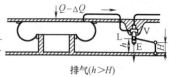

图 4-38 高度调整阀工作原理

Q—固定载荷 ΔQ—变量载荷 H—地板标定高度 h—地板实际高度 L—总风接口 V—空气弹簧接口 E—排气口

3)空气弹簧。空气弹簧有双曲囊式空气弹簧、约束膜式空气弹簧、自由膜式空气弹簧等类型,如图 4-39 所示,其中,自由膜式空气弹簧的应用最为广泛。

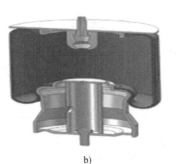

图 4-39 空气弹簧的类型

a) 双曲囊式空气弹簧 b) 约束膜式空气弹簧 c) 自由膜式空气弹簧

自由膜式空气弹簧由上盖、胶囊、节流阀和摩擦板等组成,其结构如图 4-40 所示。橡胶堆的作用是当空气弹簧失效时,应急支撑整个车体、缓解冲击振动,使车辆地板面高度的下降不超过 40mm。

空气弹簧的特点:刚度低,具有非线性特性,可以保持列车在空载、重载的情况下振动频率一致,保持高度基本一致,可以承受 3 位方向载荷,具有减振作用,补偿踏面磨耗引起的车体降低，具有良好的吸收高频振动和隔声性能。

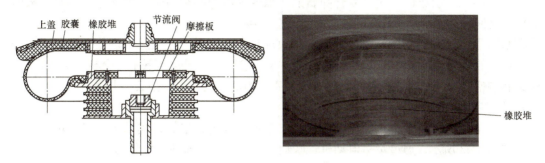

图 4-40 自由膜式空气弹簧

4）抗侧滚扭杆。抗侧滚装置主要是一个两端分别安装在轴承支撑座内的橡胶撑套上的扭杆。轴承支撑座安装在车体上的焊接安装座上。两个拉压杆安装在转向架构架侧梁的支座上并与扭杆的扭臂装在一起，限制车体相对转向架的侧滚运动，其原理如图 4-41 所示。

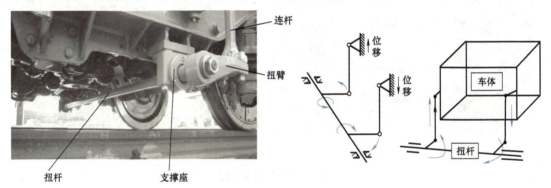

图 4-41 抗侧滚扭杆的结构及示意图

6. 牵引装置

牵引装置主要用于传递牵引力和制动力，使转向架以牵引装置为中心相对车体旋转，车体和转向架之间纵向（驱动方向）作用力的传递是通过牵引装置来实现的。牵引装置由连杆组装、牵引座和中心销等组成，如图 4-42 所示。牵引拉杆是传递车体与转向架之间纵向载荷的主要承载构件，无摇枕转向架的牵引拉杆方式主要有 Z 形双拉杆和单拉杆两大类型。

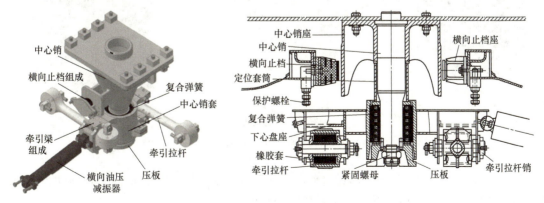

图 4-42 牵引装置的结构

本节主要介绍 Z 形双拉杆。其中心销的上端通过定位柱和 8 个螺栓固定在车体的枕梁中心，下端插入牵引梁内，通过复合弹簧的压缩变形将中心销与牵引梁固定在一起，牵引梁和构架之间通过两个呈"Z"布置的牵引拉杆连接。

在牵引梁与构架之间设有垂向止挡；在中心销落入牵引梁中心孔后，将下压盖用大螺母安装在中心销上。当需要对车辆进行起吊时，在吊起车体的同时，下压盖会与牵引梁贴合，牵引梁和构架之间的垂向止挡也会贴合，传递垂向力的作用并将转向架一并吊起。

7. 驱动单元

每个动车车轴上装有一套牵引电动机横向布置并以全悬挂的方式直接安装在转向架构架上。如图 4-43 所示，通过牵引电动机、联轴器、齿轮箱等部件产生驱动力矩，传递力矩，从而驱动轮对使列车前进。

牵引电动机　联轴节　齿轮箱

图 4-43　牵引装置的结构

架悬式牵引电动机通常采用 WN 鼓形齿式联轴器或 TD 挠板式联轴器，其结构如图 4-44 所示，通过挠性浮动联轴器将牵引电动机输出轴与齿轮箱的输入轴（小齿轮轴）连接起来，在传递转矩的同时，允许两者间相对运动。

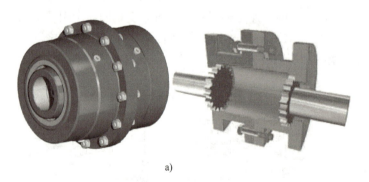

a)　　　　　　　　　　　　　　　　　　　　b)

图 4-44　联轴器

a）WN 鼓形齿式联轴器　b）TD 挠板式联轴器

（1）WN 鼓形齿式联轴器　通过自动对中的轮齿啮合，转矩传递通过一对具有渐开线齿形的外齿（鼓形齿）和内齿（内齿筒）进行联锁实现。

其优点是补偿各向位移能力较好，结构紧凑，传递运动可靠、准确，承载力大，成本较低。缺点是刚性大，无弹性，不能减振、缓冲；齿面存在摩擦和磨损，使用寿命有限，传动噪声大，需加注润滑油；传动周向（齿间）间隙较大，容易产生脉动冲击，频繁换向适应性差。

（2）TD 挠板式联轴器　TD 挠板式联轴器的核心部件是金属挠性板，由挠性板和与之装配在一起的固定侧连接器（电动机侧和小齿轮侧）、连接两轴间的中间耦合器构成，吸收电动机轴与小齿轮轴的相对位移，同时进行转矩的传递。为了限制中间耦合器的左右窜动量，使用了装有缓冲橡胶的轴端螺母。

其特点是安装空间紧凑，无磨耗；无须润滑、不腐蚀；噪声低、疲劳强度高；能满足在各种工况下电动机轴与齿轮轴的安全平稳的连接运行；能吸收偏差、角位移及转向架上牵引电动机和车轴上齿轮传动装置之间的相对运动；能充分满足运行时牵引电动机的最大转速及最大转矩的性能要求，能承受列车起动、制动以及由于轨道条件产生的振动和冲击。

8. 轮缘润滑装置

轮缘润滑装置的功能是减少轨道磨损。通常根据具体情况选取项目列车中的一定数量列车的两端第一个转向架各安装一套轮缘润滑装置，如图 4-45 所示。轮缘润滑装置主要包括喷油嘴、分配器、电控箱、油箱、二位二通电磁阀等部件。其中，电控箱、油箱、电磁阀安装于车体底架上，弯道传感器安装于电控箱内，喷油嘴、分配器安装于转向架上。

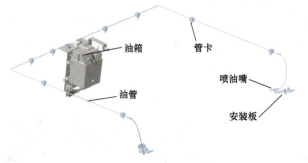 

图 4-45　轮缘润滑装置的结构

轮缘润滑装置的原理图如图 4-46 所示，车辆在运行过程中，两套轮缘润滑系统中只有与车辆前进方向一致的一套系统在工作，由车辆为轮缘润滑系统提供压缩空气和电源，采用时间 + 弯道控制方式。

在直线线路上，当车辆速度＞5km/h（此参数可调）时，计算机中心给电控器起动信号，列车为电控器提供一个 110V 电压，二位三通电磁阀由电控器控制，轮缘润滑系统开始工作，轮缘和轨道得到润滑；当车辆速度＜5km/h 时，轮缘润滑系统关闭。

在弯道线路上，当车辆进入弯道时，弯道传感器给电控器一个轮缘润滑系统起动信号，接通二位三通电磁阀，同时开始轮缘润滑系统在弯道的工作。

压缩空气通过换向后的电磁阀到达气动泵。在压缩空气的作用下，气动泵将油箱中的润滑剂按照预先的设定定量地输送到管路中。其后在压缩空气的作用下，润滑剂被输送到混合分配器进行混合，混合分配后润滑剂在气流的作用下均匀分配到达分配器的两个出口。在分配器的出口，润滑剂经由高压管到达喷油嘴，在预先设定的工作时间内，喷油嘴将定量的润滑剂均匀地喷在轮缘上。

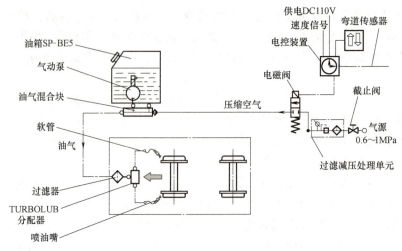

图 4-46 轮缘润滑装置的原理图

9. 其他附件

（1）**横向油压减振器** 横向油压减振器安装在心盘座和构架之间，每台转向架设置有 1 个，如图 4-47 所示。在车辆发生横向振动时，横向减振器能有效地缓解车辆的横向振动。

（2）**垂向油压减振器** 垂向油压减振器安装在车体和构架之间（图 4-47），每台转向架设置有两个。垂向油压减振器用来衰减车辆垂向的振动。

（3）**横向止挡** 如图 4-48 所示，横向止挡用来限制车体的横向摆动，使用弹性橡胶堆，并有不少于 15mm 的压缩量，同时具有适当的弹性，以满足运行平稳性（舒适度）的要求。所有与弹性橡胶堆相接触的转向架零件都经特殊涂层处理以防腐蚀。

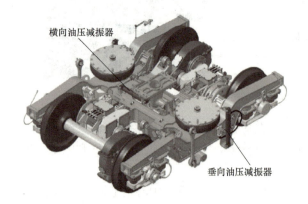

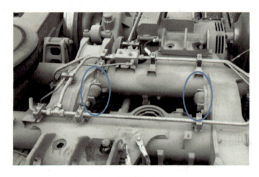

图 4-47 横向油压减振器、垂向油压减振器　　　图 4-48 横向止挡

（4）**安全提升止挡** 如图 4-49 所示，当车体连带转向架一起架车时，由于轮对受重量的作用往下降，为了限制一系悬挂无限往下降，安装一个安全吊，达到一个限位的作用。

（5）**排障器** 如图 4-50 所示，在 TC 车 I 位转向架构架的 I 位端，安装有一个管梁式的端梁，端梁上设有排障器安装座及排障器，排障器的高度可以根据车轮的磨耗量进行调整，调整的限值为 40mm；排障器下端距轨面高度 65～80mm。

（6）**TIA 天线** 如图 4-50 所示，信号 TIA 天线安装在 TC 车 I 位转向架构架的 TIA 安装梁上，高度可通过增减相应调整垫的方式对其进行调整。

图 4-49　安全提升止挡　　　　　　　　图 4-50　排障器和 TIA 天线的安装

三、构架的维护与检修

在维护与检修构架的作业过程中应注意以下事项：

1）切断车辆的所有电源，关闭压缩空气系统的截止阀门，确认转向架管路中没有残余压力。

2）用止轮器挡住轮对，防止作业时转向架的移动，造成对人身或设备的伤害。

3）转向架上的部件必须经过检测或维修合格后，才能装配到构架上。

4）各种紧固件的连接应严格按照力矩的要求拧紧，并进行力矩校核，同时可以画上防松线，以便于在日常检修过程中判断连接件是否有松动。

1. 构架探伤

对构架的关键部位焊缝、应力集中部位的母材、曾经出现裂纹部位或发生冲击变形部位进行探伤，可以根据裂纹的形式采用着色（渗透）探伤、磁粉探伤或涡流探伤。在裂纹明显且不脱漆的情况下，常用着色（渗透）探伤。在裂纹不明显的情况下，可用磁粉探伤，但需要对工件脱漆。在裂纹不明显、不需要对工件脱漆的情况下，可用涡流探伤。

若探伤发现裂纹，可采用打磨或补焊等方式消除裂纹。值得注意的是，由于构架在设计过程中是经过严格的有限元分析和强度校核后才投入生产的，因此对构架损坏部位进行任何的修复，都必须经过设计单位和权威部门重新校核强度后才能进行。

2. 构架尺寸的测量

构架尺寸的测量主要是检查构架的关键尺寸是否合格，以此来判断构架是否出现变形。构架的关键尺寸主要包括：

1）构架中心线到两侧梁中心线的距离（以此来判断两侧梁是否平行）。

2）构架两对角线的距离（以此来判断转向架是否出现平行四边形）。

3）构架两侧一系弹簧安装座的距离，即每一侧的外侧与外侧一系弹簧安装座的距离和内侧与内侧一系弹簧安装座的距离（以此来判断一系弹簧安装位置是否变形，保证转向架组装后的两条轮对相互平行，一般可用靠模来检测）。

四、轮对的维护与检修

轮对的日常检修包括外观的目测检查、轮对尺寸的检查等。由于我国各地铁公司采用的车辆型式各样，车轮型式也不一致（主要是车轮踏面外形和材质不一致），对地铁车轮检修标准也很难统一。下面以广州地铁 A 型车为例，介绍轮对日常检修的主要内容。

1. 车轮的检修

(1) 车轮踏面的检修　目测检查车轮踏面上是否有擦伤和剥离等损伤。城轨车辆运行的站间距短，运行时需要频繁地加速、减速和制动停车，这种运行的特殊性容易导致城轨车辆轮对发生踏面擦伤和剥离等损伤。

1) 踏面擦伤。如图 4-51 所示，踏面擦伤分为轮对滑行造成的擦伤和车轮空转造成的擦伤。踏面擦伤会在踏面上形成一个擦伤面，一般伴随有表面材质龟裂。

2) 踏面剥离。如图 4-52 所示，踏面剥离是指车轮在运用过程中由于制动热作用或轮轨滚动接触疲劳作用而在踏面圆周或部分圆周上呈现出的金属掉块剥落损伤和鱼鳞状或龟纹状热裂纹现象。

图 4-51　踏面擦伤

图 4-52　踏面剥离

车轮踏面出现擦伤或剥离损伤区域较小时，暂时不会影响行车安全，但会导致车辆运行舒适性的下降，造成车辆振动和冲击，损伤区域会不断恶化。运用单位一般根据车辆的实际振动情况决定轮对是否镟修。

一般目测踏面，应踏面擦伤深度 < 0.5mm，剥离长度 1 处 < 20mm，剥离长度 2 处 < 10mm，沟状磨耗深度 ≤ 2mm，否则，车轮需镟轮处理。

3) 踏面裂纹、碾边。如图 4-53 所示，车轮踏面碾边应 ≤ 6mm，否则，车轮需镟轮处理。车轮踏面不允许有裂纹，否则需更换。

(2) 车轮直径的测量　车轮直径指车轮离轮缘内侧 70mm 处滚动圆的直径，如图 4-54 所示。其中，D_0：滚动圆位置距车轮内侧面 70mm 处；d：车轮直径。大多数地铁车轮新轮直径都是 840mm，运用到限的直径为 770mm，并在轮辋上刻有一沟槽记痕，如图 4-55 所示。

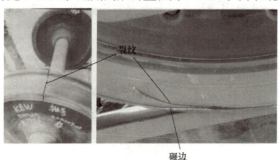

图 4-53　踏面裂纹

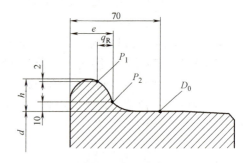

图 4-54　车轮几何尺寸检查参考点

q_R—轮缘形状尺寸　e—轮缘厚度　D_0—车轮滚动圆位置，距车轮内侧面 70mm 处　P_1、P_2—测量参考点

城轨车辆对两车轮直径差的要求非常严格:同一轮对左、右轮直径差应≤1mm,同一转向架轮径最大值与最小值差应≤4mm,同一节车轮径最大值与最小值差应≤7mm。当轮径差超过标准后,同样需要对车轮在不落轮镟床上镟修。

注:由于各个地铁公司的车型不同,对车轮检修标准也没有完全统一。有的标准为同一轮对左右轮直径差≤1mm,同一转向架轮径最大值与最小值差≤3mm,同一节车轮径最大值与最小值差≤6mm。轮径差超过该标准后,需要对车轮在不落轮镟床上镟修。

(3) q_R 值的检查 轮缘尺寸的检查(在 P_1 和 P_2 之间测量)是用轮缘形状专用测量尺测量,如图 4-56 所示。

图 4-55 轮饼磨耗到限沟槽

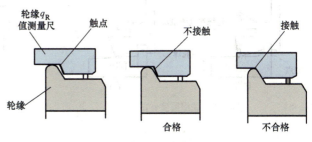

图 4-56 q_R 值测量示意图

轮缘根部的最小厚度为 26mm,轮缘角为 70°,由于轮缘角的测量很困难,因此制造商提供了一个以轮缘角和轮缘根部的宽度等因素为依据制造的专供测量轮缘形状的专用量具,并用该尺特定的"q_R"值来指示轮缘的综合值。轮缘的"q_R"值应在 6.5～12.5mm 范围内。测量尺轮缘的 q_R 值应在轮缘两个接近 180° 的点测量。检查量规的触点是否接触轮缘,如果触点在轮缘公差之外(即接触到轮缘),则需要镟修后使用,否则更换轮对。q_R 值不得超出 6.5～12.5mm 这个范围,否则应将车轮进行镟修。

(4) 轮缘高度 h 的检查 如图 4-54 所示,轮缘高度为 h,轮缘高度值为 25～31mm。使用轮缘高度检查尺检查轮缘高度,检查量规的触点是否接触到车轮踏面,如果触点在轮缘公差之外(即没有接触到踏面),则需要镟修后使用,否则更换轮对,如图 4-57 所示。

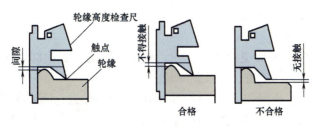

图 4-57 轮缘高度 h 的检查

(5) 轮缘厚度 e 的检查 如图 4-54 所示,轮缘厚度为 e,新轮轮缘厚度为 32 mm,磨耗到限的轮缘厚度为 26mm。轮缘厚度与轮轨磨耗、安全通过曲线性能、车轮强度有关,关系到行车安全,需要重点检查。当轮缘厚度超出限度时,必须通过镟轮来恢复轮缘厚度。

为了减少因恢复轮缘而导致镟除轮径的浪费,运用单位一般都采用等级镟修来延长车轮的使用寿命。

使用专用测量尺检查轮缘厚度,检查量规的触点是否接触到车轮踏面,如果触点在轮缘公差之外(即接触到踏面)需要镟修后使用,否则更换轮对,如图 4-58 所示。

(6)轮辋宽度的检查 使用合适量规检查车轮轮辋宽度。如果量规的边缘与轮辋接触,则车轮需要镟修后使用,否则更换轮对,如图 4-59 所示。车轮轮辋最大宽度为 140mm。

(7)轮辋侧面鼓起的检查 使用车轮轮辋侧面鼓起专用量规检查车轮轮辋侧面鼓起,若量规的边缘接触到了车轮的轮辋,则需要镟修,否则更换轮对,如图 4-60 所示。一旦发现鼓起处金属开裂或出现裂纹,车轮必须拆卸。车轮轮辋最大鼓起厚度为 6mm。

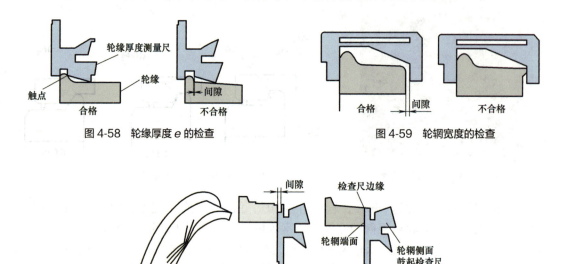

图 4-58 轮缘厚度 e 的检查　　　　图 4-59 轮辋宽度的检查

图 4-60 轮辋侧面鼓起的检查

(8)轮对内侧距的测量 检查车轮轮辋的过热迹象,如果车轮有过热或制动后出现异常过热迹象,则必须测量车轮内距距。在轮对空载条件下,测量值在 1353~1355mm 范围内时,就要与轮对内侧距初始值比较,在空载条件下车轮位移量不得超过 0.5mm。

(9)轮缘尺寸的精确测量 轮缘的精确尺寸一般采用第四种检查器进行测量,可精确测量 q_R 值、轮缘高度、轮缘厚度等尺寸。

2. 轮对的拆卸、压装

当车轮磨耗到限时,需要更换废旧车轮。更换车轮的主要检修工作包括:拆卸废旧车轮,对车轴各部位进行探伤检查,安装新车轮。

车轮更换的主要工艺流程如下:注油拆卸车轮→对车轴进行清洁和脱漆→对车轴各部位进行磁粉探伤→对车轴进行超声波探伤→车轴修复→加工车轮内孔→压装车轮→轮对反压试验或顺压试验→加工轮对→轮对电阻检查→轮对动平衡试验(限于运行速度大于 120km/h 的轮对)→轮对补漆。

车轮压装时,轮座直径提供了一个 0.298~0.345mm 的过盈量。压装后需根据图 4-61 和表 4-2 的要求进行轮对尺寸检查。

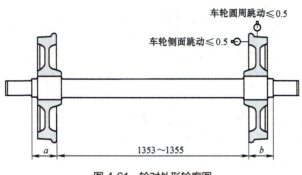

图 4-61 轮对外形轮廓图

表 4-2 轮对尺寸检查标准

轮对内侧距（测量 4 点）	1353～1355 mm
车轮侧面跳动	≤0.5mm
车轮圆周跳动	≤0.5mm
a、b 差值	≤1mm
电阻测试（在两个车轮踏面间进行电阻测试）	<0.01Ω

3. 车轴的检修

车轴轮座应有比设计尺寸大 5mm 的余量（标准直径为 193～198mm），以保证车轴拆卸后再组装。车轴轴颈直径为 120mm。车轴轴身应进行防腐处理（轮座、轴颈除外）。

车轴探伤主要分为电磁探伤和超声波探伤两种。车轮装在车轴上时，可用便携式电磁探伤机或便携式超声波探伤机对车轴进行人工探伤；车轮拆卸后，车轴应脱漆，用荧光磁粉探伤机进行全面探伤。车轴的横向裂纹 95% 都发生在轮座上，少数发生在轴身、齿轮箱座和轴颈上；车轴的纵向裂纹发生在轴身上，其具体位置如下：

1）轮座部车轮轮毂外端面向孔内 5～50mm、轮毂内端面孔向内 5～20mm。
2）车轴的齿轮箱座、齿轮箱轴承座部位。
3）防尘板座与轮座交界处、距防尘板座 50～100mm 范围内的轴颈部位。
4）轴身易产生锻造纵向裂纹。

如果在车轴轴身上有小于 1mm 深度的凹痕，可以用粗砂纸（120 目或更高）打磨去除，按纵向方向（沿车轴中心线）打磨，打磨后用磁粉对相关区域进行探伤检测，不允许有裂纹产生。如果发现车轴轴身上的磕碰印痕深度超过 1mm，则需更换。

五、轴箱与滚动轴承的检修

1. 轴箱的检修

1）分解轴箱，将卸下的轴箱前端盖及轴箱体按部位顺序置于专用台架上，用锤子及铜棒将轴承从箱体内取出。
2）清洗分解下来的零部件，清除表面的润滑脂并清洗。
3）目测及电磁探伤检查轴箱体和端盖，要求无损伤、无腐蚀、无变形；用内径千分尺测量轴箱内滚动轴承外圈内径，当其圆度大于 0.15mm 时，应卸下轴承外圈，确认轴箱是否变形，超限时应进行处理。

如发现裂纹须更换；轴箱弹簧座上的裂纹，必须铲凿清除；各螺纹状态应良好，如有滑丝、乱扣，应做修整。轴箱体与前、后端盖各配合面应无毛刺、擦伤以及其他机械损伤，如有上述损伤可进行刮削，或用磨石及 00 号砂布进行打磨修复。

利用游标卡尺测量轴箱体内孔尺寸，应满足轴承外圈配合间隙的要求。超限时，可对轴箱体内孔进行刷镀处理（视轴箱体材料），或对轴承外圈进行镀铬处理。轴箱止挡磨损、倾斜变形时，可采取堆焊止挡平面，然后铣削修复。

4）目测检查所有的零部件，轴承外圈、滚子和保持架应无裂纹、无变色。利用轴承径向游隙测量仪测量轴承安装径向游隙，应符合要求。

5）按与拆卸相反的顺序把轴箱安装到车轴上，更换所有的紧固件和 O 形密封圈。

6）各车轴与轴箱存在自由横动量，安装时应予以保证，各个轴箱的零部件不能混装。

7）轴箱注油时，必须完全加满保持架和滚子之间的空间，轴箱体的后腔只注满一半。

8）按规定转矩紧固各连接部分。

9）轴承安装后必须转动灵活，有一定轴向间隙。

2. 滚动轴承的检修

轴承拆卸后的检修要求非常严格，不仅要在专业的车间内进行，对轴承检修设备、检修工艺布局、检修环境的要求都非常严格。按照轴承检修标准，轴承拆卸后的检修分为一般检修和大修，各级修程适用的轴承不同，检修内容也不同，在标准中都有严格规定。

（1）**轴承一般检修的基本工艺流程** 初洗→轴承分解及编号→外圈除锈→零件清洗→零件探伤→零件喷淋→零件外观检查、尺寸检测→手工处理→清洗、烘干→选配组装→注油脂→均匀油脂→组装油封、密封罩→装密封座（此工序根据轴承结构的要求选做）→轴承包装。

（2）**轴承大修的基本工艺流程** 整套清洗→分解→零件清洗→零件一次探伤→零件表面磨削加工、超精或抛光→零件二次探伤→零件外观及尺寸检测→零件磷化→打标记→零件清洗、组装→轴承包装。

在清洗滚动轴承时，应用专用清洗筐在蒸汽加热的重柴油中煮洗，温度保持在 80℃ 左右，煮洗 3～4h，直至轴承上的润滑脂熔化完为止。煮洗后，趁零件冷却前送入连续式零件清洗机中进行清洗，并吹扫干净。

最后，将选配好的轴承内圈用油浴加热到 90～120℃，保温 20～30min，装入轴颈，使内圈与肩贴靠。将修复的轴承加润滑脂，轴承两个侧面须全部充油后再进行组装。将轴承及挡圈依次装入轴箱体内，再向轴承内、外充一些润滑脂。安装轴承时，要注意将内、外滚动轴承体保持架螺栓装在轴承外侧，中间用挡圈隔开。滚动轴承应转动灵活、无异响。

六、弹性悬挂装置的检修

1. 一系悬挂的检修

（1）**日常检查一系簧的蠕变和刚度的变化情况** 可以测量轴箱顶面到构架间的距离（称为轴箱间隙）或者构架侧梁到轨面的距离，以此来判断蠕变和刚度是否变大。

一系簧刚度的变化会影响转向架轮重的分配和轮重减载率，影响行车安全。一般新一系簧安装后，由于橡胶弹簧蠕变的特性，轴箱间隙会减小，经过一段时间运用后，该间隙会稳定。

若检修过程中发现轴箱间隙减小量过大，超过允许值，则需要把一系簧拆下，重新做刚度测试。如果刚度正常，可以通过在一系簧安装座处加一定厚度的垫片（图 4-62）来增大轴箱间隙到允许范围内，同时保证转向架的轮重分配在允许范围之内。如果刚度不正常，则更换一系簧。为了保证同一个转向架的水平和轮重平衡，一般同时更换一个转向架的一系簧，且安装上属于同一个等级的一系簧。

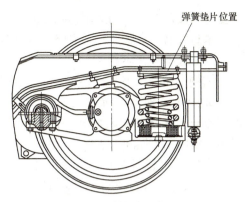

图 4-62　一系悬挂垫片安装位置

（2）日常检查一系簧是否出现疲劳损伤　检查是否有由于温度过高导致的橡胶变形，由于应力集中产生的裂纹，橡胶和金属粘合处发生的剥离，在压缩时侧面产生褶皱现象等。

（3）定期检修　一系簧每运用 60 万 km 左右或测量其沉降超过允许值时，应该拆下一系簧，在橡胶元件试验台上进行刚度试验，包括垂向、横向和纵向刚度试验。为了保证橡胶刚度的稳定性，试验前应在环境温度下放置 48h 以上。

一般金属橡胶弹簧在刚度公差范围内会分为几个等级，若测定刚度发生变化，应重新进行刚度等级的标定，以便重新选配后安装使用。若测定刚度超过公差范围，则该一系簧不能继续使用。

此外，由于橡胶元件的老化特性，金属橡胶弹簧的使用寿命一般在 120 万 km 左右，金属橡胶弹簧达到使用寿命后，应更换。

2. 二系悬挂的检修

（1）日常检修

1）检查空气弹簧气囊表面是否出现破裂等明显的损伤。若气囊破裂，将无法使二系簧正常充气，车体下降并倾斜，影响车辆运行安全。若出现气囊破裂的情况，应更换气囊。如果气囊橡胶外层存在微小缺陷，但它们尺寸较小且仅影响橡胶外层，没有对织物加强层造成任何可见损坏，则是可以接受的。

织物的任何损伤均应被视为严重损伤，必须立即更换气囊。空气弹簧的更换条件：胶囊的裂纹深度超过 1mm 不得使用，胶囊的磨损深度超过 1mm（帘布外露）不得使用，橡胶堆的裂纹深度超过 1mm 不得使用。

2）检查应急橡胶堆是否存在金属与橡胶结合处剥离、橡胶明显破裂或变形等损伤。需要注意的是，在空载乃至最大载荷条件下，橡胶往往会围绕其对称轴产生环状褶皱，此现象是正常的，不会造成应急弹簧的损坏。在高臭氧浓度的环境条件下，橡胶中可能出现小的裂纹。

橡胶堆的更换条件：橡胶堆的橡胶与金属件的黏接部位裂纹超过 6mm，橡胶的裂纹圆周超过 30%、深度超过 6mm。

3）在二系簧充气状态下，检查是否有漏气现象。若发现漏气，可能是由于气囊破裂、空气管路密封性能不好、空气弹簧压板与气囊密封不好等原因造成的，应找出原因，尽快排除。

4）检查二系簧上金属零件是否出现变形或严重腐蚀等损伤，并检查紧固件是否有松动和损坏。

（2）定期检修　在运用 60 万 km 左右时，除了日常检修内容和表面清洁外，二系簧不需要进一步的维护。当运用达到 120 万 km 后，橡胶元件会老化，此时需要更换空气弹簧气囊和紧急弹簧；金属件若无损伤，可以继续使用。

3. 抗侧滚扭杆的检修

抗侧滚扭杆虽然形式多样，但其结构基本相同，一般由扭杆、轴承座、摇臂和连杆组成，如图 4-63 所示。抗侧滚扭杆的作用是抑制车体相对转向架的侧滚，提高车辆的稳定性和舒适性。

将抗侧滚扭杆分解后，对扭杆进行清洗，然后进行扭转变形（弹性变形）测量，若扭转变形超标，则报废。对座体进行外观检查、内孔测量、补漆等检修；关节轴承 10 年大修时需更换；对轴承盖进行外观检查、补漆处理；密封圈在 5 年架修时需更新。

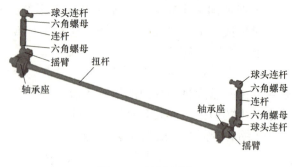

图 4-63　抗侧滚扭杆

扭杆是重要的受力部件，除清洗、油漆外还需进行探伤检查。连杆主要由球铰和调节套筒组成。对球铰每 5 年彻底进行密封和性能检查，对与调节套筒连接的螺纹部分进行检查，对调节套筒进行螺纹检查。

4. 减震器的检修

（1）日常外观检查　检查橡胶关节是否有明显的裂纹和碎裂，橡胶和金属连接处是否有剥离等（橡胶表面细小的裂纹并无影响）。还应检查保护管的外观是否有变形或凹痕等损伤，焊接处是否有明显裂纹等。

（2）日常检查减振器是否漏油　减振器漏油分为轻微漏油和严重漏油，一般对于轻微漏油的减振器，擦拭后可继续跟踪一段时间，若再次发现漏油或者漏油严重的，应更换。

（3）定期检修　减振器使用一个大修期后应该全面更换。若条件允许，每使用 3～5 年应对减振器阻尼性能进行测试，以检验减振器的阻尼力是否在要求范围内。若阻尼力不在范围内，则需要分解减振器，更换密封件，并清洁和换油后，重新校验阻尼特性，使其符合使用要求。

减振器的阻尼性能可以通过实验台试验出来。在试验台拉压减振器，使其活塞运动，测量拉压过程中的位移变化和载荷变化，得出最大载荷、最小载荷，从而计算出载荷不对称率、阻力系数。从示功图上可以依据减振器的特点判断减振器故障的原因。

七、中央牵引装置的检修

1. 中心销系统的检修

1）中心销的检修：架修与大修时，均要对中心销进行清洁、检查，并探伤。要求中心销无变形、无裂纹，螺纹无损伤。

2）中心销座的检修：架修与大修时，均要对中心销座进行清洁、检查和探伤。要求中心销座无裂纹，与横向止挡的接触部位应无严重撞伤和变形。

3）复合弹簧的检修：架修时需对复合弹簧进行清洁、外观检查、尺寸检查和刚度测量。要求表面橡胶无损伤、无铁件外露，尺寸和刚度均符合规定的技术要求，可继续使用。大修时需全部进行更换。

4）下心盘座的检修：架修与大修时，均要对空气弹簧座进行清洗、检查，并探伤。对撞击部位的凹坑，应进行修补并补漆。

5）其他结构件的检修：对其他结构件进行清洗、检查，对重要受力部件进行探伤。若无异常，结构件可继续使用。

6）紧固件架修、大修时应全部进行更换。

7）对检修好的中央牵引装置及相关部件有关信息进行记录。

2. 牵引拉杆的检修

1）架修时需对牵引拉杆进行清洗、检查，大修时还要进行探伤、油漆。

2）牵引拉杆橡胶套架修时无须拆卸，只对牵引拉杆总成进行检查和刚度试验。大修时，全部更换橡胶套。

3）紧固件在架修、大修时全部进行更换。

4）对检修好的牵引拉杆及其部件的有关信息进行记录。

3. 预组装中央牵引装置

先组装牵引拉杆，并将牵引拉杆与下心盘座组装在一起。

4. 横向缓冲装置的检修

横向缓冲装置主要是指横向橡胶止挡和横向止挡座，其检修应遵照橡胶件的要求进行，并进行性能测试。对横向止挡座进行检查，一般可继续使用。

八、驱动装置的检修

1. 齿轮箱的检修

（1）齿轮箱箱体的外观检查

1）检查箱体是否漏油或有异常发生，需要注意的是当列车运行停止后，由于工作后的箱体温度过高，检修人员不要立即用手直接触摸齿轮箱，以免被烫伤。

2）通过齿轮箱箱体上的窥视镜进行检查，主要检查润滑油量以及润滑油是否发生减少、乳化和变色等现象。

3）检查齿轮箱各部件及与转向架的配合状态有无异常声音，各紧固件的防松是否有异常等。

（2）齿轮箱内部零件磨损情况的检查　拆下齿轮箱下部的磁性螺堵，检查是否有不正常的物质吸附在上面。当螺堵上吸附有少量的铁屑且铁屑颗粒较细小时，则表明齿轮箱工作正常；当螺堵上吸附有较大铁片或金属颗粒时，可能是齿轮箱内部的零件磨损严重，工作不正常，需找出原因，并加以排除。当检查完成后，应将螺堵清洗干净后安装到齿轮箱上。

（3）齿轮箱换油　一般新齿轮箱投入使用运行 25000km 后应更换润滑油，主要是由于齿轮箱内新加工的部件经过第一次装配后，磨合初期会有一定磨损，产生的铁屑混入润滑油中容易损伤齿轮箱内各部件，因此需要换油。此后一般每年更换一次齿轮箱润滑油，电机轴承润滑脂应每年补加一次。

（4）齿轮箱的拆解检查　当齿轮箱运用达到 120 万 km 左右后，需要进行拆解检查。但车辆架修时一般只需要对齿轮的外观进行检查，车辆大修时应该对大小齿轮、轴承进行全面检查。齿轮箱拆解后的检修内容主要包括：

1）对齿轮、齿面目测外观检查和重要部位检查。如果发现齿轮剥离，可进行磁粉探伤检查，情况严重时需要更换齿轮。在齿面出现有犁地状的沟槽时，可能是电蚀造成的，情况严重时需要更换齿轮。

2）全面检查轴承端部以及保持架的状态。如果发现异常情况，应及时更换轴承。

2. 齿轮箱吊杆的检修

1）对可调式吊杆，架修、大修时需全部更换。

2）对固定式吊杆，架修时需清洁、检查橡胶件，测试未分解吊杆的刚度，符合技术要求的可继续使用；大修时需分解吊杆，对结构件进行探伤，并更换橡胶件。

3）对"C"形支座的检修可参考固定式吊杆的检修原则。

3. 联轴器的检修

（1）**目测检查外观是否有破损** 联轴器上不应有任何可见的机械破坏或外部损坏（如石块撞击），损坏的零部件必须更换。联轴器上的注、排油孔如图 4-64 所示。两半联轴器的连接紧固件应不能松动或丢失，以防联轴器中的润滑油或润滑脂泄漏，造成内部齿磨损严重。

（2）**检查联轴器是否漏油** 应检查联轴器是否有润滑油或润滑脂泄漏，若发现泄漏，可能是紧固件松动或者密封圈丢失，应找出原因，加以排除，同时对联轴器进行补油。

（3）**检查半联轴器** 将联轴器分离成两半联轴器后，应用液压拆卸设备将半联轴器从小齿轮轴和电机轴上拆下，然后将每个半联轴器完全分解。如图 4-65 所示，目测检查轮齿是否有磨损，轮齿接触面不能有任何热锈蚀痕迹或点蚀，否则必须更换整个半联轴器。如果轮齿表面磨损均匀，还应通过测量公法线长度来测量齿型磨耗，若磨耗过多，应更换联轴器。

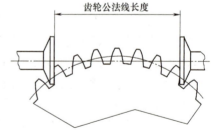

图 4-64 联轴器上的注、排油孔　　　图 4-65 联轴器齿轮公法线测量

（4）**更换联轴器润滑油或润滑脂** 将联轴器分解后，应对各零部件进行清洁，重新组装后，注入规定型号的新的润滑油或润滑脂。注意，不能将两种型号的油脂混用。

九、转向架测试

转向架组装完成后，为了确保转向架具备可靠的性能，应进行以下几项测试。

1. 转向架高度和水平测量

转向架高度和水平测量、调整需要用到一个门状的液压设备（称为转向架试验台），如图 4-66 所示。在试验过程中，转向架试验台在两空气弹簧的部位给构架施加模拟车辆载荷的垂向压力来测量转向架构架高度、二系悬挂高度。转向架 4 个轮的轮

图 4-66 转向架试验台

重测量也可以在该设备上进行。转向架试验台可以自动判断测量的各项参数是否符合要求，并自动计算出在一系悬挂和二系悬挂处加垫片的数量，以此来调整转向架高度和水平，以及轮重分配的平衡。

转向架加载试验一般在空气弹簧泄气状态下进行，以广州地铁二号线转向架为例，需要测量的参数如下：

1）测量从轨面至构架每个一系悬挂座底部的高度。若高度不符合要求，可以在此处加 1mm、2mm 及 5mm 的垫片进行调整，如图 4-67 所示。

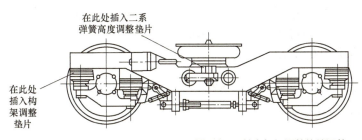

图 4-67 转向架加调整垫片调整

2）测量从轨面至空气弹簧顶部的高度。若高度不符合要求，可卸下空气弹簧，在紧急弹簧底部加垫片进行调整。在不卸下空气弹簧的情况下，可以在空气弹簧顶板处加垫片调整。

2. 轮重的测量

车辆轮重的分配平衡十分重要，若轮重偏差过大，会导致轮重减载率超出标准，危及行车安全。轮重的测量在以下情况下都必须进行：

1）转向架经过重新组装。

2）换上新的一系弹簧和二系弹簧，由于橡胶弹簧存在不可避免的蠕变，蠕变的发生会改变轮重的分配。一般轮重分配的要求：一个轴两轮间的车轮载荷范围 = 平均轮重 ×（1±4%），一侧两轮间的车轮载荷范围 = 平均轮重 ×（1±4%），一个转向架两轴间的载荷范围 = 平均轴重 ×（1±2%）。

3. 空气制动管路试验

空气制动管路试验主要是测试转向架上各管路接头是否连接良好，是否存在空气泄漏的情况，避免转向架装车后制动性能不正常或悬挂系统不正常。

（1）试验要求

1）提供压缩空气最小压力为 5bar（1bar = 101kPa）。

2）通过开关绝缘塞门以及压力调整，检验各制动单元的常用制动和停放制动是否正常。

（2）主要试验内容

1）常用制动空气泄漏试验。调整设备，使常用制动气缸充气（5±0.25）bar。当压力稳定后，关断塞门，使空气封闭在管路和常用制动气缸内，允许稳定 5min，然后检查并记录空气泄漏量。系统泄漏量在 5min 内不得超过 0.15bar。

2）停放制动空气泄漏试验。调整设备，使停放制动气缸充气（5±0.25）bar。当压力稳定后，关断塞门，使空气封闭在管路和停放制动气缸内，允许稳定 5min，然后检查并记录空气泄漏量。系统泄漏量在 5min 内不得超过 0.15bar。

4. 接地电阻试验

接地电阻试验要求在转向架喷涂面漆前完成。试验的目的是证明转向架安装接地电缆布置的导电连续性，将转向架放在架子上，确保每个车轮都能进行试验，车轮踏面上的小区域是清洁的，可达到良好的电接触，试验过程如下：

1）对每个轮对用一个万用表测量从车轮踏面至轮对上轴端接地单元断开的电缆端部间的电阻（即车体端），动车、拖车转向架都适用。

2）对于动车转向架的每个牵引电动机，保证电动机罩直接与接地电缆连接的小区域是清洁的，仅剩下裸露的金属使之有良好的电接触，然后，用一个万用电表测量从电动机罩至构架一侧的一系弹簧座（测量前，清洁每侧的一系弹簧座）间的电阻。

3）任何测量，最大的允许电阻为 0.01Ω。

十、转向架系统常见的故障处理

转向架系统常见的故障及处理方法见表 4-3。

表 4-3　转向架系统常见的故障及处理方法

部件	故障现象	故障原因	处理方法
轴箱装置	轴箱弹簧下压盖安装螺栓防松钢丝断裂	一系悬挂下压盖安装螺栓松动	重新安装好新紧固件，并紧固好新的防松钢丝，涂防松线
		螺栓断裂	更换新螺栓，重新安装紧固件并紧固好新的防松钢丝，涂防松线
		钢丝生锈	更换新的钢丝
轮对	轮对异响	轮轨异常磨损，导致车轮剥离或擦伤	回库检查，按日检踏面检查和要求仔细检查车轮踏面的质量，及时镟修踏面缺陷超限的轮对
	车轮踏面剥离	车轮踏面材质局部缺陷	及时镟修踏面，消除踏面剥离超限的缺口
		轮轨间局部异常磨损	
		闸瓦与车轮间局部异常磨损	
二系悬挂装置	高度阀杆异响	高度阀调整杆上、下关节润滑不均匀	回库后用硅油进行润滑
	空气弹簧高度尺寸超差	列车一系、二系橡胶轻微蠕变	重新调整空气弹簧高度尺寸，并紧固调整杆上的锁紧螺母
		高度调整阀杆锁紧螺母松动	
齿轮传动装置	齿轮箱油乳化、变色	油的性能发生变化	更换齿轮箱油
		含有金属粉末及其他杂质	
排障装置	排障器尺寸超差	一系、二系支撑橡胶轻微蠕变	重新调整排障器安装高度
		TC 车轮对镟修后，车轮直径减小	
构架	部件表面局部油漆脱落	油漆质量差，局部粘接质量差	补涂油漆
		金属表面出现裂纹	清除局部油漆，进行着色探伤，无裂纹后再补涂油漆

思考与练习

1. 简述动车转向架的组成。
2. 简述转向架构架的结构特点。
3. 简述二系悬挂的组成部分。
4. 简述二系悬挂装置和牵引装置的主要部件及作用。
5. 简述牵引装置的组成部分。
6. 简述转向架轴端的类型及其作用。
7. 车辆牵引力、制动力在转向架各部件间是如何传导的?
8. 分别写出转向架受垂向载荷及横向力的受力传递过程。
9. 简述抗侧滚扭杆的工作原理。
10. 简述转向架上的差压阀和高度调整阀的作用及工作原理。
11. 简述车轮各部分的名称。
12. 与标准锥形踏面相比,车轮磨耗型踏面有何优点?
13. 简述踏面圆周磨耗的危害。
14. 分别解释车轮踏面剥离与擦伤,以及踏面剥离与擦伤产生的原因。
15. 简述抗侧滚扭杆连杆上部关节橡胶及下部橡胶衬套普查的作业步骤。
16. 当电客车轮对出现哪些条件时,即视为达不到运用标准,不能继续运用。

任务三　客室车门的结构与检修

任务目标

1. 掌握电控气动式内藏门、电动塞拉门的结构。
2. 熟悉电控气动式内藏门、电动塞拉门检修作业内容。
3. 了解客室车门常见的故障处理方法。

知识课堂

客室车门是城市轨道车辆的一个重要组成部件,对车体强度及车辆整体外观有一定的影响,且与运营安全有直接的关系。由于车门数量多且动作频繁,因此经常出现故障。据不完全统计,在城市轨道车辆各部件中,由车门引起的故障超过车辆故障的60%。因此,作业前必须掌握车门系统的结构、组成及相关的维修知识。本任务重点介绍电控气动式内藏门、电动塞拉门的结构与检修作业。

一、电控气动式内藏门的结构

开关车门时,门翼在车辆侧墙的外墙与内护板之间的夹层内移动,传动装置设于车厢内侧车门的顶部，装有导轮的门翼可在导轨上移动并与传动装置的钢丝绳或传动带相连接，借助气缸或电动机驱动传动机构使钢丝绳或传动带带动门翼动作。

如图4-68所示，电控气动式内藏门主要由驱动气缸、门控电磁阀、钢丝绳、车门锁闭机构、滚轮与防跳轮、左门叶、右门叶等组成。

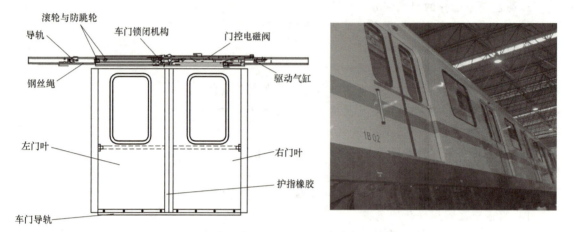

图4-68 电控气动式内藏门的结构

1. 驱动气缸

驱动气缸是开、关门动作的执行元件，其中的活塞是一个对称的带有台阶的非等直径的活塞，两侧直径为20mm、中部为40mm；其气缸的内径也是非等直径的，两端头的公称内径为20mm、中间为40mm。这样的结构可使活塞变速运动，其外形结构如图4-69所示。

车门驱动机构

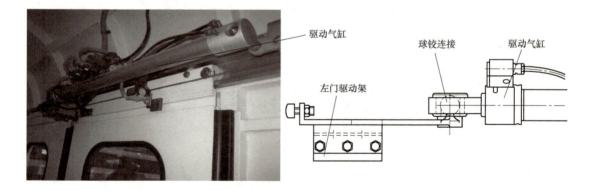

图4-69 驱动气缸的外形结构

2. 门驱动架及钢丝绳

如图4-70a所示，当驱动气缸驱动左门驱动架（主动门）开门时，通过钢丝绳的作用，右门驱动架（从动门）也朝着开门方向运动。

如图4-70b所示，钢丝绳的安装须松紧适当，检测方法是将两门移至全开位，在距门钩中心165mm处上方的钢丝上悬挂一只2kg的秤砣，测试秤砣悬挂处上、下钢丝绳内侧之间尺寸，应为（15±3）mm。

项目四 城市轨道交通车辆的机械部件与检修

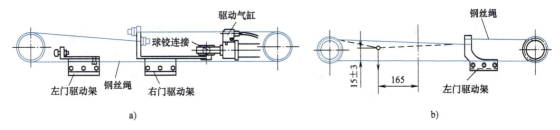

图 4-70 门驱动架与钢丝绳的安装

3. 车门锁闭机构

车门锁闭机构由解钩气缸、钩锁和复原弹簧等组成，如图 4-71 所示。当客室车门关闭后，解钩气缸不工作，依靠复原弹簧的弹力使反 S 形钩锁逆时针转动，将车门上的圆锥销锁住后车门无法开启。

4. 行程开关

（1）门锁到位行程开关 S1　如图 4-72 所示，客室车门开启前，扇形板在反 S 形钩锁打开时，触发 S1 行程开关。

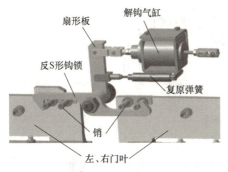

图 4-71 车门锁闭机构

图 4-72 行程开关 S1

（2）门关到位行程开关 S2　如图 4-73 所示，S2 固定在门导轨上部的一个安装架上。S1 和 S2 为联锁作用，即同一侧 5 个车门的所有 S1 和 S2 行程开关均串联，若其中任何一个不闭合，司机室会显示故障，列车无法起动。

（3）紧急切除行程开关 S3　如图 4-74 所示，某扇门由于故障而不能正常使用时，使用方孔钥匙启动紧急拉手上的切除机构，从而将该门扇的监控回路短接，排除在列车的控制系统之外，使得列车不因这扇门的故障而影响正常运营。

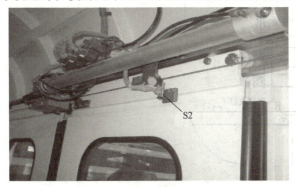

图 4-73 行程开关 S2

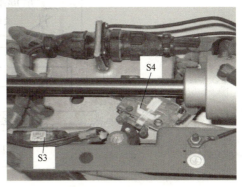

图 4-74 行程开关 S3、S4

（4）紧急开门行程开关 S4

1）列车自动保护系统开启时，当紧急手柄拉下时，S1 和 S4 同时动作，列车将自动紧急停车，车门可由人工开启。同时系统向司机室报警，显示客室有异常情况发生。

2）列车自动保护系统关闭时，当客室内的紧急手柄被拉下时，系统向司机室报警，显示客室有异常情况，但列车不会自动停车。

5.门控电磁阀

（1）门控电磁阀的结构　如图 4-75 所示，客室车门通过操作电气控制系统中央控制阀上 3 个二位三通电磁阀 MV1（开门）、MV2（关门）、MV3（解锁）的通、断，来实现车门的开、关及锁定。调节中央控制阀上的调节旋钮可调整开门、关门速度及缓冲速度。司机在司机室操纵按钮可以实现列车所有门的同步动作，也可对没关好的车门单独进行重开门控制。

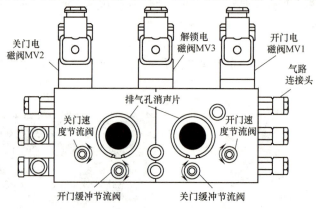

图 4-75　门控电磁阀

（2）气动控制系统的工作原理

1）开门压力空气动作。开门压力空气路径如图 4-76 所示，其具体路径如下。

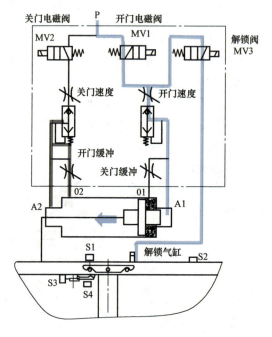

图 4-76　开门压力空气路径

进气：

压缩空气 → MV1(得电) → MV3(得电) → 节流阀 → 解锁气缸 → 活塞伸出顶开门钩

↓ 开门速度节流阀 → 主气缸进气口(01、A1) → 活塞杆外伸

排气：

活塞杆左移 → 主气缸排气口(02、A2) → 开门缓冲节流阀 → 快速排气阀 → 大气

当活塞的左端头进入气缸左端的小直径处 A2 出口被封堵，气缸内的气体只能从 02 一个出气口并经过缓冲节流阀到快速排气阀最终排至大气。由于 A2 出口被堵，使得整个排气速度大大降低，从而使开、关门的速度有一个极大的缓冲。

2）关门压力空气动作。关门压力空气路径如图 4-77 所示，其具体路径如下。

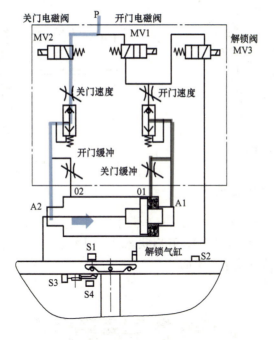

图 4-77 关门压力空气路径

进气：

MV3(失电) → 门锁气缸排气活塞缩回 → 门钩复位(在复位弹簧作用下)

压缩空气 → MV1(失电) MV2(得电) → 关门速度节流阀 → 主气缸进气口(02、A2) → 活塞杆缩回

排气：

活塞杆右移 → 主气缸排气口(01、A1) → 关门缓冲节流阀 → 快速排气阀 → 大气

关门缓冲的原理与开门缓冲的原理相同。

由于活塞杆的端头与一扇门叶及钢丝绳的一边相连接,而另一扇门叶与钢丝绳的另一边相连接,则门叶在活塞杆运动时能同步反向移动,而运动的速度由快速至突然缓慢,最后使门叶完全关闭或打开。

6. 防跳轮

每扇车门顶部装有 2 个尼龙防跳轮和 2 个尼龙滚轮。防跳轮为偏心轮,用于控制车门在滑动时的跳动现象,如图 4-78 所示。

7. 挤压轮

在车门中下部(外侧)有一条金属挤压板,当车门被乘客从车内向外挤压时,挤压轮可顶住车门,减少车门变形,防止损坏车门,如图 4-79 所示。

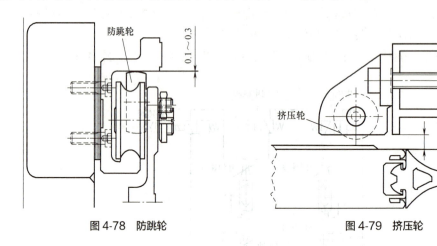

图 4-78 防跳轮　　　　图 4-79 挤压轮

二、电动塞拉门的结构

如图 4-80 所示,塞拉门主要由 EDCU(车门电子门控器)模块、门头机构、内部紧急解锁装置和隔离装置等组成。塞拉门在开启状态时,门翼贴靠在侧墙的外侧;车门在关闭状态时,门翼外表面与车体外墙呈一平面。

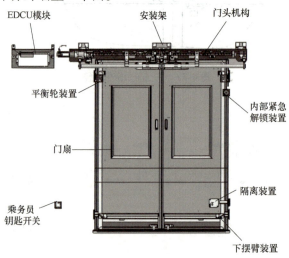

图 4-80 塞拉门的结构

如图 4-81 所示，塞拉门系统主要的传动机构为丝杠/螺母机构。开门时，当 EDCU 收到列车发出的开门指令后，控制车门电机动作，同时驱动丝杠/螺母系统动作，从而实现开门运动。关门时，电动机驱动丝杠/螺母系统向相反的方向运动。

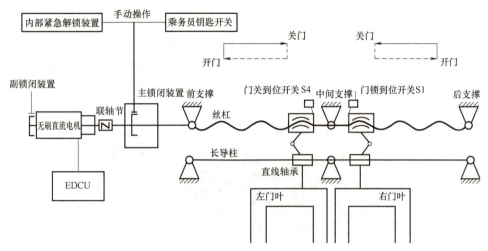

图 4-81 塞拉门系统的工作原理图

1. 安装架

安装架是车门系统与车体连接的机械过渡部件，如图 4-82 所示，承载驱动机构通过 T 形螺栓及螺母安装在车体上，与车体连接处设有调整垫片。

2. EDCU

EDCU 如图 4-83 所示，它可以稳定地控制电动机电流和电动机电压，使门的运动快速、平稳。开、关门均具有门叶前沿密封胶条二级缓冲功能，门在接近全开或全关时转为低速，其余区段为高速运动，高速、低速区段可以通过软件设定。正常开、关门时间可以通过软件调节。

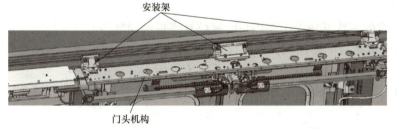

图 4-82 安装架

图 4-83 EDCU

在初次上电时，EDCU 不能监控门的位置（门关闭位置除外）。因此，对于打开的门，将启动一次初始化程序，该程序将以较低的速度关门（在此运动中，具有障碍检测功能）。

每个车门门控器上设有维护按钮，若门处于关闭状态，按下维护按钮 1 次，该门打开，再次按下，该门关闭。用维护按钮进行开、关门时，车门的打开与关闭都没有延时。同时，操作维护按钮可初始化车门电动机电流曲线。需要注意的是在车门没有"门使能"或"零速"信号时，操作维护按钮无法打开车门。

3. 驱动装置

驱动装置包括一个直流电动机和一个齿轮箱减速装置。电动机受 EDCU 的控制，电动机的旋转运动通过一个齿轮箱减速装置传递到丝杠，最终带动门扇运动。

4. 长导柱、短导柱

如图 4-84 所示，长导柱安装在 3 个挂架上，3 个挂架分别在 3 根短导柱上移动；3 根短导柱通过整个机构的一个基架安装在车体结构上。必须使用克鲁勃润滑脂对 3 个短导柱进行润滑。长导柱为门的纵向移动提供自由度并保证在开 / 关门过程中门板与车体平行；短导柱承受门板的重量并为车门提供横向移动自由度。

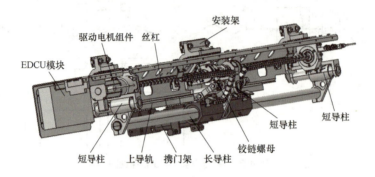

图 4-84 长导柱、短导柱

5. 传动丝杠

丝杠是车门系统能实现开、关门动作的动力传递部件。丝杠通过 3 个支撑（前支撑、后支撑和中间支撑）安装在基架上。如图 4-85 所示，丝杠一半左旋一半右旋，在丝杠上运动的铰链螺母组件分别通过携门架与左、右门叶相连，带动门叶的相向运动，实现车门的开、关。

丝杠润滑前应先清洁，必须使用克鲁勃润滑脂对整个丝杠进行润滑，润滑完成后，必须手动开、关门 2～3 次。

6. LS 型螺母闭锁装置

LS 闭锁装置应用了螺纹的螺旋升角小于摩擦角时螺纹具有自锁功能的原理。传动丝杠在门系统关闭位置设置变升角螺杆的锁闭段，依靠自锁的原理使变升角螺杆锁住自适应螺母，即可靠地锁住了门。

如图 4-86 所示，变升角螺杆的螺旋槽分为 3 段：一段是螺旋升角大于摩擦角的工作段，

图 4-85 传动丝杠

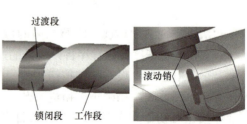

图 4-86 闭锁装置工作原理图

一段是螺旋升角小于摩擦角的锁闭段,以及介于这两者之间的过渡段。在过渡段,螺杆的螺旋升角由非自锁逐渐过渡到自锁的螺旋升角。LS 闭锁装置具有结构简单、噪声小、运动特性好和可靠性高的特点。

7. 携门架

如图 4-87 所示,携门架通过滚珠直线轴承在长导柱上滑动。它将力从机构传送到门扇,并且把力从门扇传送到机构。携门架通过螺钉牢牢地安装在门扇上,所以携门架将门扇的所有重量和动力传送给长导柱。两个携门架中的直线轴承每年应通过润滑嘴,使用克鲁勃润滑脂进行润滑,每个直线轴承导轨用 4~6g 润滑脂。直线轴承注润滑脂时不要使用液压润滑枪,应使用手动润滑枪润滑。在导柱非运动区域将克鲁勃润滑脂均匀地涂抹在导柱表面。

8. 制动器

如图 4-88 所示,锁闭原理是制动器允许电动机双向自由旋转,而限制丝杠往开门方向旋转。电动机安装在制动器的主动轴端,丝杠安装在制动器的从动轴端。门正常工作时,电动机带动丝杠双向自由旋转,实现门系统的自动开关。制动器还设置了一个释放手柄,在无电或紧急情况下,操作该手柄可解除制动器对丝杠的单向限定作用,可手动开门。

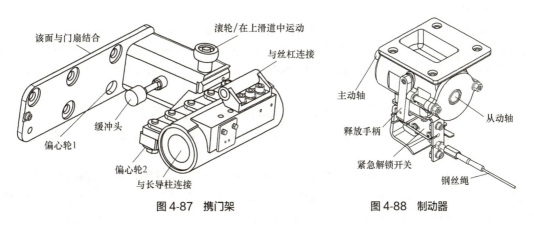

图 4-87 携门架　　　　　图 4-88 制动器

9. 行程开关

每个车门有 4 个行程开关,其中 S1 为锁到位行程开关,S2 为门隔离行程开关,S3 为紧急解锁行程开关,S4 为门关到位行程开关。其中,门隔离行程开关 S2 安装在右侧门框立柱隔离开关组件盒中,其余 3 个行程开关均安装在驱动承载机构上。4 个行程开关的信息和来自列车控制系统的指令一起控制车门的开与关。

(1) 锁到位行程开关 S1　如图 4-89 所示,S1 用于检测车门处于"关闭并锁好"的位置。当其被激活后,向 EDCU 送出车门已锁信号,同时向列车安全回路传送信号。

(2) 门隔离行程开关 S2　对关闭的车门使用方孔钥匙操作该装置,将触动隔离开关。隔离开关的 NC 触点向 EDCU 发出一个信号,门控单元会关闭门所有的运动功能,保留故障诊断及通信功能,并使车门切除红色指示灯持续明亮。

(3) 紧急解锁行程开关 S3　操作紧急解锁行程开关 S3 启动"门解锁"行程开关,则车门解锁,同时发出"紧急解锁"信号。如图 4-90 所示,通过钢丝绳机械解锁并且当车辆处于静止状态时,车门可以手动打开;当列车处于运动状态时,一旦紧急解锁装置被启动,牵引联锁将消失,并产生一个信号送给列车诊断系统,列车产生紧急制动。

（4）门关到位行程开关 S4　如图 4-89 所示，关门行程开关有一对动合触点和一对动断触点。一对触点用于向列车安全回路传送信号，另一对触点向 EDCU 发送"门关好"信号。EDCU 收到该信号后，控制电动机降低转速，以达到车门在完全关闭前实现缓冲。当一对触点故障时，DCU（牵引控制单元）收不到"门关好"信号，EDCU 将向列车诊断系统发出"车门故障"信号。

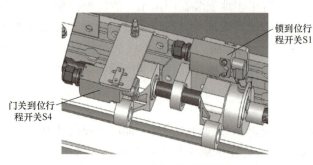 

图 4-89　S1、S4 行程开关　　　　　图 4-90　S3 紧急解锁行程开关

10. 解锁装置

（1）内部紧急解锁装置　在车辆零速信号有效时操作内部紧急解锁装置，将会触发一个限位开关并发出"紧急操作"信号；通过牵拉钢丝绳，门锁被释放；可以手动开门。在没有零速信号时操作内部紧急解锁装置，电动机将不转，阻止门被解锁；操作紧急手柄后需手动复位。

（2）外紧急解锁（乘务员钥匙开关）　每辆车每侧的一套门外部设有一个乘务员钥匙开关，通过四方钥匙操作。该装置被激活后，其作用与内部紧急解锁装置的功能类似。

11. 平衡轮装置

如图 4-91 所示，平衡轮装置在每扇门板上部的后沿，与一个安装在机构上的平衡轮组件在关门位置上啮合，防止任何可能的垂直向上力使门板偏移。

12. 运动导向装置

运动导向装置包括上滑道、上滑道滚轮、下滑道、摆臂组件等。通过滑道，门扇可以沿设定的轨迹运动。

（1）上滑道及滚轮组件　如图 4-92 所示，车门

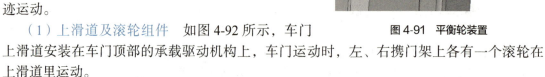

图 4-91　平衡轮装置

上滑道安装在车门顶部的承载驱动机构上，车门运动时，左、右携门架上各有一个滚轮在上滑道里运动。

（2）下滑道及摆臂组件　如图 4-93 所示，下滑道安装在门扇上，一个安装在车体结构上的滚轮摆臂装置与下滑道啮合，以提供所要求的导向运动。该导向部件仅承受横向力，不承受纵向力或垂向力。

13. 门槛和嵌块

如图 4-94 所示，每个门扇前沿的下部装有一个附加的挡销，该挡销与安装在门槛上的嵌块相配合，以增强门叶关闭后的耐挤压力。

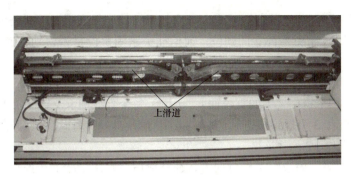

图 4-92 上滑道及滚轮组件

图 4-93 下滑道及摆臂组件

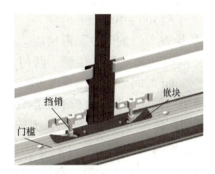

图 4-94 门槛、嵌块

三、电动塞拉门的检修

1. 客室车门的检修

1）客室门各装配部件的螺钉应紧固良好、无松动，防松线标记明显。如果螺钉松动，则必须进行拆除和清洁，再涂上乐泰胶进行紧固并重新补涂防松线。

2）上、下导轨应清洁无异物，无变形。丝杠螺母、导柱与轴承间配合应良好。

3）门叶外观应整洁，玻璃应无破损，密封应良好，门叶胶条应无异常磨损。门叶应无变形、损伤。开门叶上、下部摆出尺寸应满足 52～58mm，左右门叶的摆出距离最大相差 ±2mm，如图 4-95 所示。

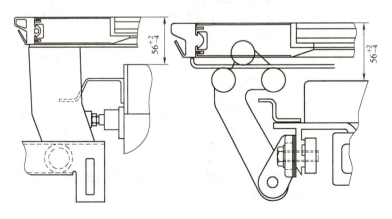

图 4-95 车门开门后的状态

4）检查车门电路部分以及地线接线应牢固、无松动、无虚接，导线表面应无破损。

5）检查门控器各插头是否安插到位，通信插头紧固螺栓是否松动，连接控制线是否紧固良好、无松动。

6）使用手动润滑枪，用3号锂基脂对下列部位进行润滑：

① 润滑导柱和两个携门架中的直线轴承。用量：每个直线轴承及导柱用4～6g的润滑油。

② 对整个丝杠和3个短导柱进行润滑：将润滑脂均匀地涂抹在丝杠和短导柱的表面上，完成后需手动开、关门2～3次。

7）用甲基硅油对门周边胶条进行润滑，在润滑后，需用干净的布擦干护指胶条。

8）客室车门的测试与调整。

① 检查、测量客室车门的净开度。净开度标准为（1300±10）mm。

② 检查车门的"V"形情况。在门全关闭后，两门叶部应紧密接触，两门扇上部存在2～5mm的间隙。若出现V形，需松开两个下滑道，保证门叶没有被滚轮摆臂组件夹持着，通过转动每个携门架安装板上的偏心轮进行调整，如图4-96所示。

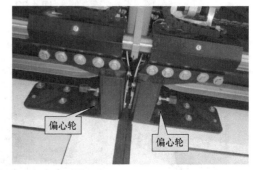

图4-96　门叶V度调节

③ 操作各门的紧急解锁装置后，确认制动装置的齿间间隙满足1.5～2mm。

④ 检查铰链板上挡卡（开口销），应装配正确、无脱落，调节锁紧螺母无松动。

⑤ 检查紧急解锁钢丝绳和套管、夹头等情况，应正常、无损坏。若更换，则要求钢丝绳每个拐角处的半径满足 $R \geq 200$mm。

⑥ 将门槛下挡销槽清理干净，避免关门时影响下挡销的进出。在门关闭且锁紧后，检查门板下部挡销与门槛位置，底部间隙应为2～3mm，侧面间隙应为0.5～1mm，并且在门开关过程中，挡销不应该与门槛上的挡块碰撞。最后，分别将下挡销及挡销紧固螺栓划上防松线。检查挡块及门槛的安装固定情况。如果出现松动，需重新涂上乐泰胶，然后将其紧固。

⑦ 将所有客室门下摆臂滚轮拆下，然后重新涂上乐泰胶，将其紧固。将所有下摆臂滚轮的防松线进行重新标记。

⑧ 检查及调整门到位开关的位置。当门处于关闭位置时，该开关处于松开的状态，测量门处于关闭位置时左、右携门架组件中运动小车之间的距离为 X。手动开门，手动慢慢地使门板位于关闭位置，关门限位开关应在距尺寸"X"还有 (3.5^{+1}_{0}) mm 时动作。若不能满足上述要求，需通过改变限位开关组件安装板的位置来调整。在门关闭后，手动门到位开关可以移动，如图4-97所示。

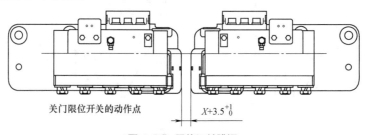

图4-97　限位开关跳闸

手动将门叶打开,将门到位开关用力板到最大行程位置,检查其是否能平滑地复位、是否有卡滞现象。如果出现卡滞,需对门到位开关进行更换。

⑨ 检查平衡压轮:检查压轮轴的台阶与门扇上压轮槽的台阶之间的间隙是否满足 1~2mm,并且门关闭后,门板相互平行,滚轮接触压板,很难转动。

⑩ 障碍检测功能:关门时,用截面 30mm×60mm 长方体或直径 30mm 的圆柱体测试物进行检查,出现 3 次防挤压后,门处于完全打开状态。

⑪ 检查隔离锁功能:通过方形钥匙操作门右下角隔离锁,门隔离指示灯应亮,并且手动可以开门。

⑫ 手动开、关门时,检查门机构是否有卡滞现象、是否有异响。电动开关门时,检查门机构是否有异响。如有,需对门机构进行调整。

⑬ 检查客室门下部门槛紧固螺栓是否有松动。如果有松动,需重新涂上乐泰胶,然后将其紧固。

2. 门叶 V 度调节

将两个门扇处于直道中,松开携门架上的紧固螺钉(不要完全松开),用扳手旋转偏心轮,如图 4-96 所示,相继调节两个门扇,保证上部比下部大 2~5mm,重新旋紧紧固螺钉。

3. 门叶平行度调节

找到携门架和滑筒组件连接处的偏心轮;用扳手轻微松开携门架上的 5 个螺钉;旋转偏心轮,如图 4-98 所示,使门板外侧与密封面平行;调整完毕后,旋紧偏心轮上的紧固螺钉。

4. 门叶对中调节

如图 4-99 所示,松开螺母组件上的 4 个 M20 的大螺母;要求门关上后,门扇护指胶条间距为 (44.3±4) mm;调节完成后,将放松螺母旋紧。

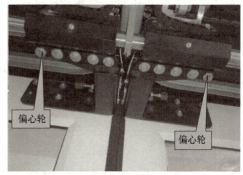

图 4-98 门叶平行度调节

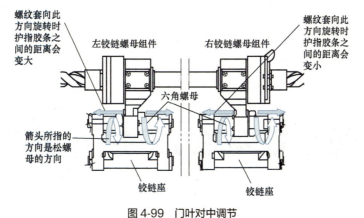

图 4-99 门叶对中调节

四、车门常见故障处理

1. 机械故障及处理

(1) 机械尺寸变化引起的故障 在客流量大且集中时,由于车体挠度等因素影响,造成车门相关部件与车体等部位干涉,从而引起车门故障。出现此类故障时,应检查车门的尺寸调整是否在规定的范围内,如 V 型尺寸、车门对中尺寸等;同时,检查车门的各部件是否存在相互干涉等情况。

(2)零部件损坏 零部件损坏通常可以通过更换新件解决,但如果同一类零部件损坏率较大,则应当检查是否存在系统设计问题或调整上的失误。

2. 电气故障及处理

(1)关门位置检测开关故障 关门位置控制开关的故障现象为车门打开按下关门按钮后,单个车门无法关闭,车辆显示屏显示该车门故障。该故障的主要原因是关门行程开关在车门打开过程中出现故障或误动作,在关门过程中,EDCU 收不到"门关好"信号,EDCU 将向列车诊断系统发出"车门故障"的信号。

解决办法:检查该行程开关是否故障,若有故障将其更换;检查该行程开关的安装是否过紧,并检查其调整是否满足要求,否则重新调整。

(2)EDCU 故障 EDCU 可能出现的问题包括 EDCU 硬件故障、突然死机等。

解决办法:检查 EDCU 中软件是否为最新版本,否则更新软件后重新进行开、关车门试验,检查是否正常;检查 EDCU 的接线端子等是否有异常;更换该 EDCU 单元。

(3)车门电动机故障 车门电动机故障可能导致的故障现象有车门不动作、车门动作一段距离后停止运动等。

解决办法:检查车门电动机各接线是否有松动或断裂的情况,检查车门电动机的连接件(包括电动机传动带、联轴器等)是否有异常;更换车门电动机。

思考与练习

1. 简述电控气动式内藏门的组成和工作原理。
2. 简述电动塞拉门(丝杠)的传动过程。
3. 客室车门的列车线分别是哪几条?
4. 简述车门的主要功能有哪些。
5. 从机械和电气方面分析门隔离操作的原理。
6. 解释零速保护功能的作用。

任务四 制动系统的结构与检修

任务目标

1. 掌握气源装置、BCU(制动控制单元)的结构与工作原理。
2. 熟悉 VV120 型空气压缩机、双塔干燥器、BCU、基础制动装置的检修作业内容。
3. 了解制动系统常见故障的处理方式。

知识课堂

城市轨道交通车辆制动系统是城市轨道交通车辆的重要组成部分之一。制动系统直接关系到列车运行安全,因此,城市轨道交通车辆制动系统的检修非常重要。

本任务主要介绍空气压缩机的检修工艺过程和试验方法、制动机阀件及基础制动装置的检修工艺过程和工艺方法。

从系统的组成和类型角度来说,城市轨道交通车辆制动系统采用复合制动模式,即再生制动 + 电气指令式空气制动,电气指令式空气制动采用微机控制的直通式电空制动。制动系统由制动控制系统、基础制动系统和空气供给系统三大部分组成。

制动系统修程分为日检、周检、月检、定修、架修、大修等级别。由于运行时间间隔较长,制动装置各部件在架修、大修时采用全面解体的方式对制动装置各部件进行深程度、大范围的检修,以保证这些部件能够在较长时间内正常工作而不发生事故。本任务以城市轨道交通车辆制动系统在架修和大修级检修时的工艺为例,予以介绍。

一、空气压缩机的结构、工作原理

1. VV120 型空气压缩机的结构、特点

如图 4-100 所示,VV120 型空气压缩机有低压缸、高压缸、活塞、机轴、连杆、黏性联轴器、冷却器、空气滤清器、吸气阀、中间法兰、电机等主要部件。它有两级压缩,低压级有两个气缸,高压级只有 1 个气缸,3 个气缸呈 W 形布置。

VV120 型空气压缩机是 380V/50Hz 三相交流电机驱动的往复活塞式压缩机,具有低噪声、振动小、使用寿命长、环境实用性强、结构紧凑、所需维护量小等特点。在压缩机电动机额定转速为 1450r/min、工作压力为 10bar 时,其排气量为 920L/min。压缩机单元通过螺旋钢丝以四点悬挂方式弹性安装在车体底架钢槽上,空气压缩机与空气干燥器之间采用橡胶软管连接,这样使传递给车体的振动降到最低点。

2. VV120 型空气压缩机的工作原理

如图 4-100 所示,空气通过干式空气滤清器滤清后,由低压缸吸入。此干式空气滤清器

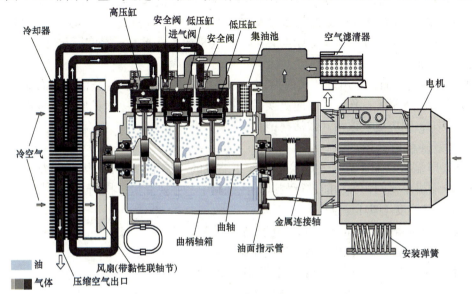

图 4-100 空气压缩机气体压缩过程示意图

给压缩机最佳的保护,维护时只需要更换滤芯。一个真空指示器用来显示滤芯内的灰尘集结情况,若真空指示器内部显示红色,表明需更换滤芯。

空气在两个低压缸被第一次压缩后,通过中间冷却器冷却,然后被送到高压缸进行第二次压缩。通过冷却器之后的压缩空气以合适的温度排出并进入空气干燥器,以确保干燥效果达到最佳条件。

冷凝风扇装有黏性联轴器,可以根据环境温度和压缩机出口处温度连续、有规则地进行自动冷却调节。这种结构保证了压缩机在良好的工作温度下运行。同时黏性联轴器作为离合器,当物体卡住风扇时,离合器就会打滑,避免损坏。

压缩机采用飞溅式润滑方法,连接杆每次转动时都浸在集油箱中,油流会自动流回集油箱中,因此不需要额外的装置(如油泵、滤清器或阀等)。

二、VV120 型空气压缩机的检修作业

1. 空气压缩机的分解
1)将空气压缩机单元从车体上拆下。
2)将空气压缩机与电动机拆分开。
3)分解空气压缩机。

2. 空气压缩机各零部件的清洗
1)压缩机分解后,将所有金属部件用碱性清洗剂清洗。
2)橡胶件清洗需要用温热的肥皂水,以减少对橡胶件的腐蚀,再用清水冲洗,最后用压缩空气吹干。
3)清洗空气压缩机外表及冷却器叶片并对需要润滑的零部件进行润滑。

3. 检查内部零件是否有损坏
清洗完成后,对压缩机的零部件进行目测检查,检查是否存在裂纹、变形或锈蚀等损伤。

4. 重要部件的检修
对于下列重要的部件必须进行详细的检查和测量,并根据需要给予修复或更换。

1)检查曲轴有无裂纹;检查曲轴的螺纹是否有损坏;检查连杆支撑点有无磨耗(某些轻微拉伤可经抛光修复)。如果支撑点磨耗严重或是褪色严重,或是实际尺寸已超出极限,则要更换整个曲轴。

2)检查活塞表面,如出现较大的拉伤,则要更换整个活塞;检查活塞销有无拉伤和擦伤,其表面应该平滑无拉伤,否则应更换活塞销;如果活塞或活塞销的实际尺寸超出了其报废尺寸的极限,则应更换该活塞或活塞销。

5. 空气压缩机的测试
在空气压缩机装配完成后,应检验空气压缩机的功能是否正常,因此需要有专用试验台对空气压缩机单元的相关功能进行测试。在试验中,主要测量、控制下列参数:

1)吸气口温度(即环境温度)。
2)第一级压缩(低压压缩)后的温度(未经冷却)。
3)第一级压缩(低压压缩)后的温度(经冷却)。
4)第二级压缩(高压压缩)后的温度(未经冷却)。
5)第二级压缩(高压压缩)后的温度(经冷却)。

6）空载情况下的输出压力。

7）满负载情况下的输出压力。

8）电动机转速。

注意：先将空气压缩机热机运行20min，使空气压缩机油至热油状态，热后放油，注热油防止烫伤。将3L空气压缩机油注入空气压缩机冲洗，起动空气压缩机，将油打热后放出（注油和放油时，应对角注、放）。然后注入3L空气压缩机油冲洗，打热后放出。冲洗完毕后，将3.5～3.7L空气压缩机油注入空气压缩机。至此，新油加注、更换完毕。

新车运行3000km时更换空气压缩机油，其他车辆在运行2000h或一年时应更换空气压缩机机油，也可视机油乳化的情况提前更换。

三、空气干燥器的结构、工作原理

1. 双塔式空气干燥器的结构、特点

如图4-101所示，双塔式空气干燥器主要由两个带有吸附式干燥剂的干燥筒、干燥器座、双活塞阀和电磁阀组成。

两个干燥筒除了装有干燥空气用的吸附剂外，在其下部设有油水分离器。干燥筒中的吸附剂是结晶的金属硅酸铝，当带水分的压力空气流过吸附剂时，吸附剂中很有规律的微孔吸附流过空气中的水分。这种硅酸盐吸附剂的微孔大小可选择适应于吸附水分子，而较大的油分子不能同时吸附。

双塔式空气干燥器的工作为干燥与再生两个工况同时进行，压力空气在一个筒中流过并干燥时，另外一个筒中的吸附剂即再生。每一个筒有一个压力指示器显示工作工况。从空气压缩机输出的压力空气首先经过装有"拉希格"圈的油水分离器，除去空气中的液态油、水、尘埃等。

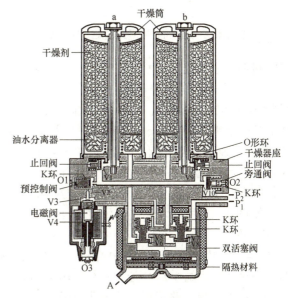

图4-101 双塔式空气干燥器的结构

然后，压力空气流过干燥筒中的吸附剂，吸附剂吸附压力空气中的水分，可以使空气干燥到相对湿度35%以下。

2. 双塔式空气干燥器的工作原理

（1）a筒干燥，b筒再生　电子循环控制器控制电磁阀，当电磁阀得电时，开启阀V3；从干燥后的压力空气中部分分流出来的用于控制的压力空气，通过打开的阀V2和阀V3后，到达双活塞阀。压力空气克服双活塞阀弹簧的弹力，使得双活塞阀V5、阀V8开启，阀V6、阀V7关闭，如图4-102所示。

如图4-103所示，空气压缩机输出压力空气→进气口P_1→阀V5→干燥筒a→油水分离器、吸附剂→干燥筒a中心管，由此分两路；一路到止回阀V1→旁通阀V10→出气口P_2→总风缸；另一路至再生节流孔→干燥筒b→吸附剂、油水分离器→阀V8→消声器→排泄口→大气。这样，干燥筒a对空气压缩机输出压力空气进行油水分离和干燥，干燥筒b则

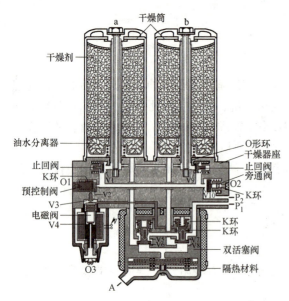

图 4-102 双塔式空气干燥器电磁阀得电时

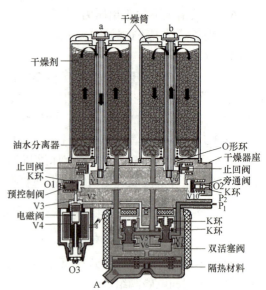

图 4-103 a 筒干燥，b 筒再生

对吸附剂再生及排除油污。

(2) b 筒干燥，a 筒再生 当干燥筒 a 中吸附剂到达饱和极限后，两个干燥筒转换工作状态，此时电磁阀失电，阀 V3 关闭而阀 V4 开启。连通双活塞阀，控制压力空气排至大气，双活塞阀在各自的弹簧力作用下复位，使得阀 V5、阀 V8 关闭，阀 V6、阀 V7 开启。

如图 4-104 所示，空气压缩机输出压力空气→进气口 P_1→阀 V7→干燥筒 b→油水分离器、吸附剂→干燥筒 b 中心管，再分两路，一路到止回阀 V9→旁通阀 V10→出气口 P_2→总风缸；另一路至再生节流孔→干燥筒 a 中心管→干燥筒 a→吸附剂、油水分离器→阀 V6→消声器→排泄口 A→大气。结果，干燥筒 b 对空气压缩机输出压力空气进行油水分离和干燥，而干燥筒 a 对吸附剂进行再生及排除油污。

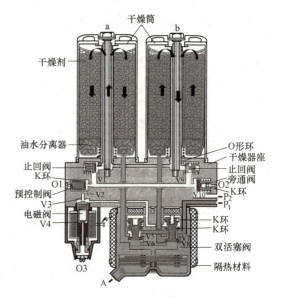

图 4-104 b 筒干燥，a 筒再生

四、双塔式空气干燥器的检修作业

空气干燥器无须特殊保养，一般只做常规检查。由于空气干燥器里没有移动部件，因此一般不会有磨损的问题。如果发生故障需要修理时，需做以下检修：

1. 空气干燥器分解检查

拆开空气干燥器，对分解后的干燥滤清器零部件进行清洁，并检查是否有裂纹、变形或锈蚀等损伤。

2. 干燥剂的更换

如果在排水阀的出口处有白色沉淀物或是干燥剂过饱和，必须检查干燥剂。如有必要，则要更换。一般来说，干燥剂每 4～5 年需要更换 1 次。

3. 拉希格圈清洗

用于吸油的拉希格圈可以用碱性清洗剂清洗，再用清水洗涤，最后用压缩空气吹干。

4. 进行功能测试

干燥滤清器组装完成后，应对它的功能进行测试，测试应在专用试验设备上进行。试验主要检查干燥器是否有泄漏、排泄功能是否正常、消声器的工作效果等。按照设计的要求，经过干燥的压缩空气的相对湿度应小于 35%，这是必须要测试的项目，可以使用压力露点计或相对湿度计来检查其是否达到要求。

干式空气滤清器的维护及更换必须遵守产品安全手册的要求，检修工作只允许受过专业培训的人员在授权车间进行，使用 KNORR 原装备件，必须保证在两次检修之间供气设备功能正常。对于内置干式空气滤清器，可观察作为附加装置的真空指示器，当发现滤清器内侧脏污时，及时进行保养。

五、BCU 的结构、工作原理

BCU 是空气制动的核心，它采用模块化设计，目的是方便拆卸、检修。BCU 接受电子制动控制单元（EBCU）的指令，然后指示制动执行部件动作。

如图 4-105 所示，BCU 主要由模拟转换阀、紧急电磁阀、限压阀（称重阀）、均衡阀（中继阀）、载荷压力传感器和预控制压力开关等组成。

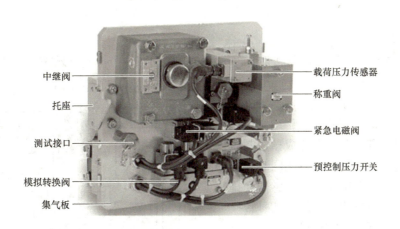

图 4-105　BCU 的结构

BCU 的主要作用是将 EBCU 发出的制动指令电信号通过模拟转换阀转换成与之成比例的预控制压力 C_V（这个预控制压力是成线性变化的，同时受到称重阀和防冲动检测装置的检测和限制），再通过中继阀沟通制动主风缸与制动缸的通路并控制进入制动缸的压力，最后使制动缸获得符合制动指令的气制动压力。

当压力空气从制动储风缸进入 BCU 后，分成 3 路，一路进入紧急电磁阀，另一路进入模拟转换阀，再一路进入中继阀，如图 4-106 所示。

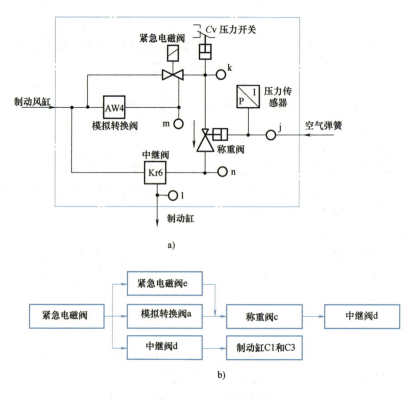

图 4-106 BCU 气路
a) BCU 气路示意图　b) BCU 气路流程图

1. 模拟转换阀

如图 4-107 所示，模拟转换阀是由一个充气电磁阀、一个排气电磁阀和一个气电转化器组成的。

当充气电磁阀的励磁线圈收到 EBCU 的制动指令时，吸开阀芯，使制动储风缸压力空气通过充气电磁阀转变成预控制压力 C_{V1} 并送向紧急电磁阀。与此同时，具有 C_{V1} 的压力空气也送向压力传感器和排气电磁阀，而气电转化器将压力信号转换成相对应的电信号，马上反馈回 EBCU。EBCU 将此信号与制动指令信号相比较，当大于或小于制动指令时，则分别继续开大充气电磁阀或关小充气电磁阀并开启排

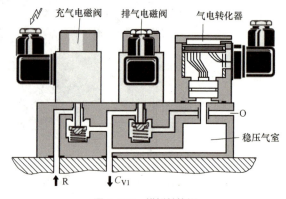

图 4-107 模拟转换阀

气电磁阀，直到预控制压力 C_{V1} 增高或降低到制动指令的要求为止。

当处于制动状态时，充气电磁阀得电，排气电磁阀失电，压缩空气从制动储风缸 R 进入，输出预控制压力 C_{V1} 至紧急电磁阀。

当处于缓解状态时，充气电磁阀失电，排气电磁阀得电，R 通路被切断，预控制压力 C_{V1} 通过排气孔 O 直到大气。

2. 紧急电磁阀

从模拟转换阀出来的 C_{V1} 压力空气通过气路板进入紧急电磁阀。它实际上是一个二位三通电磁阀,它的3个通道分别与模拟转换阀输出口、制动储风缸和称重阀入口相连接。

如图 4-108a 所示,在常用制动时,紧急电磁阀励磁得电,使模拟转换阀与称重阀相通,而切断与制动储风缸的通路;如图 4-108b 所示,在紧急制动时,紧急电磁阀失电(通过列车紧急回路),使制动储风缸与称重阀直接相通,而切断模拟转换阀与称重阀的通路,这时预控制压力 C_{V1} 越过模拟转换阀而直接进入称重阀,按照载荷比例施加紧急制动。

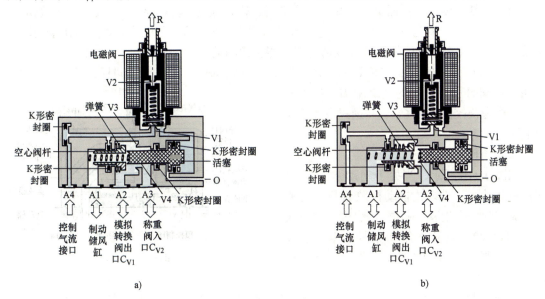

图 4-108 紧急电磁阀
a) 电磁阀得电 b) 电磁阀失电

当预控制压力 C_{V1} 经过紧急电磁阀时,由于阀的通道阻力使预控制压力略有下降,这个从紧急电磁阀输出的预控制压力称为 C_{V2}。同样,C_{V2} 压力空气通过气路板进入称重阀。

3. 称重阀

如图 4-109 所示,称重阀为杠杆膜板式,主要用来持续监控与车辆实际载荷有关的预控制压力以及施加紧急制动时限制预控制压力。由于模拟转换阀输出的控制压力是受EBCU控制的,而EBCU的制动指令本身就是根据车辆的负载、车速和制动要求而给出的。因此在常用制动中称重阀几乎不起作用,仅起预防作用,以防模拟转换阀控制失灵。

在紧急制动状态下,预控制压力是从制动储风缸直接经紧急电磁阀到达称重阀,中间没有受模拟转换阀的控制,而紧急电磁阀也仅仅是作为通

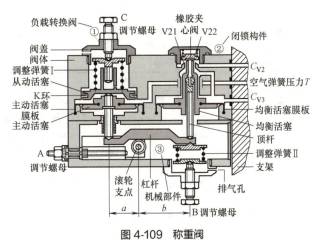

图 4-109 称重阀

路的选择,不起压力大小的控制作用。所以在紧急制动时,预控制压力只受称重阀的限制,即最大的预控制压力。

当处于常用制动位置时,如图 4-109 所示,压缩空气 C_{V2} 通过 V21 直接输出 C_{V3}。

当处于紧急制动位置时,压缩空气 C_{V2} 通过 V21 进入,输出 C_{V2}。随着均衡活塞膜板上方空气压力增大,带动均衡活塞和顶杆往下移,橡胶夹心阀头在弹簧力的作用下关闭 V21。如果车辆载荷增加(即空气弹簧压力 T 增加),则均衡活塞膜板上方空气压力相应增大,即输出的 C_{V2} 相应增大。

当处于紧急制动位置而空气弹簧压力失效时,需建立的 C_{V2} 不足够,会造成车辆制动力不够。为了避免该情况发生,预先通过调节螺母 C(调整弹簧 I 和从动活塞作用在主动活塞膜板上)来确保在空气弹簧压力失效情况下,能正常制动。

当紧急制动后处于缓解位置时,C_{V2} 降低时,C_{V3} 通过 C_{V2} 排出。同样,控制压力 C_{V2} 流经称重阀时也受到阀的通道阻力,压力有所下降,成为预控制压力 C_{V3},并通过管路板进入中继阀。

4. 中继阀

如图 4-110 所示,当处于制动施加位置时,预控制压力 C_{V3} 进入,推动橡胶膜板使空心导向杆克服弹簧力上移,打开进气阀口 V1,关闭排气阀口 V2,打开 R 制动储风缸至 C 制动缸的通路,制动缸活塞被推出,带动闸瓦紧贴车轮产生制动作用。

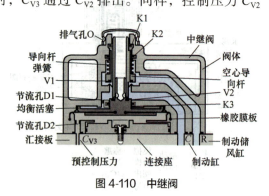

图 4-110 中继阀

当处于制动缓解位置时,模拟转换阀将其排气电磁阀打开,使具有预控制压力 C_{V1}、C_{V2}、C_{V3} 的压力空气都通过此阀排出。中继阀中的均衡活塞在其上方的制动缸压力空气作用下向下移动,于是中继阀中的进气阀 V1 关闭、排气阀 V2 打开,使各制动缸中的压力空气经开启的排气阀排出,列车得到缓解。

中继阀能迅速进行大流量的充气、排气。大流量压力空气的压力变化是随预控制压力 C_{V3} 的变化而变化的,并且互相间的压力传递比为 1:1,即制动缸压力与 C_{V3} 相等。

模拟转换阀、紧急电磁阀、称重阀和中继阀的气路图如图 4-111 所示。

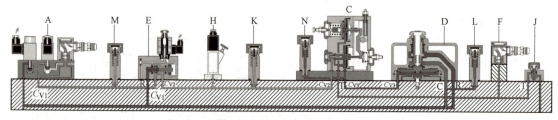

图 4-111 BCU 气路示意图

A—模拟转换阀　E—紧急电磁阀　C—称重阀　D—中继阀　H—压力开关　T—空气弹簧压力　F—压力传感器
R—制动储风缸气路　K、L、M、N—压力测试口

六、BCU 的检修

1. 模拟转换阀的检修

(1) 分解　模拟转换阀的拆分工作需要使用专用标准工具。

（2）清洁

1）用化学清洗剂在 70～80℃的热清洁池中清洗所有金属部件（不包括橡胶金属复合件），然后用压缩空气吹干。

2）励磁线圈和电枢应用浸过温肥皂水的抹布擦洗，随后立即用压缩空气吹干。吹干后，立即给电枢轻轻地涂一层 Wacker Chemie 公司的硅酯 400，之后擦掉电枢上多余的硅酯。

（3）检查

1）仔细检查已清洁部件的外观。如果出现裂纹、变形、腐蚀或螺纹变形等损伤，且受损部件看上去已经不能继续使用，则应予以更换。

2）仔细检查励磁线圈的保护层是否断裂，触针是否锈蚀或已变形，用触点清整锉去除锈蚀，更换受损的励磁线圈。

3）检查磁铁架内阀座的状况。如果阀座损坏，则应更换磁铁架。

4）检查电枢的阀座橡胶密封件的凹陷情况。如果凹进 0.3mm，则应更换电枢。

5）检查压缩弹簧，应符合规定的自由高和压缩高要求，并且其弹力值必须符合有关技术要求。

（4）组装

1）组装工作需要使用专用标准工具进行。

2）组装前应给 O 形环和电枢涂上少许 Wacker Chemie 公司的硅酯 400，电枢上多余的硅酯要擦掉。

3）应按与拆分工作相反的顺序进行组装。各紧固力矩应符合有关技术要求。

（5）测试

1）应按照相关的检验技术要求说明对模拟转换阀进行检测。

2）进行检测时，必须注意有关在电气动设备上进行作业的安全规范。

3）如果检验结果正常，则要在检查后贴上不易脱落的检验标志。

2. 紧急电磁阀的检修

（1）分解

1）修理紧急电磁阀时，除拆卸克诺尔 K 型环时需要用到一个安装专用钩外，不需要任何特种工具。

2）如果紧急电磁阀的外表面看起来很脏，则须在开始工作之前先除去脏物。工作步骤一定要按照相应的检修指南进行。在分拆时，注意不要损伤密封面和阀座。

（2）清洁

1）用化学清洗剂在 70～80℃的热清洁池中清洗所有金属部件（不包括橡胶金属复合件），然后用压缩空气吹干。

2）在清洗铝合金部件时，清洗剂的腐蚀率必须符合有关技术规定。

3）在温肥皂水中清洗活塞、阀盘、导向套管、环、撑条和垫圈，并立即用清水冲洗，然后用压缩空气吹干。

4）原则上橡胶环在检修后都将被更换，所以无需清洗。

（3）检查和修理

1）对已清洁的部件认真进行一次目检。如果查出部件有断裂、变形、腐蚀或螺纹变形等严重影响部件继续使用的损伤，则应予以更换。

2)阀座上和外壳孔内的轻度划痕可通过二次抛光去除。必须符合规定的尺寸和表面粗糙度的技术要求,否则应更换新的外壳。

3)活塞:应使用环规检查活塞是否符合图样技术要求的控制尺寸,检查活塞的阀座和活塞裙是否受损。如果有划痕,则应将活塞连同整个阀套一起更换(成套备件)。

4)检查橡皮阀座是否受损,如果橡皮凹进 0.4mm 或凸起 0.2mm 以上,则必须更换阀盘。

5)检查阀套的环及阀门套管的撑条是否受损。如果有划痕,则应将整个阀套连同活塞及整个阀门套管一起更换(成套备件)。

6)压缩弹簧应符合技术要求中规定的弹簧长度和弹力要求。

7)每次检修之后都应更换克诺尔 K 形环,以及所有安全环和 O 形环。

8)如果型号铭牌已不清晰,应予以更换。

(4)组装

1)在组装紧急电磁阀之前,应给所有克诺尔 K 形环、O 形环以及各个滑动面和导向面涂上少量通用润滑脂。安装克诺尔 K 形环时需要使用安装专用钩。

2)紧急电磁阀的组装应按照图样要求并按与拆分相反的顺序进行。

3)应用 8N·m 的力矩将阀用电磁铁的螺母拧紧。

(5)检测

1)紧急电磁阀的检测应按照检测说明进行。进行检测时,必须注意有关在电气动设备上进行作业的安全规范。

2)如果检测结果合格,则应贴上不易脱落的检验标志。

3. 称重阀的检修

(1)分解

1)修理称重阀时,除拆卸克诺尔 K 型环时需要用到一个安装专用钩外,不需要任何特种工具。

2)如果称重阀的外表面看起来很脏,则必须在开始工作之前先除去脏物。

(2)清洁

1)所有金属部件用化学清洗剂在 70～80℃的热清洁池中清洗,然后用压缩空气吹干。

2)在清洗铝合金部件时,化学清洗剂腐蚀率必须符合有关技术规定。

3)橡胶或塑料的外皮可用浸了肥皂液的湿布擦洗,然后马上用浸了清水的湿布擦一遍,用压缩空气吹干。

(3)检查

1)对已清洁的所有部件认真地进行一次目检。如果查出部件有裂纹、变形、腐蚀或螺纹变形等影响部件继续使用的损伤,则应换上新的部件。

2)铭牌如果变得模糊不清,必须更换。

3)阀座及衬套内表面上的轻度划痕可通过二次抛光去除,必须符合尺寸和表面粗糙度的技术要求,否则应换上新的外壳。

4)压缩弹簧的压缩长度及弹力必须符合相关技术要求,否则应更换压缩弹簧。

5)检查阀座橡胶密封件是否受损。如果橡胶密封圈凹进 0.4mm 或凸起 0.2mm 以上,则必须更换阀盘。

6)阀杆、弹簧座及所有支撑面的轻度划痕可通过二次抛光去除,必须符合尺寸和表面粗糙度的技术要求，否则应更换。

7）检查滚针轴承及球形衬套，运转不均匀或运转滞涩时需更换。

（4）组装

1）组装称重阀之前，应给所有环型以及各个导向面和滑动面涂上少量通用润滑脂。

2）使用标准螺栓扳手拧紧螺旋塞及圆柱头螺栓。

3）按照与分拆相反的顺序组装。安装克诺尔 K 型环时需要使用安装专用钩。

（5）检测　组装完毕后，应将称重阀置于试验台上，按照规定的检验项目进行检验和设定，并粘贴检验合格标识。

4. 中继阀的检修

（1）分解

1）拆分中继阀时，应使用由标准工具和厂家提供的安装专用钩（用于拆卸及安装克诺尔 K 型环）和取膜器（用于拆卸及安装罐式隔膜）。

2）如果中继阀的外表面看起来很脏，则必须在开始工作之前先除去脏物。工作步骤一定要按照所给顺序进行。在分拆时，注意不要损伤密封面和阀座。

（2）清洁

1）必须注意清洗剂生产厂家给出的使用说明，清洁零部件时不允许损伤密封面和阀座。

2）检修时要更换所有的齿形垫圈、密封环和 O 形环，故不必清洗它们。

3）用化学清洗剂在 70～80℃ 的热清洁池中清洗所有金属部件（不包括橡胶金属复合件），然后用压缩空气吹干。在清洗铝合金部件时，化学清洗剂腐蚀率必须小于 $420mg/(m^2 \cdot h)$。

4）将阀门导管和阀门体在微温的肥皂水中清洗，然后马上用清水冲净并用压缩空气吹干。将滤筛用适当的清洗剂清洁。

（3）检查修理

1）对已清洁的所有部件认真地进行一次目检。如果查出部件有裂纹、变形、腐蚀或螺纹变形等影响部件继续使用的损伤，则应予以更换。

2）如果铭牌变得模糊不清，必须更换。

3）检查控制室的表面粗糙度和阀门套筒的阀座及损伤情况，必须符合规定的尺寸和表面粗糙度的技术要求，否则应更换控制室。检查喷嘴孔 D1、D2 以及克诺尔 K 型环的放气孔是否通畅。

4）检查阀内的压缩弹簧。当弹簧长度为 17mm 时，弹力必须至少为 74N，否则应更换压缩弹簧。

5）检查阀门导管的尺寸和表面粗糙度，必须符合规定的技术要求，否则应更换阀门导管。

6）检查中继阀各阀座橡胶密封件是否受损。如果橡胶凹进 0.4mm 或凸起 0.2mm 以上，则必须更换。

7）检查阀门体滑动面的接触面的表面粗糙度。尺寸和表面粗糙度必须符合规定的技术要求，否则应更换阀门体。

8）检查导管面的表面粗糙度和螺纹的状况。如果发现表面粗糙度不符合技术要求或螺纹有损伤，则必须更换螺纹衬套。

9）检查克诺尔 K 型环的进气孔和 B1、B2 是否通畅。

（4）组装

1）各个部件都必须经过检验合格并备好。

2）在组装前，要给罐式隔膜、克诺尔 K 形环、扁平密封圈、O 形环、压缩弹簧、阀门导管和阀门体的滑动面、控制室中的罐式隔膜的阀盘等部件的外表面涂少许通用润滑油。

3）组装中继阀应按照与分拆相反的顺序进行。

注意：由弹性材料制成的可更换零部件（如隔膜、克诺尔 K 形环、带槽 K 形环和 O 形环）的生产日期必须在 1 年以内。

（5）检测

1）进行检测时，必须注意相关的在电气动设备上进行作业时的安全规范。

2）检查中继阀时，必须按照相关的检验说明进行。

七、车轮防滑保护装置的结构、工作原理

1. 防滑电磁阀的结构

防滑电磁阀是车辆防滑控制系统的一部分。在制动状态下，当车轮即将发生滑行时，防滑电磁阀接收防滑控制系统的指令，逐步减小滑行轴制动缸的压力，以消除滑行。当防滑控制装置判断滑行趋势消失后，该阀会逐步恢复制动缸压力，以保证制动距离。

防滑电磁阀内部的结构如图 4-112 所示。其主要包括 1 个带有两个转换隔板的阀套、1 对阀磁体、连接阀磁体和阀罩的两个侧板及 1 个阀座。O 为排气口；D 口为压缩空气的输入口，此口接制动控制装置的输出端；C 口为压缩空气的输出口，此口通往制动缸；动铁心 VM1 及 VM2 分别受两个电磁阀线圈的控制，从而间接控制空气的输入和排风。

2. 防滑电磁阀的工作原理

（1）没有防滑功能时的制动施加及制动缓解（阀磁体 VM1 及 VM2 不得电）

1）初始制动缓解。阀 D 处无压力空气，螺旋弹簧将 D 隔膜紧密地固定在阀座 VD 上，如图 4-112 所示。

2）制动施加。如图 4-113 所示，D 处的压力空气作用在 D 隔膜上，此隔膜在控制室 SD

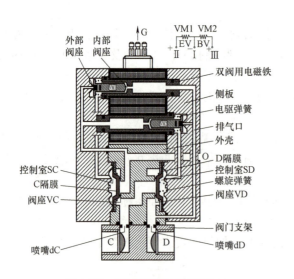

图 4-112 防滑电磁阀内部的结构

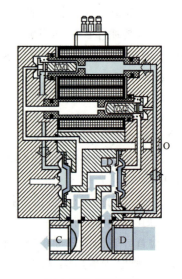

图 4-113 制动施加

保持减压的状态下克服弹簧的作用力，处于靠右最极端位置，此时阀座 VD 打开。另一方面，通过磁体 VM1 打开内部阀座，控制室 SC 开始增压，C 隔板靠右移动，阀座 VC 关闭。此时，由 D 至 C 的通路打开，实现车辆制动施加。

3）制动缓解。如图 4-114 所示，在制动缓解时，D 处压力减小，C 处压力空气回流，此时 D 处与 C 处之间的通路无阻碍。当弹簧力大于 D 处压力时，D 隔板关闭。同时，D 处压力不断减小，C 处压力通过阀座 VC 完全缓解。

（2）有防滑功能时的制动缓解　如图 4-115 所示，此时阀磁体 VM1 及 VM2 均得电。控制室 SD 通过磁体 VM2 开始增压，在 D 隔膜处压力平衡，弹簧挤压隔板使阀座 VD 关闭，D 处压力被切断。控制室 SC 开始充风，C 处外压力向左侧挤压 C 隔板，阀座 VC 打开，通过 VC 压力降为 0。

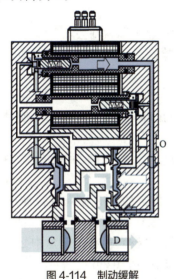

图 4-114　制动缓解　　　　图 4-115　有防滑功能时的制动缓解

（3）有防滑功能时的再次施加制动　此时两个阀磁体 VM1 及 VM2 均不得电，过程与没有防滑功能时制动施加的情况相同，如图 4-113 所示。

（4）有防滑功能时的保压　如图 4-116 所示，此时阀磁体 VM1 不得电，VM2 得电，两个控制室（SD，SC）开始增压。隔板封闭了阀座 VD 及 VC，D 及 O 的压力被切断。在相应的阀磁体的控制下，充风阶段及充电阶段可以产生连续的升压步骤。因而可能实现快速（无压力步骤）或慢速（增压步骤）控制增压或减压，它取决于防滑控制逻辑学的要求。充电及充风（无压力步骤）的压力坡度取决于喷嘴 dD 和 dC，喷嘴的尺寸取决于 C 室，它是可控的。

八、车轮防滑保护装置的检修

1. 防滑电磁阀的分解

1）除了标准工具之外，还需要用到微调扭力扳手（5N·m）。

2）有些部件在拆下后或在每次检修时，原则上都应以

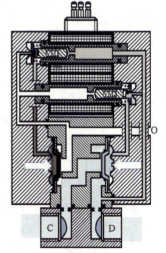

图 4-116　有防滑功能时的保压

新的部件来替换。这些需替换配件应该在分拆设备时挑出另放。

3）按照规定的步骤拆卸防滑电磁阀。

2. 清洁

1）用化学清洗剂在 70～80℃的热清洁池中清洗所有的金属部件（不包括橡胶金属复合件），接着用压缩空气吹干。在清洗铝合金部件时，化学清洗剂腐蚀率必须符合有关的技术规定。

2）必须按照清洗剂生产厂家给出的使用说明使用清洗剂。

3）在温肥皂水中清洗阀用电磁铁的电枢、排气阀和阀门支架，并立即用清水冲洗，然后用压缩空气吹干。

4）用干布清洁阀用电磁铁的线圈架。

5）用石油醚（即清洁用去污轻汽油）清洁滤网。

6）防滑阀外表面上的腐蚀产物和程度严重的脏污可用金属软刷去除。

7）原则上检修时必须更换的部件不需要清洗。检修时，所有橡胶部件和隔膜都需更换，所以无须清洗。

3. 检查

1）对已清洁的部件认真地进行一次目检。如果查出部件有裂纹、变形、腐蚀或螺纹变形等影响部件继续使用的损伤，则应予以更换。

2）外壳及阀座上的轻度划痕可通过二次抛光去除。必须达到表面粗糙度的技术要求，否则应更换。

3）检查金属密封面和电枢的橡胶阀座是否有损伤，如果有损伤或橡胶凹下、隆起 0.3mm 以上，则须更换阀用电磁铁；检查线圈盒是否有损伤或裂缝，并检查接地连接情况；检查电枢套筒的内阀座以及电枢座孔的状态是否完好，电枢套筒在线圈盒中必须能轴向灵活转动，外壳上的孔与电枢套筒的直径之间的游隙必须不小于 0.2mm。

4）压缩弹簧长度及弹力必须符合相关的技术规定，否则应更换压缩弹簧。

5）对于带喷嘴的防滑阀，应检查喷嘴是否损坏。必要时更换喷嘴。

6）如果铭牌已模糊不清，应予以更换。更换铭牌时，要使用新的带槽铆钉。

4. 组装

1）组装按照与分拆相反的顺序进行，组装必须按有关规范进行。

2）待用的阀用电磁铁必须经过检修及检验合格备用。

3）安装阀用电磁铁时，必须根据电接触销的位置将其正确放置。电枢的衔铁弹簧不允许装错。

4）组装前，应给所有的密封环、O形环压缩弹簧以及各个滑动面和导向面涂上少量润滑脂（阀用电磁铁的电枢及隔膜安装时应当没有润滑脂）。

5）组装防滑电磁阀时，应按照规定的拧紧力矩拧紧螺纹连接件。

5. 检验

防滑电磁阀的检验应按照相关的检验说明来进行，在通过检验的防滑电磁阀上应贴上一个不易脱落的检验标志。

九、单元制动器的结构与技术参数

城市轨道车辆的基础制动装置目前普遍采用单元制动器，我国地铁车辆使用较多的是德国克诺尔制动机厂生产的单元制动器。一般情况下，城市轨道车辆的每台转向架安装 4 套单元制动器，分别对 4 个车轮进行制动。本任务主要学习目前最常用的 PC7Y 型和 PC7YF 型单元制动器，它们的结构基本一致，只是 PC7YF 多了一个弹簧制动器（又称为停放制动器），主要用于车辆停放制动。

一般的单元制动器都将制动缸传动机构、闸瓦间隙调节器和悬挂装置连接在一起，形成一个紧凑的作用装置。有的单元制动器做成立式的，有的则做成悬挂式的，这主要取决于安装方式。

1. 单元制动器的结构、工作原理

（1）PC7Y 型单元制动器 如图 4-117 所示，PC7Y 型单元制动器主要由制动（闸）缸、活塞、活塞杆、制动杠杆、缓解弹簧、闸瓦间隙自动调节器、闸瓦托吊等组成。

PC7Y 型单元制动器制动时，制动缸内被充入压力空气，推动活塞移动并转变为活塞杆的推力。活塞杆带动增力杠杆围绕安装在壳体上的销轴转动。由于增力杠杆的增力比为 1：2.85，所以该推力通过杠杆使力扩大后传递给闸瓦间隙自动调整器外壳，再传到主轴，最后传给闸瓦；缓解时，制动缸内的压力空气被排出，制动缸缓解弹簧和扭簧将主轴和活塞恢复原位，整个单元制动器恢复缓解状态。

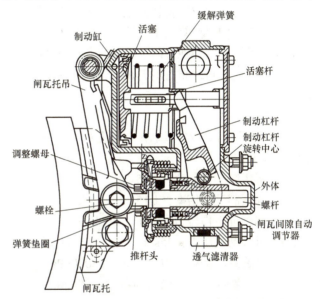

图 4-117 PC7Y 型单元制动器（不带停车制动器）

由于闸瓦是一个磨耗件，经过一定时间的运行后，闸瓦与车轮踏面之间会出现间隙，这对摩擦制动效率影响极大。对于闸瓦与踏面之间的间隙，不可能采用人工的方式检测或调整。因此，单元制动器都带有一个闸瓦间隙自动调节器。闸瓦间隙自动调节器由调节套筒、大螺距非自锁螺杆、推力螺母、联合器螺母、行程限位套、预紧力弹簧和滚针轴承等组成。通过此装置，单元制动器可自动完成了一次闸瓦磨损间隙的补偿。

（2）PC7YF 型单元制动器 如图 4-118 所示，PC7YF 型单元制动器的结构与 PC7Y 型单元制动器的结构基本一样，只是多了一个停车制动器。停车制动器实际上是一个弹簧制动器，是利用释放弹簧存储的弹性势能来推动弹簧制动缸活塞，带动两级杠杆使闸瓦制动的。它的缓解需要向弹簧制动缸充气，通过活塞移动使弹簧压缩，从而使制动缓解。弹簧制动器一般是用电磁阀来控制其充气和排气的。因此，司机可以在驾驶室内控制停车制动。

当停车制动缓解风缸排气后，制动弹簧将活塞推向前方，带动停车制动杠杆推动制动杠杆，最后将闸瓦推向车轮踏面，实现停车制动。当向缓解风缸充气时，压缩空气推动活塞克服弹簧的作用力，使活塞杆、制动杠杆等分别复位，停车制动得到缓解。

停车制动排气为制动，充气为缓解。另外，停车制动可以通过拉动缓解拉环使缓解活塞杆和螺纹套筒（两者为非自锁螺纹连接）相对移动，释放弹簧作用力，达到缓解的目的。

弹簧制动器经人工缓解后不会自动复位，若要复位，只需向弹簧制动缸充一次气，锥形弹簧重新被压缩，定位销被弹簧盘锁住后即可。

目前，大部分采用 PC7Y 型和 PC7YF 型单元制动器的地铁或轻轨转向架，两台带弹簧制动器的 PC7YF 型单元制动器在转向架上呈对角线布置，可以分别对两个轮对进行停车制动，另一个呈对角线布置的是两台 PC7Y 型单元制动器。

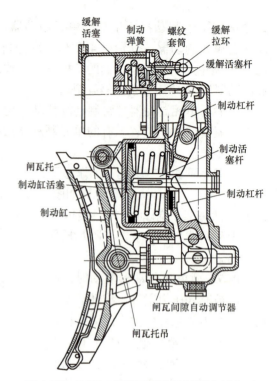

图 4-118　PC7YF 型单元制动器（带停车制动器）

2. 主要技术参数

PC7Y 型和 PC7YF 型单元制动器的主要技术参数如下：

1）常用制动器倍率：2.85。
2）弹簧制动器倍率：1.15。
3）制动缸工作压力：300～600kPa。
4）最大闸瓦压力：45kN。
5）弹簧制动缓解压力：5300～8000kPa。
6）闸瓦磨耗后一次最大调整量：15mm。
7）最大间隙调整能力：110mm。
8）PC7Y 型单元制动器质量（包括闸瓦）：63kg。
9）PC7YF 型单元制动器质量（包括闸瓦）：85kg。

十、单元制动器的检修

1. 定期检查

1）目测检查锁紧片、橡胶保护套、闸瓦卡簧及其各螺栓、扭簧轴销卡簧，要求无异常，卡簧无断裂、脱落。
2）检查管路及紧固件，要求：管路无漏气，紧固件完好、无松动。
3）检查闸瓦。要求：闸瓦最低处厚度 ≥ 12mm。闸瓦未磨耗到限时，测量闸瓦与踏面间的间隙，间隙应为（12±1）mm［上海地铁的间隙标准为（12±1）mm］。检查停车制动功能，包括人工缓解在内。

2. 定期检查测试

1）对制动器进行外观清扫。
2）松开闸瓦连接螺栓、螺母，取下挡圈环，抽出扭簧心轴，取下吊臂。
3）拧下定位弹簧螺套，对弹簧片进行清洗。清洁后，在弹簧片上涂薄层润滑脂。
4）将制动单元吊至试验台上进行功能及泄漏测试。

5）安装吊臂扭簧、心轴扭簧，将挡圈环扣好。其中，扭簧和心轴涂上薄层润滑脂，螺杆表面涂润滑脂。

6）将闸瓦托连接螺栓插上，并将螺母拧紧。

7）检查、清洁皮腔并对其润滑。

8）更换闸瓦。

3. 大修分解清洗作业

1）对于制动器的金属部件可以用化学清洗剂进行清洗。清洗剂在不同的温度下都能保持较好的清洗和脱脂性能。最好能在 70～80℃热清洁池中清洗，在这个温度范围内清洗效果比较好，清洗完成后应立即用压缩空气吹干。

2）橡胶件和塑料件全部更换。

3）在保持外表面干燥的前提下，用钢丝刷除去外表面的锈迹和附着物。

4. 部件的检查与修理

1）在清洗完所有的部件后，首先进行目测检查。更换损坏的零件，如裂纹、严重腐蚀或螺纹形。其中，必须更换的部件有六角螺母、簧环、软管夹、皮腔、O形圈、垫片、环、弹簧垫片、止动螺栓、轴衬、干燥轴衬、外包装、密封环、滑块、挡圈、轴衬、滤清器、弹簧、弹簧垫圈等。

2）箱体：检查箱体有无受损，以及受损程度。如有必要，参考图样。尺寸要求和表面粗糙度值的要求要符合图样规定。检查轴承销孔的磨损情况，不得大于 0.2mm。磨去细微擦痕。表面粗糙度值的要求应符合标准。孔径内表面不能有深的裂纹，否则应更换。

3）心轴：把推力螺母旋进心轴，测量轴向间隙。如果超过 0.8mm，则要更换心轴。可以在心轴上装上杆头，一边啮合，一边测量行程。如果行程小于 0.6mm，则进行更换。

4）推力螺母：把推力螺母旋进一根新的心轴，测量轴向间隙。如果超过 0.8mm，则要更换螺母。

5）压簧：压缩至 16mm 时，压力应达到 200N，否则要更换压缩弹簧。

6）调整螺母：检查调整螺母的密封表面，磨去细小擦痕。

7）活塞：测量活塞内孔直径，不能超过规定的最大尺寸。密封表面要符合表面粗糙度值的要求，否则要更换。把心轴放在活塞的空心处，心轴必须能朝一侧倾斜 5°并留有间隙使其不会碰到活塞。如果两者接触，活塞上的空心处将变形，活塞需要更换。检查活塞的环形槽，密封表面要符合表面粗糙度值的要求。检查深槽推力球轴承，深槽推力球轴承的动作必须平稳、自如。将一根新的管子旋进心轴，测量间隙。如果超过 0.3mm，应更换心轴。检查风缸轴上的轴承点，应符合规定的最大直径和表面粗糙度值的要求，否则要更换。检查风缸活塞接触面，应符合规定的最大尺寸和表面粗糙度值要求。

5. 试验

单元制动器组装完成后，需要进行试验，主要的测试项目有：

1）压力试验。

2）泄漏试验。

3）调节性能试验。

4）制动力试验。

5）紧急缓解试验。

十一、管路和储气缸的检修

管路和储气缸是气源及制动系统的重要组成部分,有输送气压和存储空气的作用。除非损坏,一般不需要对管路和储气缸进行检修。只有在列车的大修程中才需要对进气管路和储气缸进行检修,主要是清洗并根据实际情况进行磷化处理。

注意事项如下:

1)在连接管道的前期,对所有已拆解连接部位的接口和螺纹部分用溶剂性清洗剂进行清洗。

2)对所有循环清洗的管道外部用水基中性清洗剂进行彻底清洗。

3)在循环清洗开始的同时进行以下工作:

① 将标准挂片悬挂在循环槽中进行同步浸泡清洗、磷化和封闭。

② 将 20~30m 长且与管道相同材质的短管串联在循环系统中,同步处理。

③ 管路处理完毕后,将①、②所涉挂片和挂管进行检测。

十二、制动系统常见故障处理

制动系统常见故障处理方法见表 4-4。

表 4-4 制动系统常见故障处理方法

部件	故障现象	故障原因	处理方法
空气压缩机	电动机旋转方向错误（机器有被损坏的危险）	电动机接线错误	调换两相接线
	空气压缩机不能起动	电源故障	检查电源 查阅电路图
		电缆连接松脱	检查电缆连接,必要时上紧夹紧螺钉
		电动机断路器跳闸	打开电动机断路器
		电动机有故障	按电动机制造商指示查找故障并进行适当修理
		压力开关（常闭式）未接或接线松脱	检查接线,必要时上紧夹紧螺钉
		压力开关设定错误或本身故障	重新设定或更换压力开关
		温度开关（常闭式）未接或电缆折断	检查接线,必要时上紧夹紧螺钉
		油气筒内压力未降至启动压力	检查进气阀的卸压部分是否正常卸压
		油温低于容许极限	检查油的等级
空气压缩机启动装置	空气压缩机不工作	时间继电器损坏	更换时间继电器
		接触器损坏	更换接触器
		热继电器动作或损坏	复位或损坏
		压力开关损坏	更换压力开关
		螺杆空气压缩机本身故障	查清故障点,按空气压缩机故障明细处理

(续)

部件	故障现象	故障原因	处理方法
空气压缩机启动装置	压力下降至750kPa，主空气压缩机不工作	中间继电器损坏	更换中间继电器
		BCU无信号	检查BCU
	干燥器排水电磁阀不工作	排水电磁阀损坏	更换排水电磁阀或中间继电器
		中间继电器损坏	
	干燥器定时排水失效	时间继电器损坏	更换时间继电器
制动控制装置	单节车制动不缓解	中继阀故障	更换中继阀
		AV阀故障	更换AV阀
		EPC板卡故障	更换EPC板卡
		RV阀故障	更换RV阀
		压力传感器故障	更换压力传感器
		紧急电磁阀故障	更换紧急电磁阀
	单个车轮闸瓦不缓解	单元制动器故障	更换单元制动器

思考与练习

1. 制动系统的主要功能是什么？
2. 简述快速制动和紧急制动的主要异同点。
3. 列车风源系统主要由哪几部分组成？
4. 停放制动有哪些方法缓解？
5. 紧急制动无法缓解可能的原因有哪些？
6. 制动系统的构成有哪八大设备？
7. 双塔式空气干燥器的工作原理是什么？
8. 简述防滑装置的作用。

项目五

城市轨道交通车辆的机械部件检修工艺

任务一 电动客车解编、解钩及落车、连挂作业

任务目标

1. 熟悉电动客车解编、解钩及落车、连挂作业的安全注意事项。
2. 了解电动客车解编、解钩及落车、连挂作业的检修工具。
3. 熟悉电动客车解编、解钩及落车、连挂作业的流程。

知识课堂

一、作业流程

电动客车解编、解钩及落车、连挂作业流程如图 5-1 所示。

二、作业要求

1. 作业人数

电动客车解编、解钩及落车、连挂项目作业人数为 25 人。

2. 作业技能

相关检修人员须具备车辆检修初级工及以上资质，固定式架车机操作人员需获得相关资质，熟悉电动客车转向架、贯通道、车钩的结构及功能，涉及动火作业的人员必须具备相关焊工特殊工种资质。

三、安全注意事项

1）作业人员必须穿好安全鞋和工作服，戴好安全帽和手套等劳动防护用品。
2）进行车辆解编和连挂之前，需对车辆做好防溜措施；架车时，需撤除铁鞋。
3）在车钩、贯通道拆卸及安装作业中，需避免同工作台区域存在不同检修项目的交叉作业或并行作业，防止被他人伤害或者伤害他人。
4）车下拆卸作业注意避免触碰机械部件造成伤害；转向架、贯通道安装作业注意不要

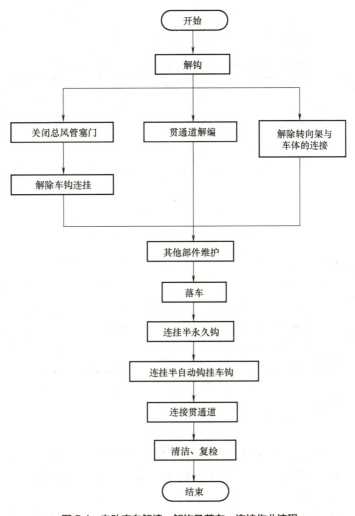

图 5-1 电动客车解编、解钩及落车、连挂作业流程

将手置于安装位置,避免夹伤。

5)在拆卸和安装过程中,避免零部件掉落造成危险。

四、维修物料及所需工具

1. 耗材

电动客车解编、解钩及落车、连挂检修所需耗材见表 5-1。

表 5-1 电动客车解编、解钩及落车、连挂检修所需耗材

名称	数量	规格型号
六角头螺栓(卡箍套件)	4 个	M12 × 100mm
六角螺母(卡箍套件)	4 个	M12
锁紧板(卡箍套件)	2 个	64mm × 24mm × 1mm
二硫化钼润滑剂	1 桶	—
Lagermeister 润滑脂	1 桶	—

2. 工具

电动客车解编、解钩及落车、连挂检修所需工具见表 5-2。

表 5-2 电动客车解编、解钩及落车、连挂检修所需工具

名称	数量	型号规格
两用快速扳手	2 把	30mm
锤子	1 把	—
穿心螺钉旋具	2 台	—
橡胶锤	1 把	—
毛刷	2 把	—
力矩扳手	1 把	30～200N·m
电动螺钉旋具	1 把	18V
套筒	2 个	17mm、19mm
棘轮扳手	2 把	10mm
固定式架车机	1 台	—
千斤顶	2 台	载重：10000kg
液压小车	2 台	最大负载 600kg

五、主要工艺过程

1. 解编

1）将需解编车辆牵引至架车道，各轮对位置和各转向架架车单元对应，操作人员及其他人员相互配合，将转向架架升单元架升至 1.2m 的高度，如图 5-2 所示。

2）完成转向架的拆卸及分离。

3）操作架车机车体举升单元升至 2.3m，支撑车体，落下转向架举升单元，如图 5-3 所示。推出所有转向架，并将工艺转向架推至车下，如图 5-4 所示。

图 5-2 架车

图 5-3 架车机车体举升单元升至 2.3m

图 5-4 推入工艺转向架

4）将工艺转向架支撑座定位销对准空气弹簧进气口，然后落下车体举升单元，车体完全支撑在工艺转向架上，如图 5-5 所示。旋转工艺转向架止动手柄（或者给工艺转向架打铁鞋），防止车辆溜动，如图 5-6 所示。

图 5-5　车体落至工艺转向架

图 5-6　工艺转向架打铁鞋

5）如图 5-7 所示，翻开贯通道上、下踏板，根据原理图（图 5-8）先将贯通道螺钉框上方的锁闭块旋转打开，再将螺钉框拐角处的锁闭块旋开，最后将其余锁闭块旋开，如图 5-9 所示，把折棚总成的褶皱推压到一起，并用 4 个限位绳固定，如图 5-10 所示。

图 5-7　翻开踏板

图 5-8　锁闭块开闭状态（原理图）

图 5-9　打开锁闭块

图 5-10　固定折棚总成褶皱

2. 解钩

1）拆除接地线、跳接电缆、车载 WiFi 连接线。

关断两节车的总风管塞门，如图 5-11 所示，用 17mm 两用快速扳手拆下相邻车辆间车钩上相连的接地线的 M10 固定螺钉，如图 5-12 所示；再用 10mm 套筒拆下跳接电缆和车载 WiFi 连接线的 M6 的固定螺钉，将拆下的跳接电缆放置在跳接电缆支架上，并用盖板盖住跳接电缆插头。

2）半永久牵引杆解钩。用锤子和一字、螺钉旋具恢复卡箍固定螺钉的锁紧垫片，如图 5-13 所示；用 18mm 套筒力矩扳手拆下卡箍的固定螺钉，如图 5-14 所示，用沙锤轻敲卡箍使其松动后，取下卡箍，如图 5-15 所示。

3）半自动车钩解钩。用活扳手顺时针拉动半自动车钩两边的解钩连杆，如图 5-16 所示，完成解钩操作。

图 5-11　关断总风管塞门　　图 5-12　拆下接地线的固定螺钉　　图 5-13　恢复锁紧垫片

图 5-14　拆下螺钉　　图 5-15　取下卡箍　　图 5-16　拉动解钩连杆

3. 落车

1）撤除所有防溜设施，操作架车机车体举升单元举升至 2.3m，工艺转向架与车体分离，推出工艺转向架，把检修完成的转向架推至车下，各轮对对应各转向架举升单元。

2）举升转向架举升单元至 1.2m，落下车体举升单元，落下过程中密切关注两车间配合情况（空气弹簧上盖进气口与车体的空气弹簧进气口应完全配合，车辆间车钩及折棚应无干涉、无严重错位，牵引拉杆应无干涉），直至车体完全支撑在转向架上，将车体举升单元继续下降至与地面平齐。

3）完成转向架的安装。

4）落下转向架举升单元，直至车辆完全落在轨道上面并对车辆打好铁鞋防溜。

4. 连挂

（1）半永久牵引杆连挂

1）润滑。用毛刷在车钩头接触面和卡箍均匀涂抹润滑脂（FUCHS Lagermeister 3000+）进行润滑，如图 5-17 所示，用毛刷在卡箍紧固螺栓螺纹处涂抹二硫化钼润滑脂（MOLYKOTE 1000）进行润滑。

图 5-17　润滑脂润滑

2）连挂半永久牵引杆。用千斤顶调整相邻两节半永久牵引杆高度较低的钩头，如图 5-18 所示，使两车钩在垂直面和水平面上都能正确结合，然后推动另一节车厢使两车牵引杆连挂。

3）对齐车钩头并缓慢敲打卡箍到法兰的连接处，确保卡箍连接导向销正确安装到法兰内，如图 5-19 所示。

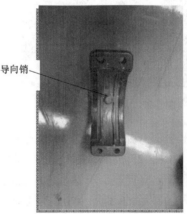

图 5-18　用千斤顶调整车钩高度　　　　　　　图 5-19　卡箍、法兰装配

4）安装卡箍。用 18mm 套筒力矩扳手安装卡箍的 M12 固定螺钉，力矩要求 120N·m，用锤子和一字螺钉旋具恢复卡箍固定螺钉的锁紧垫片。

（2）半自动车钩连挂

1）推动车辆相互驶近，注意检查并确保车辆运动速度没有超过 15km/h 的最大连挂速度，同时确保车钩连挂面上的主风管 MRP 阀没有被遮挡。根据原理图（图 5-20），检查连挂指示阀，确认车钩已正确机械连挂，如图 5-21 所示。

2）安装接地线、跳接电缆、车载 WiFi 连接线。

（3）贯通道连挂

1）用两台液压小车将千斤顶推至贯通道两侧螺钉框正下方，如图 5-22 所示，将贯通道连接框顶起，如图 5-23 所示，使其对准螺钉框连接位置，如图 5-24 所示。

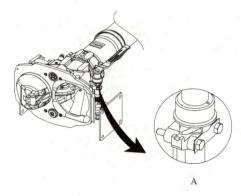
图 5-20 连挂指示阀（原理图）

图 5-21 确认机械连挂

图 5-22 将液压小车推至贯通道下

图 5-23 用千斤顶顶起连接框

图 5-24 连接框对位

2）用 30mm 的扳手从螺钉框上部开始将锁闭块旋转锁闭，再将螺钉框拐角处的锁闭块锁闭，最后将其余锁闭块锁闭，如图 5-25 所示，解开限位绳固定。

3）恢复贯通道上踏板及下踏板，检查上、下踏板，应无损伤。

4）使用擦拭布将连挂作业中触碰后的污渍、油渍擦拭干净，清除作业物料，确保贯通道折棚、踏板内无工、器具遗留。检查各紧固、锁闭件，应可靠锁闭。

图 5-25 锁闭块锁闭

思考与练习

1. 请写出两车分离解编时贯通道的拆卸顺序。
2. 简述车轮踏面磨耗及旋修后的调整。

任务二　车钩拆卸及安装作业

任务目标

1. 熟悉车钩拆卸及安装作业的安全注意事项。
2. 了解车钩拆卸及安装作业工具的使用方法。
3. 熟悉车钩拆卸及安装作业的流程。

知识课堂

一、作业流程

车钩拆卸及安装作业流程如图 5-26 所示。

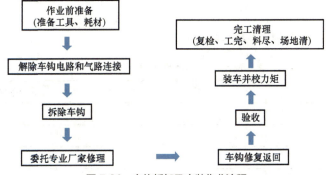

图 5-26　车钩拆卸及安装作业流程

二、作业要求

1. 作业人数

车钩拆卸及安装项目作业人数为 4 人。

2. 作业技能

相关检修人员须具备车辆检修初级工及以上资质，熟悉电动客车车钩系统的结构和工作原理，行车操作人员必须有相应的作业资质。

三、安全注意事项

1）必须穿好安全鞋和工作服，戴好安全帽。拆装车钩时宜戴线手套。

2）车钩拆除及安装作业宜在列车已架车分解、车辆已施加防溜措施后实施。

3）分离风管路接头和取下分离航插时，确保列车无外接高压电，已切断供风，完全排空与阀件相连的空气管路内气压。

4）车下作业空间狭小，应避免碰头或其他机械伤害发生。

5）拆卸时，应小心作业，在任何情况下，切勿用手托车钩，以免伤及上肢；搬运设备时，行车操作人员需有相应资质，固定要可靠。

6）在拆卸及安装作业中，需避免作业区域上方存在不同检修项目的交叉作业或并行作业，拆卸的部件应固定牢固，避免部件脱落危害自己或者他人。

7）拆卸完的部件或拟安装部件应妥善存放在指定区域，以免影响通行或遗失。

四、维修物料及所需工具

1. 耗材

车钩拆卸及安装所需耗材见表 5-3。

表 5-3　车钩拆卸及安装所需耗材

名称	数量	规格型号
无纺布	1 卷	擦拭布 B-19HB
胶带	1 卷	3M 单面胶带
MOLYKOTE 润滑脂	1 桶	1kg
防锈油	1 桶	润滑脂 EP3
红色标记笔	1 支	红色
黑色标记笔	1 支	黑色

2. 备品

车钩拆卸及安装所需备品见表 5-4。

表 5-4　车钩拆卸及安装所需备品

名称	数量	规格型号
剪切螺栓	8 个	—
螺母	8 个	—
垫片	8 个	—
车钩安装螺栓	40 个	M30×160mm
厚垫片	40 个	—
平垫片	40 个	—
螺母	40 个	—
安装板紧固螺栓	96 个	M24×180mm
厚垫片	96 个	—
平垫片	96 个	—
螺母	96 个	—

3. 工具

车钩拆卸及安装所需工具见表 5-5。

表 5-5　车钩拆卸及安装所需工具

名称	数量	规格型号
橙色液压小车	2 台	最大 600kg
黄色液压小车 A	1 台	最大 1000kg
黄色液压小车 B(仅适用于半自动、半永久车钩)	1 台	最大 1000kg
吊绳	2 条	1m
紧固带	1 条	3T×3m
38 件套	1 套	—
58 件套	1 套	—
扭力扳手	1 把	160～800N·m
延长杆	1 个	—
转接头	1 个	—
六角接头	1 个	19mm
扭力放大器	1 个	10 倍
扭力放大器专用扳手	1 个	—
扭力扳手	1 把	68～340N·m
扭力放大器专用套筒转接头	1 个	46mm
扭力放大器专用转接头	1 个	CR-MO QB3412
套筒	1 个	10mm
棘轮扳手	1 把	19mm
套筒	1 个	36mm
套筒	2 个	46mm
风动扳手	1 把	271～1356N·m
风动扳手接头	1 个	19mm 内六角
36mm 梅花扳手	1 把	—
弹性圆柱销工装	1 把	—
锤子	1 把	—
呆扳手	1 把	17/19mm
梅花扳手	1 把	19mm
活扳手	1 把	—
支撑工装	若干	木质

五、主要工艺过程

1. 拆卸全自动车钩

1）使用一字螺钉旋具拆下全自动车钩电钩头航插与拖车 2 位侧车端分线箱的两个螺钉，拔下航插解除电气连接，如图 5-27 所示。

2）使用套筒或呆扳手将全自动车钩牵引座上的接地线拆下，如图 5-28 所示。

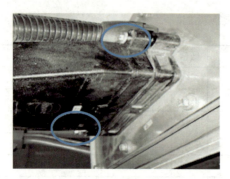
图 5-27　拔下航插解除电气连接

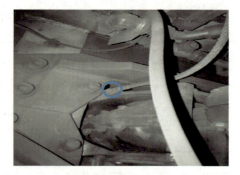
图 5-28　拆下接地线

3）用活扳手松开气路接头，解除主风管气路连接，使用梅花扳手解除解钩阀气路连接，如图 5-29 所示。注意：解除电气连接前应先确认已断开电源，解除气路连接前应先确认已断开风源连接。

4）将黄色液压小车 A 推至全自动车钩正下方，踩动液压小车踏板提升液压小车支撑台面至距地面 50cm 高处，将支撑工装分别垫于车钩下安装板和机械钩头下，继续提升液压支撑平台并调整支撑工装，使支撑工装能良好承受全自动车钩重量，如图 5-30 所示。

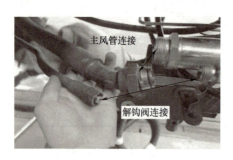
图 5-29　解除主风管

图 5-30　液压小车支撑车钩

5）确定支撑牢靠后，使用 1 条（3T）紧固带绕过车钩中部和液压小车支撑台面，然后将紧固带绞紧。

6）拆卸全自动车钩和车体安装板的 8 个 M24 紧固螺栓（左、右侧各 4 个），如图 5-31 所示，使用专用梅花扳手固定住位于牵引梁腔内的安装板紧固螺栓的螺母，如图 5-32 所示。

图 5-31　拆卸车钩紧固螺栓

图 5-32　牵引梁腔内的螺母

7）取下8个安装板紧固螺栓和2个安装块后，使用锤子和弹性圆柱销工装将下安装板的4个弹性圆柱销轻轻敲出，如图5-33所示。

8）用液压小车将全自动车钩沿着导轨水平慢慢拖出，如图5-34所示。

9）待车钩完全拖出后，摇动液压小车摇杆缓缓降低小车高度至最低位，解开紧固带。

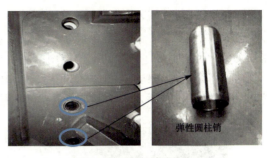

图 5-33　拆除弹性圆柱销

图 5-34　沿导轨拖出车钩

10）用两根吊绳（承重1t，长度1m）分别套住全自动车钩后部两调整螺栓间的连杆和中部压溃管与芯管连接处；指挥天车将车钩从液压小车上缓缓提起，吊运至附近指定暂存位置缓缓落于支撑工装上，如图5-35所示。

11）使用3M胶带和无纺布包扎保护好各风管和航插接口。

图 5-35　吊运车钩

2. 安装全自动车钩

1）将黄色液压小车A推至拖车车头正前方，踩动小车踏板将小车提升0.4m，将支撑工装放在小车对应位置。

2）用两根吊绳（承重1t，长度1m）分别套住全自动车钩后部两调整螺栓间的连杆和中部压溃管与芯管连接处；指挥天车将车钩吊起并缓缓放至黄色液压小车A上，调整支撑工装使小车良好承受车钩重量，再用紧固带绕过车钩中部和液压小车支撑台面，绞紧固定住车钩。

3）继续踩动踏板提升液压小车支撑台面高度至 1.3m，将小车平行推入车头正下方，微调车钩高度和位置，使之与车体牵引梁左、右凸出部分分别嵌入车钩牵引座两侧导轨，如图 5-36 所示，使得导轨起到定位作用，然后平行、平稳地将全自动车钩推到底。

4）将全自动车钩沿导轨推到底后，车钩安装板上的孔应与车体上的孔相对应，用锤子将 4 个弹性圆柱销锤入车钩下安装板左、右最外侧 4 个孔中，锤入后效果如图 5-37 所示。

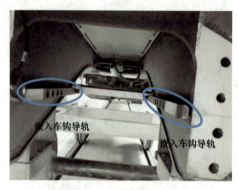

图 5-36　车钩嵌入导轨

图 5-37　装入弹性圆柱销

5）将 8 个全新的 M24 安装板紧固螺栓螺纹处均匀涂上适量 MOLYKOTE 润滑脂，将安装板紧固螺栓连同安装块初步装上。然后一人使用专用梅花扳手固定住位于牵引梁腔内的安装板紧固螺栓的螺母，另一人使用风动扳手依次将 8 个安装板紧固螺栓拧紧。解开紧固器，降低小车高度至最低，将小车移出。

6）将主风管气路连接好并拧紧，使用梅花扳手将解钩阀气路连接上并拧紧，打上标记线。

7）用 1 个 M10×20mm 的螺栓将全自动车钩牵引座上的接地线连上，使用套筒或呆扳手将其拧紧，打上标记线，如图 5-38 所示。

8）用一字螺钉旋具将全自动车钩电钩头航插螺钉与拖车 2 位侧车端分线箱上插座固定连接，如图 5-39 所示。

图 5-38　连接接地线

图 5-39　连接电钩头航插

9）用 36mm 专用梅花扳手固定安装板紧固螺栓、螺母，配合使用 160～800N·m 规格的扭力扳手及 19mm 内六角接头对角校核 8 个安装板紧固螺栓（力矩为 710N·m），注意第 1 次用 50% 的力矩（约为 350N·m），第 2 次用 70% 的力矩（约为 500N·m），最后用 710N·m 的力矩，然后划上标记线。将扭力扳手换上 36mm 套筒后对角校核 4 个剪切螺栓（力矩为 420N·m），注意分两次紧固，第 1 次用 70% 的力矩（约为 300N·m），第 2 次使用

420N·m 的力矩,然后打上标记,如图 5-40 所示。

10) 给各紧固螺栓均匀涂抹美孚力士滑脂 EP3 防锈油。

11) 待落车后,将车钩进行垂直对中,检查车钩的垂直高度,应为 660～670mm。

12) 如果车钩需要抬高,松开螺母 1 和 2(图 5-41,左、右侧共两个),按逆时针方向旋转螺栓 3,两侧转动的圈数需一致,直至车钩达到垂直对中要求。

13) 如果车钩需要降低,松开螺母 1 和 2(左、右侧共两个),按顺时针方向旋转螺栓 3,两侧转动的圈数需一致,直至车钩达到垂直对中要求。

图 5-40 紧固螺栓

图 5-41 车钩高度调节螺栓、螺母

14) 调整完毕后紧固螺母,紧固力矩为 350N·m。

3. 拆卸半永久牵引杆

1) 用套筒或呆扳手将半永久牵引杆牵引座的接地线拆除,如图 5-42 所示。

2) 用活扳手把车钩主风管与相对应的连接管路拆开,如图 5-43 所示。注意:解除气路连接前应确认已断开风源连接。

图 5-42 拆除接地线

图 5-43 拆除风管

3) 用两台橙色液压小车分别支撑跳接箱两侧,同步提升两台小车使跳接箱与贯通道下部平齐,如图 5-44 所示。

4) 将黄色液压小车 B 连同支撑工装推至半永久牵引杆正下方,升高液压小车,调整小车位置和支撑工装使小车能良好地承受车钩重量,然后用 1 条紧固带(承重 1t,长度 1m)固定车钩,如图 5-45 所示。

5) 使用专用梅花扳手固定住位于牵引梁腔内的安装板紧固螺栓的螺母,使用 19mm 内六角接头大扭力扳手将 8 个 M24 安装板紧固螺栓拧松，如图 5-46 所示，再换用风动扳手将 8 个安装板紧固螺栓完全拆下，取下安装块。

图 5-44　支撑跳接箱

图 5-45　支撑半永久车钩

6）取下 8 个安装板紧固螺栓和 2 个安装块后，使用锤子和弹性圆柱销工装将下安装板的 4 个弹性圆柱销轻轻敲出，如图 5-47 所示。

7）将小车缓缓、水平地拖出后降低高度，如图 5-48 所示，解开紧固器。在车钩高度调整螺栓间的连杆上系上吊绳（承重 1t，长度 1m），指挥天车将半永久牵引杆吊运至指定暂存位置并缓落于木质支撑工装上。

图 5-46　拆卸紧固螺栓

图 5-47　拆卸弹性圆柱销

图 5-48　拖出半永久牵引杆

8）将两台橙色液压小车同步缓缓降下，使支撑工装完全承受跳接箱的重量，移开两台小车。

9）使用 3M 胶带和无纺布包扎好风管接口。

4. 安装半永久牵引杆

1）用两台橙色液压小车分别支撑跳接箱左、右两侧，同步提升两台小车使跳接箱与贯通道下部平齐。

2）将黄色液压小车推至车体正前方，踩动小车踏板将小车提升 0.4m，将支撑工装放在小车对应位置。

3）用 1 根吊绳（承重 1t，长度 1m）分别套住半永久牵引杆后部高度调整螺栓间的连杆和中部芯管与压溃管连接处；指挥天车将车钩吊起缓缓落在黄色液压小车 A 上，其间注意调整支撑工装使小车良好地承受车钩重量，再用紧固带绕过车钩中部和液压小车支撑台面，绞紧固定住车钩。

4）继续踩动踏板，缓慢提升液压小车支撑平台高度至 1.3m，将小车平行推入车体正下方，微调车钩高度和位置使对孔准确。

5）用锤子将 4 个弹性圆柱销锤入车钩下安装板左、右最外侧 4 个孔中。

6）将 8 个全新的 M24 安装板紧固螺栓螺纹处均匀涂上适量 MOLYKOTE 润滑脂，将安装板紧固螺栓连同安装块初步装上。然后一人使用 36mm 专用梅花扳手固定住位于牵引梁腔内的安装板紧固螺栓的螺母，另一人使用风动扳手依次将 8 个安装板紧固螺栓拧紧。解开紧固器，降低小车高度至最低，将小车移出。

7）用活扳手将主风管气路连接好并拧紧，划上标记线。

8）用 1 个 M10×20mm 的螺栓将半永久牵引杆牵引座上的接地线连上，使用 17mm 套筒或呆扳手将其拧紧，划上标记线。

9）用 36mm 专用梅花扳手固定安装板紧固螺栓、螺母，配合使用 160～800N·m 规格的扭力扳手及 19mm 内六角接头，对角校核 8 个安装板紧固螺栓（力矩为 710N·m），注意第 1 次用 50% 的力矩（约为 350N·m），第 2 次用 70% 的力矩（约为 500N·m），最后用 710N·m 的力矩，然后划上标记线。

10）用 46mm 套筒固定车钩安装螺栓的螺母，再用 10 倍力矩放大器配合 46mm 套筒，对角校核车钩安装螺栓（力矩为 1460N·m），注意第 1 次用 50% 的力矩（约为 730N·m），第 2 次用 70% 的力矩（约为 1000N·m），最后用 1460N·m 的力矩，然后划上标记线。

11）在各紧固螺栓上均匀涂抹一层美孚力士滑脂 EP3 防锈油。

思考与练习

1. 写出车钩解编时的安全注意事项。
2. 简述全自动车钩维护工艺的作业内容。

任务三　转向架拆卸及安装作业

任务目标

1. 熟悉转向架拆卸及安装作业的安全注意事项。
2. 了解转向架拆卸及安装作业工具的使用方法。
3. 熟悉转向架拆卸及安装作业的流程。

知识课堂

一、作业流程

转向架拆卸及安装作业流程如图 5-49 所示。

二、作业要求

1. 作业人数

转向架拆卸及安装项目作业人数为 48 人。

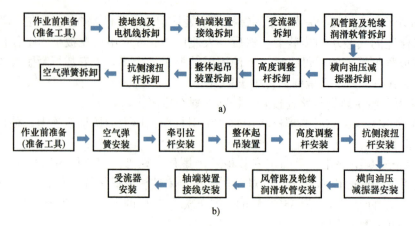

图 5-49 转向架拆卸及安装作业流程
a）转向架拆卸作业流程 b）转向架安装作业流程

2. 作业技能

相关检修人员须具备车辆检修初级工及以上资质，熟悉电动客车转向架的结构及功能，涉及动火作业的人员必须具备相关焊工特殊工种资质。

三、安全注意事项

1）作业人员必须穿好安全鞋和工作服，戴好安全帽和手套等劳动防护用品。
2）本项检修作业需在转向架升至方便操作的高度后实施。
3）在拆卸及安装作业中，需避免同工作台区域存在不同检修项目的交叉作业或并行作业，防止被他人伤害或者伤害他人。
4）车下拆卸作业，应避免触碰构架造成伤害。
5）在拆卸和安装过程中，注意零部件掉落的危险，油漆件（如油压减振器）要轻拿轻放，避免磕伤油漆。

四、维修物料及所需工具

1. 耗材

转向架拆卸及安装作业所需耗材见表 5-6。

表 5-6 转向架拆卸及安装作业所需耗材

名称	数量	规格型号
工业酒精	1 瓶	500mL/瓶
无纺布	1 条	康奇 B19HW 擦拭布
螺纹紧固胶	1 支	乐泰 243
MOLYKOTE 润滑脂	1 罐	1kg/罐
润滑脂	1 罐	NBU 30 PTM
润滑脂	1 桶	凡士林

2. 备品

转向架拆卸及安装作业所需备品见表 5-7。

表 5-7 转向架拆卸及安装作业所需备品

名称	数量	规格型号
六角头螺栓	24 个	M24 × 2mm × 160mm
六角螺母	24 个	M24 × 2mm
高压安全垫	48 个	—
弹性圆柱销	24 个	30mm × 100mm
六角头螺栓	96 个	M20 × 10mm
有效力矩型六角螺母	96 个	M20
垫片	96 个	—
球形垫片	96 个	—
自锁垫片	96 个	—
六角头螺栓	48 个	M16 × 70mm

3. 工具

转向架拆卸及安装作业所需工具见表 5-8。

表 5-8 转向架拆卸及安装作业所需工具

名称	数量	规格型号
电动扳手	1 把	18V
扭力扳手（带套筒）	1 把	68～340N·m
扭力扳手（带套筒）	1 把	600～1000N·m
58 件套	1 套	—

五、主要工艺过程

1. 拆卸转向架

1）拆除转向架接地线。打开电机大线接线箱盖，使用扳手将接线紧固螺栓松开，拔出接线后将电机大线使用扎带固定在电机上。

2）拆除接地装置线缆。拆下车体与接地装置连接的安装螺栓，沿接地电缆拧下六角螺母和六角头螺栓，如图 5-50 所示，将它们与管夹、卡箍对、盖板、弹簧垫圈、垫圈一起拆下。

3）拆除速度传感器线缆，具体步骤如下：

① 松开速度传感器插头螺栓及固定线卡，拔出速度传感器插头，拆下速度传感器电缆与构架连接的六角螺母和六角头螺栓，如图 5-51 所示，将其与管夹、盖板、弹簧垫圈、垫圈一起拆下。

② 拆下与 BECU 速度传感器连接的内六角螺钉，如图 5-52 所示，将其与调整垫、弹簧垫圈、平垫圈一起拆下，拆下 BECU 速度传感器电缆。

4）拆除 ATC 天线装置线缆（仅拖车转向架），具体步骤如下：

① 沿编码里程计电缆拧下六角螺母和六角头螺栓，如图 5-53 所示，将它们与盖板、弹簧垫圈、垫圈、单管夹一起拆下。

图 5-50　拆除接地装置　　　图 5-51　拆除速度传感器　　　图 5-52　拆下与 BECU 速度传感器连接的内六角螺钉

②拆除编码里程计轴端端盖 4 个紧固螺栓，如图 5-54 所示，从转向架构架和管夹座安装板上拆下编码里程计电缆及编码里程计端盖。

5）拆卸受流器，具体步骤如下：

①拧开受流器线缆插头，如图 5-55 所示，沿受流器电缆拧下六角螺母和六角头螺栓，将其与单管卡、盖板、弹簧垫圈、垫圈一起拆下。

图 5-53　拧下六角螺母和六角头螺栓　　　图 5-54　拆除编码里程计轴端端盖 4 个紧固螺栓　　　图 5-55　拧开受流器线缆插头

②松开受流器紧固螺栓防护盖板的紧固螺母，拆卸受流器与转向架紧固螺栓，如图 5-56 所示，从转向架构架上拆下受流器电缆及受流器。

图 5-56　拆卸受流器与转向架紧固螺栓　　　图 5-57　拆卸轮缘润滑装置的软管

6）逐个拆分车体与转向架空气管路的管道连接件并在管口安装塑料防护盖。

7）拆卸轮缘润滑装置的软管，如图 5-57 所示，在管口使用无纺布进行防护，如图 5-58 所示。

8）使用力矩扳手松开二系横向减振器与牵引座之间的连接螺栓，如图 5-59 所示，使用电动扳手拆下螺栓、螺母和垫片。

图 5-58 在管口使用无纺布进行防护

图 5-59 拆卸横向减振器

9)拔出高度调整杆关节开口销,松开槽型螺母,拆下高度调整杆下部与固定板的连接,如图 5-60 所示。拆下高度调整阀固定板的紧固螺栓,拆下高度调整杆安全链,卸下高度调整杆固定板,如图 5-61 所示。

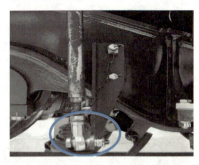
图 5-60 拆下高度调整杆下部与固定板的连接

图 5-61 卸下高度调整杆固定板

10)拆下整体起吊装置与构架连接螺栓,拆下起吊装置垫片,如图 5-62 所示,拔出起吊装置插销的锁销,拆下插销和起吊钢丝绳。

11)拆下抗侧滚扭杆与构架的连接螺栓,如图 5-63 所示。

图 5-62 拆下整体起吊装置

图 5-63 拆下抗侧滚扭杆与构架的连接螺栓

12)拆卸空气弹簧与车体的 4 个连接螺栓,如图 5-64 所示。

13)拆卸牵引拉杆与牵引座的连接螺栓,如图 5-65 所示,将弹性圆柱销敲出脱离牵引拉杆,如图 5-66 所示。

2. 安装转向架

1)转向架架至合适高度后,将空气弹簧上表面与车体空气弹簧进气口配合处抹上一层

图 5-64　拆除空气弹簧与车体的 4 个连接螺栓

图 5-65　拆卸牵引拉杆与牵引座的连接螺栓

薄的凡士林，使用 NBU 30 PTM 润滑脂润滑螺孔及安装螺栓螺纹，安装新螺栓（M16×75mm）及其配套的防滑垫（M16）、球形垫（M16）、锥形垫（M16）和新的不锈钢六角锁紧螺母（M16）。用 170N·m 的力矩拧紧六角螺母。用标记笔标注出紧固件的最终拧紧位置。

2）从牵引座的一侧开始，使用冲头将表面涂有薄薄一层 MOLYKOTE 润滑脂的新弹性圆柱销 30mm×100mm 敲进牵引拉杆和牵引座安装孔中；安装六角头螺栓（M24×2mm×160mm）及其配套的新高压安全垫和六角螺母（M24×2mm）；用 630N·m 的力矩交替拧紧六角螺母（M24×2mm）并做好防松标记。

图 5-66　拆卸牵引拉杆

3）安装整体起吊装置，将起吊钢丝绳通过插销固定在牵引座上，插上弹簧锁销。安装起吊垫片，用 71N·m 的力矩紧固垫片固定螺栓（M12×65mm）并做好防松标记。

4）安装高度调整杆固定座及安全链紧固螺栓（M10×16mm），在其螺纹上涂抹乐泰 243 胶，用 45N·m 的力矩紧固螺栓并做好防松标记；安装新的高度调整下部槽型螺母（M10）及弹簧垫片（M10），用 45N·m 的力矩紧固螺母并做好防松标记，使用新的开口销防脱落。安装完毕后，在高度调整杆球形关节涂抹 NBU 30 PTM 润滑脂进行润滑，如图 5-67 所示。

5）用 NBU 30 PTM 润滑脂润滑新的抗侧滚扭杆与构架安装螺栓（M16×100mm）的螺纹及安装螺孔，使用全新的平垫（M16）、弹簧垫片（M16），用 248N·m 的力矩紧固螺母（M16）并做好防松标记，如图 5-68 所示。

图 5-67　高度调整杆球形关节

图 5-68　安装抗侧滚扭杆

6）使用全新的二系横向油压减振器安装螺栓（M16×70mm）、弹簧垫片（M16）、平垫（M16），在螺纹处涂抹少量乐泰243胶，使用全新螺母（M16）紧固至140N·m并做好防松标记。

7）将车体配装的软管及轮缘润滑软管安装到转向架的管路上，拧紧功能螺母。

8）连接其他转向架轴端与车体的电气连线。

9）使用NBU 30 PTM润滑脂润滑新的受流器安装螺栓（M12×75mm），使用新弹垫（M12）、平垫（M13)，用71N·m的力矩紧固螺母（M12)并做好防松标记。

10）将电机线安装到接线盒，将转向架接地线安装好。

思考与练习

1. 简述转向架拆卸作业的安全要点。
2. 简述构架的检修要求。
3. 简述转向架构架除锈补漆的作业步骤。
4. 车辆旋修量达到多大时，需要对车辆地板高度进行调整，如何调整？
5. 车辆发生振动时，试从转向架结构方面来分析产生的主要原因。

任务四　空气弹簧检修作业

任务目标

1. 熟悉空气弹簧检修作业的安全注意事项。
2. 了解空气弹簧检修作业工具的使用方法。
3. 熟悉空气弹簧检修作业的流程。
4. 了解空气弹簧气密性试验。

知识课堂

一、检修作业流程

空气弹簧检修作业流程如图5-69所示。

二、作业要求

1. 作业人数

空气弹簧检修项目作业人数为2人。

2. 作业技能

相关检修人员须具备车辆检修初级工及以上资质，熟悉电动客车空气弹簧的结构及功能；涉及起吊、叉车作业的人员必须具备相关操作合格证书。

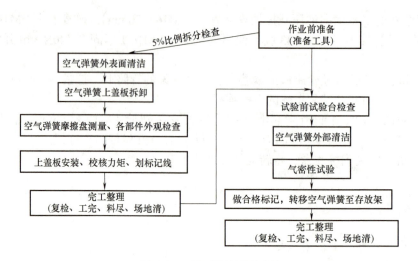

图 5-69 空气弹簧检修作业流程

三、安全注意事项

1）作业人员必须穿好安全鞋和工作服，戴好安全帽和手套等劳动防护用品。

2）本项检修作业需在空气弹簧已从转向架分离并在规定检修区域固定妥当后实施。

3）在拆卸及安装作业中，需避免同工作台区域存在不同检修项目的交叉作业或并行作业，防止被他人伤害或者伤害他人。

4）借助架车机、桥式起重机、叉车作业时，相关设备操作人员必须经过取证培训并合格，作业应遵守相应型号设备的操作规程和安全注意事项。

5）空气弹簧吊装作业需将空气弹簧固定妥当，缓上缓下；吊装作业应明确作业负责人并由负责人指挥。

6）存放空气弹簧时应堆放平整，不可超出存放架高度；转移空气弹簧时，应使用叉车加长杆，确保固定妥当。

四、维修物料及所需工具

1. 耗材

空气弹簧检修所需耗材见表 5-9。

表 5-9 空气弹簧检修所需耗材

名称	数量	规格型号
工业酒精	1 瓶	500mL/瓶
无纺布	1 条	康奇 B19HW 擦拭布
螺纹紧固胶	1 支	乐泰 243

2. 备品

空气弹簧检修所需备品见表 5-10。

3. 工具

空气弹簧检修所需工具见表 5-11。

表 5-10 空气弹簧检修所需备品

名称	数量	规格型号
O 形圈	2 个	75mm×5.7mm
内六角沉头螺钉	16 个	M16×35mm
空气弹簧	1 个	—

表 5-11 空气弹簧检修所需工具

名称	数量	规格型号
钢直尺	1 把	量程 12cm
扭力扳手（带套筒）	1 把	68～340N·m
电动扳手	1 把	18V 4.0A·h
空气弹簧试验台	1 台	—
手动电葫芦	1 台	—
专用吊具	1 套	—

五、主要工艺过程

1. 空气弹簧拆分检查

1）准备好所有工具，如图 5-70 所示，将空气弹簧使用专用吊具吊装放置在空气弹簧检修台位上，拆卸专用吊具后使用无纺布蘸取适量酒精擦拭空气弹簧上盖表面，如图 5-71 所示，将空气弹簧上盖所有内六角沉头螺钉原有防松标记擦除。

图 5-70 所需工具

图 5-71 擦拭空气弹簧上盖表面

2）使用 M10 内六角螺钉旋具刀头配合力矩扳手松动空气弹簧上盖 16 个内六角沉头螺钉（M16×35mm），如图 5-72 所示。

3）使用 M10 内六角螺钉旋具刀头配合电动扳手卸下空气弹簧上盖所有内六角沉头螺钉，并将卸下的螺钉集中放置。

4）两个操作人员轻轻转动空气弹簧上盖使其与胶囊脱开，将上盖（图 5-73）取下放置妥当。注意上盖重量较大，取上盖过程中注意安全，防止上盖坠落伤人。

5）使用钢直尺测量空气弹簧摩擦块（图 5-74a 白色部分）超出支承座（橙色部分）的高度，此高度应不小于 2mm。如果高度小于 2mm，则拆分摩擦块并更换摩擦块新品，如图 5-74b 所示。

图 5-72　拆卸螺钉

图 5-73　上盖

6）目视检查胶囊内部及外部外观，如图 5-75 所示。如果胶囊存在以下情况，则更换胶囊：①存在脱层与鼓包；②帘线外露；③存在长度大于 20mm、深度大于 1mm 或面积大于 5mm×5mm 的擦伤；④存在化学腐蚀或穿孔；⑤存在补丁。

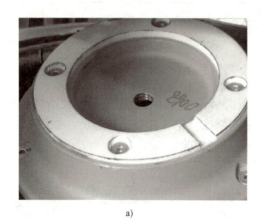

图 5-74　摩擦块检查

图 5-75　胶囊检查

7）目视检查橡胶堆外观，应无严重裂纹，与金属件粘接良好，底座无深度大于 2mm 的严重锈蚀现象，如图 5-76 所示。如果橡胶堆存在以下情况，则更换橡胶堆：①辅助弹簧金属与橡胶结合面脱胶，长度大于 6mm；②圆周裂纹大于 30%，深度大于 1mm；③存在鼓包。

8）目视检查上盖，应无弯曲、变形等异常，如有，则更换。

9）检查扣环，应无弯曲、变形等异常，如有，则更换。

10）目视检查密封圈，应无破损、无变形，如图5-77所示，如有，则更换新的密封圈。

图5-76　橡胶堆检查

图5-77　密封圈

11）重新安装空气弹簧上盖，安装使用全新的上盖螺钉（M16×35mm），在螺纹上涂抹适量乐泰243胶水，使用180N·m的力矩紧固。使用无纺布清洁上盖表面，重新做好防松标记。

2. 空气弹簧气密性试验

1）将试验台进气快插连接到供风管路上。

2）检查确认试验台上干净无杂物，各气路接口无漏气现象。

3）启动空气弹簧试验台测试系统，做上限位及下限位停止功能实验。

4）一名作业人员使用专业吊具吊起空气弹簧，使空气弹簧悬空；另一名操作人员使用无纺布蘸取适量工业酒精将空气弹簧表面（除胶囊外）油污清理干净，检查空气弹簧的外观，确认空气弹簧外部无破损、鼓包现象。注意，清洁过程中不要使空气弹簧剧烈摆动。

5）空气弹簧气密性试验，使空气弹簧保持在（272±2）mm的高度，充气至780kPa，设备的供气及排气系统自动关闭，稳定30s。系统将空气弹簧排气至540kPa，设备的充气系统及排气系统自动关闭，稳定10min，系统自动测量后5min的压力下降值并绘制试验曲线图。此过程中，操作人员需注意试验台各管路及阀件是否有漏气异常现象。

6）将空气弹簧从试验台吊装至空气弹簧存放架，在试验合格的空气弹簧上盖做合格标记，试验完毕。

思考与练习

1. 简述空气弹簧的组成及功能原理。
2. 简述空气弹簧的使用寿命有什么规定。
3. 简述空气悬架系统主要的功能。
4. 简述电动客车空气管路中的油和水会造成哪些危害。

任务五 联轴器拆装(注油)作业

任务目标

1. 熟悉联轴器拆装的安全注意事项。
2. 了解联轴器拆装工具的使用方法。
3. 熟悉联轴器拆装作业的流程。
4. 熟悉联轴器注油作业的流程。

知识课堂

一、作业要求

1. 作业人数

联轴器拆装项目作业人数为 2 人。

2. 作业技能

相关检修人员须具备车辆检修初级工及以上资质,熟悉电动客车联轴器的结构及功能。

二、安全注意事项

1)作业人员必须穿好安全鞋和工作服,戴好安全帽和手套等劳动防护用品。
2)本项检修作业需在转向架从车体分离并在规定检修区域固定妥当后实施。
3)在拆卸及安装作业中,需避免同工作台区域存在不同检修项目的交叉作业或并行作业,防止被他人伤害或者伤害他人。
4)使用联轴器拔出装置作业时,应遵守相应型号设备的操作规程和安全注意事项。
5)存放联轴器时应保持存放架干燥无水渍;不可层叠放置,取用联轴器注意轻拿轻放,以防磕伤。

三、维修物料及所需工具

1. 耗材

联轴器拆装所需耗材见表 5-12。

表 5-12 联轴器拆装所需耗材

名称	数量	规格型号
无纺布	2 条	康奇 B19HW 擦拭布
螺纹紧固胶	1 支	乐泰 263
润滑油	640g	KLUBER BE41-1501
清洗剂	1 瓶	涤特纯 - Ⅱ
安装膏	1 罐	OPTIMOL WHITE - T

2. 备品

联轴器拆装所需备品见表 5-13。

表 5-13 联轴器拆装所需备品

名称	数量	规格型号
半联轴器连接螺栓	6 个	M8 × 25mm
密封带	1 个	198 BA
电机侧半联轴器	1 个	L 6 × M8 LK9372
塑料螺塞	1 个	700 G1/4

3. 工具

联轴器拆装所需工具见表 5-14。

表 5-14 联轴器拆装所需工具

名称	数量	规格型号
半联轴器拆卸工装	1 套	—
带压力表 ML700 的液压泵 LH1/0.5-70	1 台	—
螺纹接套 G1/4	1 个	—
带软管的高压泵	1 台	—
液压空心活塞缸 LHC 12/401	1 个	—
一字螺钉旋具	1 把	—
棘轮扳手	2 把	16mm、19mm
钢卷尺	1 把	2m
油性笔	1 支	黑色
电动注油枪	1 把	—
毛刷	1 把	—

四、主要工艺过程

1. 拆分齿轮侧／电机侧半联轴器连接

1）使用棘轮扳手拆卸两个半联轴器的 6 个连接螺栓（M8 × 25mm），如图 5-78a 所示。

a)

b)

图 5-78 拆卸联轴器

2）手动松开两个半联轴器，取下密封圈，如图 5-78b 所示，使用涤特纯 - Ⅱ 清洗剂及无纺布清洁密封圈表面，将密封圈保存在干燥、无油污的地方。

2. 拆卸电机侧联轴器

1）使用 19mm 扳手将螺纹接套拧到电机轴连接螺纹上，如图 5-79 所示。

2）使用 13mm 扳手将高压泵蓝色注油管拧到螺纹接套上，如图 5-80 所示。

图 5-79　接螺纹接套

图 5-80　接注油管

3）将专用双头螺纹杆拧到电机轴轴内，如图 5-81 所示；然后推动配接环到已拧入电机轴轴内的螺纹杆上，必须保证轴端到配接环 12～17mm 的距离；拧上固定端板六角螺母，如图 5-82 所示。

图 5-81　装双头螺纹杆

图 5-82　拧上固定端板六角螺母

4）利用高压泵将液压介质注入轮毂部件的压配槽内。

① 将高压泵上面风源截止阀选择在"STOP"位，接上风源，蓝色油管接出油口 B；侧面板上红色手柄拧至保压位，出油口 A 拧至"关"位，出油口 B 拧至"开"位，如图 5-83 所示。

② 打开风源开关给高压泵供风，高压泵上面风源截止阀选择在"START"位，在高压泵侧面压力表指数上升至 2000bar（1bar = 0.1MPa）左右时关闭风源截止阀，如图 5-84 所示；保压 10s 左右使液压介质充满整个油路；然后通过间断性开启、关闭风源截止阀来突然加大压力，直至半联轴器轮毂部件脱离轴端为止。

5）将高压泵压力卸载，松开固定端板的六角头螺栓，取下配接环，拆下蓝色注油管及螺纹接套，从电机轴端取下半联轴器。

6）使用涤特纯 - Ⅱ 清洗剂及无纺布清洁半联轴器表面及轮毂部件，清洁后的部件置于干燥无油污的存放架上存放，如图 5-85 所示。

图 5-83 高压泵

图 5-84 压力表

图 5-85 电机侧半联轴器

图 5-86 联轴器轮毂

3. 压装电机侧联轴器

1)使用涤特纯-Ⅱ清洗剂及无纺布清洁轮毂部件中的锥形孔和电机轴的锥形轴颈,如图 5-86 和图 5-87 所示。

2)使用毛刷在电机轴的圆锥面涂上液压介质薄层,用手推动轮毂部件至电机轴上直至固定,如图 5-88 所示。

图 5-87 电机输出轴

图 5-88 预装配半联轴器

3)使用扳手将螺纹接套拧到电机轴连接螺纹上。

4)使用扳手将高压泵蓝色注油管拧到螺纹接套上。

5)将双头螺纹杆拧到电机轴轴内;推动配接环和空心活塞缸至拧入电机轴的螺纹杆,固定端板并拧上六角螺母。

6)利用高压泵将液压介质注入轮毂部件的压配槽内。

7)一人将手动液压泵压至 200bar,使活塞杆将联轴器轮毂部位压紧;另一人打开风源开关给高压泵供风,在高压泵侧面压力表指数上升至 2000bar 左右时关闭风源截止阀;保压 10s 左右使液压介质充满整个油路;然后通过间断性开启、关闭风源截止阀来突然加大压力。同时,手动液压泵缓慢加压,直至手动液压泵能轻松将半联轴器轮毂部件完全推到电机轴端,轮毂部件外端面与电机轴端外端面齐平为止。此时将高压泵风源截止阀关闭,保压,手动液压泵保压在 400bar 压力 10min。

8)将高压泵、手动液压阀压力卸载,松开固定端板的六角头螺栓,取下配接环、空心活塞缸,拆下蓝色注油管及螺纹接套。

9)使用无纺布清洁溢出的液压介质,擦拭干净联轴器轮毂、电机轴端、联轴器外部,如图 5-89 所示;使用一字螺钉旋具将塑料螺塞拧紧至密封轴端油道螺孔,如图 5-90 所示。

图 5-89 清洁半联轴器

图 5-90 拧紧螺塞

4. 安装两个半联轴器

1)使用涤特纯 - Ⅱ 清洗剂及无纺布清洁端齿、孔和联轴器部件的螺纹,除去润滑脂。

2)将一薄层安装膏(OPTIMOL WHITE - T)涂抹在两个半联轴器部件端齿上,如图 5-91 所示。

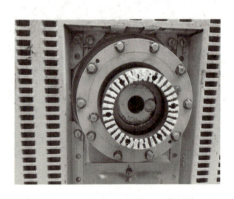

图 5-91 涂安装膏

3)将密封带推至电机侧半联轴器部件上,在相对位移 180°分布的两处标记联轴器部件,标记距离为 25mm,如图 5-92 所示。

4)安装半联轴器部件的端齿,M8 螺栓涂抹适量乐泰 263 胶,将其手动连接紧固,首先以一半的力矩(约为 19N·m)预安装相对位移 180°的螺栓,然后用满力矩紧固,力矩值为 37N·m。达到满紧固力矩后，重新依次紧固螺栓并做好防松标记。

5）安装完成后，检查控制标记的位置。如果未达到两处标记，如图 5-93 所示，必须重新安装半联轴器部件；如果安装后已覆盖控制线，不能再看到两处标记，则安装完成，如图 5-94 所示。

5. 联轴器注油

使用电动加脂枪对半联轴器加注润滑脂 KLUBER BE41-1501，如图 5-95 所示。其中电机侧联轴器加脂量为 15～25g，齿轮侧联轴器加脂量为 20～30g(注油枪按压一次为 1g)。加注完成后，使用无纺布将注油口擦拭干净。

图 5-92 标记距离（25mm）

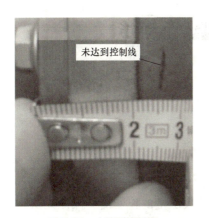

图 5-93 未达到控制线

图 5-94 达到控制线

图 5-95 联轴器注油

思考与练习

简述 WN 鼓形齿式联轴器和 TD 挠板式联轴器的特点。

任务六 齿轮箱换油作业

任务目标

1. 熟悉齿轮箱换油作业的安全注意事项。
2. 了解齿轮箱换油作业工具的使用方法。
3. 熟悉齿轮箱换油作业的流程。

知识课堂

一、作业流程

齿轮箱换油作业流程如图 5-96 所示。

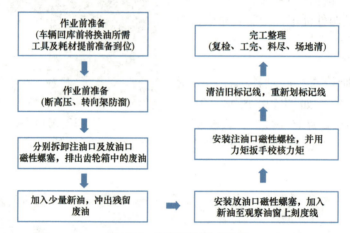

图 5-96　齿轮箱换油作业流程

二、作业要求

1. 作业人数

齿轮箱注油作业人数为 2 人。

2. 作业技能

在无电的情况下进行换油作业。作业应安排在会产生较大灰尘的作业前，保证无灰尘落入。车辆在行驶一段时间后，齿轮箱的油液较容易排出，所以应在车辆运行一段时间后进行换油作业。

三、安全注意事项

1）作业人员必须穿好安全鞋和工作服，戴好安全帽和手套等劳动防护用品。

2）在从事检修作业前，应确保列车停稳并已施加制动，挂有"禁动牌"，无溜车及移动的可能，以免遭遇车辆伤害。

3）在采取任何操作之前，必须确保接触轨已断电、辅助电源已关闭、车辆处于非高压状态，以免遭遇触电伤害。

4）应避免直接接触刚回库车辆的牵引电动机、轮对踏面等部位，以免灼伤。

四、齿轮箱换油所需耗材及备品

1. 耗材

齿轮箱换油所需耗材见表 5-15。

2. 备品

齿轮箱换油所需备品见表 5-16。

表 5-15　齿轮箱换油所需耗材

名称	数量	规格型号
美孚润滑油	50L	—
吸油纸	8 张	无纺布
酒精	1 瓶	无水乙醇
生胶带	1 卷	10mm×18mm

表 5-16　齿轮箱换油所需备品

名称	数量	规格型号
套筒	1 个	24mm
力矩扳手	1 个	68～340N·m
快速棘轮扳手	1 个	24mm 快速棘轮扳手
漏斗	1 个	塑料材质带软管
油壶	1 个	5L 塑料材质
废油桶	1 个	18L 塑料材质
记号笔	1 支	白色
手持电筒	1 个	—

五、主要工艺过程

1. 作业准备

由于热车条件下油的流动性相对冷车更好，更易放净，所以推荐在车辆回库前将换油所需工具及耗材提前准备到位，待车辆回库停稳做好安全措施（断电、防溜）后及时进行换油作业。

2. 排出齿轮箱中的废油

1）将扭力扳手调整至 150N·m 以上扭力，套上 24mm 套筒分别将放油口及注油口磁性螺堵逆时针旋松，如图 5-97a 所示，用手快速旋出注油堵螺母，取出注油堵内铜环，如图 5-97b 所示；用吸油纸将注油磁性螺堵擦拭干净，如图 5-97c 所示，要求内、外均无残留杂质。

2）用手按压放油口磁性螺塞并缓慢逆时针旋转，防止油压过大使油飞溅，用废油桶接放油口流出的废油，直至放尽。用吸油纸将放油口磁性螺堵擦拭干净，要求内、外均无残留杂质。

3. 冲出残留废油

将放油口磁性螺堵顺时针用手带上一圈，将漏斗下部连接软管插入注油口内，倒入少量的不超过 100mL 的新油，注意防止杂质和水混入。用手逆时针旋出放油口磁性螺塞，使残留废油被冲出。用吸油纸将放油口磁性螺塞擦拭干净。

4. 加入齿轮箱新油

1）将铜密封环装入放油口螺塞，注意安装方向，有倒角面朝油口、光滑面朝螺母，如图 5-98 所示。

2）将生胶带绷直缠上螺母，缠绕方向为螺纹旋转方向，如图5-99所示；用吸油纸反复擦拭注油口及放油口表面，要求表面无油污和杂质。

a)

b)

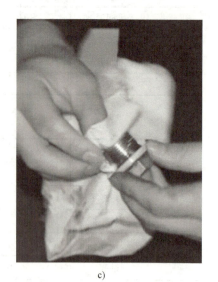
c)

图5-97 拆卸注油、排油螺堵

有倒角面朝油口　　光滑面朝螺母

图5-98 铜密封环

图5-99 将生胶带缠上螺母

3）使用棘轮扳手将放油口磁性螺堵顺时针快速旋紧，注意不要反转使生胶带磨损失效。

4）再次将漏斗下部连接软管插入注油口内，倒入新油约3L，加至观察窗油位上刻度线即可，如图5-100所示，注意防止杂质和水混入。

5）与放油口磁性螺塞安装方式相同，套上铜密封环，缠上生胶带用快速棘轮扳手顺时针快速拧紧注油口磁性螺塞。将扭力扳手调至100N·m，分别对注油口磁性螺堵和放油口磁性螺塞顺时针校力矩，听到2声"咔咔"声视为打足100N·m力矩。

注意观察油位

图5-100 观察油位刻度线

6）用吸油纸蘸取少量酒精，擦拭干净磁性螺塞及齿轮箱体上的旧记号线，并用记号笔重新画标记线。

思考与练习

1. 如何检修大齿轮？
2. 简述齿轮箱的拆解与检查方法。

任务七　整车高度调整作业

任务目标

1. 熟悉整车高度调整作业的安全注意事项。
2. 了解整车高度调整作业工具的使用方法。
3. 熟悉整车高度调整作业的流程。

知识课堂

一、整车高度调整作业流程

整车高度调整作业流程如图 5-101 所示。

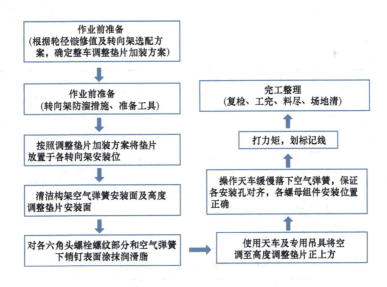

图 5-101　整车高度调整作业流程

二、作业要求

1. 作业人数

整车高度调整作业人数为 4 人。

2. 作业技能

相关检修人员必须具备车辆检修机械钳工初级及以上资质，熟悉电动客车车体及转向架技术的结构及功能。

三、安全注意事项

1）作业人员必须穿好安全鞋和工作服，戴好安全帽和手套等劳动防护用品。

2）本项作业前，需对列车每个转向架对角轮对打铁鞋或施加其他防溜措施，确保每个转向架不出现移动。

3）在本项作业中，需避免列车上或同转向架、同方位区域存在不同检修项目的交叉作业或并行作业，防止被他人伤害或者伤害他人。

4）借助架车机、吊车作业时，相关设备操作人员必须经过取证培训并合格，作业应遵守相应型号设备的操作规程和安全注意事项。

5）空气弹簧吊装作业需将空气弹簧固定妥当，缓上缓下；吊装作业应明确作业负责人并由负责人指挥。

四、整车高度调整作业所需耗材、备品及工具

1. 耗材

整车高度调整作业所需耗材见表 5-17。

表 5-17　整车高度调整作业所需耗材

名称	数量	规格型号
记号笔	1 支	红色
毛刷	1 把	1 寸软毛刷
润滑脂	300g	INBU 30 PTM
手套	4 双	橡胶手套
酒精	1 瓶	无水乙醇
无绒抹布	4 张	无纺布
六角头螺栓	24 个	M12×80mm
六角螺母	24 个	M12
弹性垫圈	24 个	—
锁紧垫片	24 个	—

2. 备品

整车高度调整作业所需备品见表 5-18。

表 5-18　整车高度调整作业所需备品

名称	数量	规格型号
空气弹簧吊具	2 个	专用吊具
高度调整垫片	若干	铝合金，厚度 1mm、2mm、4mm、12mm（据镟修后轮径值选定）

3. 工具

整车高度调整作业所需工具见表 5-19。

表 5-19 整车高度调整作业所需工具

名称	数量	规格型号
套筒	1个	1/2″套筒
力矩扳手	1个	1/2″系列专业级可调式扭力扳手 20～100N·m
两用快速扳手	1个	18MM 全抛光两用快速扳手

五、主要工艺过程

1. 作业准备

1）加装调整垫前,应根据转向架镟修选配后的轮径值,计算轮对平均磨耗,确定加装调整垫的厚度规格及数量,具体方法如下:

① 各个转向架的车轮直径 D_1 和 D_2;$D_{x.1}=D_{x左}$;$D_{y.2}=D_{y右}$。

② 车轮平均磨耗(直径):$WD = 840-(D_{1.1}+D_{1.2}+D_{2.1}+D_{2.2})/4$。

③ 车轮平均磨耗(半径):$WR = WD/2$。

2)按照半径平均磨耗大于 12mm 才加装调整垫片,且每次加装量不超过 2 片的原则,一共有 5 种加装调整垫片方案供选择,见表 5-20。选配方案需同时考虑,通过加装调整垫片补偿后的轮径值需满足镟修后的轮对验收标准,见表 5-21。

表 5-20 调整垫片组合方案

方案1	方案2	方案3	方案4	方案5
12mm×1	12mm×1+1mm×1	12mm×1+2mm×1	12mm×1+4mm×1	12mm×1+12mm×1

表 5-21 镟修后轮对验收标准 (单位:mm)

镟修后轮对验收标准	拖车	动车
同轴轮径差	1	1
同转轮径差	2	2
同节轮径差	6	4

2. 垫片加装

1)确定每个转向架加装的调整垫片规格和数量后,将相应组合的调整垫片依次放置于对应转向架构架空气弹簧安装座板上。注意调整垫片的安装孔开口宜朝向转向架里侧,且安装孔与空气弹簧安装销孔一致,如图 5-102 所示。

2)用无绒抹布蘸工业酒精将转向架空气弹簧底座、高度调整垫片表面反复擦拭至无明显污垢和积尘。

3)使用软毛刷对六角螺母的螺纹涂抹适量 NBU 30 PTM,再使用毛刷对空气弹簧下销钉均匀涂抹适量 NBU 30 PTM。

4)使用天车及空气弹簧吊具将空气弹簧吊至高度调整垫片正上方,如图 5-103 所示。需要注意,空气弹簧顶板二系垂向油压减震器安装座需与下方的二系油压减震器对齐,如图 5-104 所示。

图 5-102 垫片安装位置

图 5-103 吊装空气弹簧（一）

5）作业负责人指挥天车缓慢降落空气弹簧，保证空气弹簧下销钉精确对准构架空气弹簧安装销孔，高度调整垫片安装定位孔对齐构架空气弹簧安装定位孔，且保证空气弹簧底板安装定位孔对齐高度调整垫片安装定位孔，如图 5-105 所示，而后依次加装螺母组件。

图 5-104 吊装空气弹簧（二）

图 5-105 吊装空气弹簧（三）

6）使用 1/2″系列 20～100N 扭力扳手带 1/2″套筒配合 18MM 全抛光两用快扳紧固该处螺栓，力矩为 71N·m，使用记号笔在可视侧对紧固后的螺栓螺母划标记线。

思考与练习

1. 车体高度如何调整？
2. 简述安全钢索的功能。

任务八　客室车门的检修作业

任务目标

1. 熟悉客室车门检修作业的安全注意事项。

2. 了解客室车门检修作业工具的使用方法。
3. 熟悉客室车门检修作业的流程。

知识课堂

一、作业要求

1. 作业人数
客室车门检修项目作业人数为 3 人。

2. 作业技能
相关检修人员必须具备车辆检修机械钳工初级及以上资质，熟悉电动客车客室车门的结构及功能。

二、安全注意事项

1）作业人员必须穿好安全鞋和工作服，戴好安全帽和手套等劳动防护用品。
2）唤醒列车前挂好"禁动牌""红闪灯"。
3）无平台侧车门作业时需戴好安全带。
4）打开门罩板时谨防脱落。
5）平台侧作业完成后，检查铁链是否已挂好。
6）注意车门与平台的间隙，谨防踏空受伤。

三、客室车门检修所需耗材和工具

1. 耗材
客室车门检修所需耗材见表 5-22。

表 5-22　客室车门检修所需耗材

名称	数量	规格型号
无纺布	5 张/门	红色
羊毛刷	1 把/组	木柄，2 寸
润滑脂	若干	IKLUBER ISOFLEX LDS 18
清洗剂	若干	乐泰 7070
清洗剂	若干	乐泰 755
酒精	若干	纯度 99.7%
橡胶塑料保护剂	若干	500mL
油漆笔	1 支	红色

2. 工具
客室车门检修所需工具见表 5-23。

表 5-23　客室车门检修所需工具

名称	数量	规格型号
方孔钥匙	1 把 / 人	7mm×7mm
LED 手电筒	1 把 / 人	—
游标卡尺	1 把 / 组	0～150mm
钢卷尺	1 把 / 组	3m
注油枪、软管以及注油嘴	1 把 / 组	—
两用扳手	1 把 / 组	10mm、13mm、14mm、16mm、18mm、24mm、27mm、30mm、32mm
十字形螺钉旋具	1 把 / 组	2mm×125mm
棘轮扳手	1 把 / 组	6.3mm×150mm
棘轮扳手	1 把 / 组	12.5mm×260mm
接杆	1 把 / 组	12.5mm×250mm
扳手套筒	1 把 / 组	10mm
扳手套筒	1 把 / 组	10mm、13mm、14mm、16mm、18mm
内六角头	1 把 / 组	4mm、5mm、6mm、7mm
扭力扳手	1 把 / 组	0～100N·m
扭力扳手	1 把 / 组	0～20N·m

四、主要工艺过程

1. 作业准备

1）劳保用品穿戴整齐。
2）工器具准备齐全。
3）巡视列车四周，确认列车状态，打好铁鞋。
4）唤醒列车前挂好"禁动牌""红闪灯"。

2. 清洁门机构

（1）清洁门表面　用无纺布将门表面进行清理，要求表面光洁无污渍。如果遇到顽固污渍，可加入适量酒精。

（2）清洁丝杠　用无纺布将丝杠上的脏油进行清理，要求表面光洁无污渍。

（3）清洁短导柱　用无纺布清洁短导柱上的脏油，要求表面光洁无污渍。

（4）清洁长导柱、直线轴承　用无纺布清洁长导柱及直线轴承上的脏油，要求表面光洁无污渍。

（5）清洁嵌块　用无纺布清洁嵌块内的污迹，要求表面光洁无污渍。

（6）清洁门罩板内部　用吸尘器清洁门罩板内的灰尘，要求表面光洁、无污渍。吸入灰尘可能引发人体不适，故应佩戴防护用品。

3. 润滑保养

（1）丝杠　将适量克鲁勃 LDS18 润滑脂均匀涂于丝杠表面，要求表面形成均匀的润滑脂薄膜，如图 5-106 所示。

（2）丝杠中间支撑　将适量克鲁勃 LDS18 润滑脂均匀涂于丝杠中间支撑表面，要求表面形成均匀的润滑脂薄膜，如图 5-107 所示。

图 5-106　丝杠润滑

图 5-107　丝杠中间支撑表面润滑

（3）短导柱　将适量克鲁勃 LDS18 润滑脂均匀涂于短导柱表面，要求表面形成均匀的润滑脂薄膜，如图 5-108 所示。

（4）上滑道　将适量克鲁勃 LDS18 润滑脂均匀涂于上滑道表面（弯道部分），要求表面形成均匀的润滑脂薄膜，如图 5-109 所示。

图 5-108　短导柱润滑

图 5-109　上滑道润滑

（5）下滑道　将适量克鲁勃 LDS18 润滑脂均匀涂于下滑道表面及内侧，要求表面形成均匀的润滑脂薄膜，如图 5-110 所示。

（6）携门架及长导柱　使用注油枪，对携门架注油孔进行操作，注油量为 3～5g，如图 5-111 所示。

图 5-110　下滑道润滑

图 5-111　携门架、长导柱润滑

（7）压轮 将克鲁勃LDS18润滑脂均匀地涂抹在压轮的表面上，要求表面形成均匀的润滑脂薄膜，如图5-112所示。

（8）密封胶条 将橡胶、塑料保护剂均匀地喷在橡胶条上，如图5-113所示。误吸入喷剂可能会引发人体不适，故应佩戴防护用品。

图5-112 压轮润滑

图5-113 密封胶条养护

4. 车门测量

（1）对中测量 如图5-114所示，将车门打开至滑道直线部分，使用钢卷尺在图示位置测量车门对中尺寸，平视读数，左、右门与各自门框间差距≤2mm。

（2）门叶摆出尺寸 如图5-115所示，将车门打开至滑道直线部分，使用游标卡尺在图示位置测量车门上部摆出，平视读数，门叶摆出距离应为（52±2）mm。另外，需测量车门上方、内侧，车门下方、外侧摆出尺寸，且摆出间距为（52±2）mm。

图5-114 对中测量

图5-115 门叶摆出尺寸（门上方、外侧）

（3）平行度 如图5-116所示，将车门打开至滑道直线部分，使用游标卡尺在图示位置测量车门平行度，单门叶平行度（-2，0）。

（4）V度测量 如图5-117和图5-118所示，将车门打开至滑道直线部分，使用钢卷尺在图示位置测量车门V度，平视读数，要求2mm≤V度≤5mm。

（5）车门胶条挤压宽度测量 如图5-119所示，使用游标卡尺在图示位置测量车门胶条挤压宽度，要求车门内侧胶条尺寸为（44.3±4）mm。

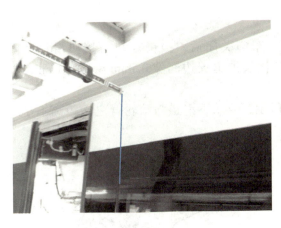

图 5-116　平行度测量

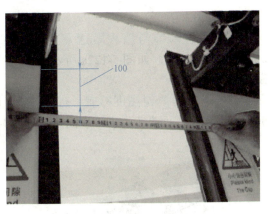

图 5-117　V 度测量（上部）

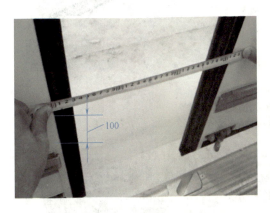

图 5-118　V 度测量（下部）

图 5-119　车门胶条挤压宽度测量

（6）门表面与门框间距　如图 5-120 所示，门叶关闭后，使用游标卡尺在图示位置测量门表面与门框间距，要求门外表面与门框密封间距为（17±1）mm。

（7）车门净开度　如图 5-121 所示，将车门完全打开，使用钢卷尺在图示位置测量车门净开度，要求车门净开度大于 1300mm。

图 5-120　门表面与门框间距测量

图 5-121　车门净开度测量

5. 车门目测部分

（1）挡销末端与挡块滑道及周边间隙　车门关闭后，挡销末端与挡块滑道间隙 $2mm \leq d \leq 3mm$，如图 5-122a 所示；挡销与挡块滑道周边间隙 $0.5mm \leq d \leq 1mm$，如图 5-122b 所示。

（2）下摆臂滚轮高度检查　如图 5-123 所示，要求下滑道与滚轮臂之间距离不小于 6mm，滚轮下表面高于滑道下表面。

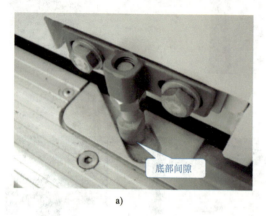 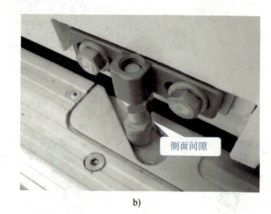

图 5-122　挡销末端与挡块滑道及周边间隙
a）底部间隙　b）侧面间隙

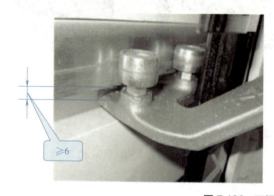 

图 5-123　下摆臂滚轮高度检查

（3）压轮状态检查　如图 5-124 所示，车门压轮台阶与压轮槽台阶间距为 1～2mm。要求：车门打开后转动灵活；门关闭好不能转动，压轮与压板接触，用手指用力旋转压轮，压轮应很难转动。

6. 车门调节

（1）松开下滑道　如图 5-125 所示，使用棘轮扳手和 10mm 套筒松开下滑道内部的 4 个螺钉。

（2）调整对中　将门扇置于上滑道直道的前端位置；在靠近携门架下部的相同位置，分别检查左、右门扇前端到左、右侧压条的横向距离；根据测量的结果，松开旋转防松螺母，旋转螺纹套，以在车体入口处对中左、右门扇，要求门关上后门扇护指胶条间距约为 (44.3 ± 4)mm，如图 5-126 所示。然后，使用 40N·m 的力矩预紧固防松螺母。横向距离必须在左、右两侧的螺纹套上进行调整。

图 5-124　压轮状态检查

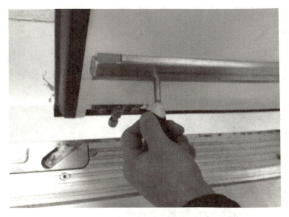

图 5-125　松开下滑道

图 5-126　松开旋转防松螺母

调整的举例说明如下：左门板与车体门框左侧间距为 16mm，右门板与车体门框右侧间距为 22mm，需向右调节 3mm。

（3）调整上部摆出　如图 5-127 所示，松开上滑道后沿的紧固螺母，沿上滑道后部腰形孔调整，可测量携门架上方门扇外表面与车体外表面的距离，使门扇上部摆出尺寸满足 (52 ± 2) mm。

在调整过程中，左、右门扇的上部摆出距离最大相差≤±2mm。调整上滑道前部腰形孔，测量携门架上方门扇外表面与车体外表面的距离，使门扇上部摆出尺寸与第二步门扇上部摆出尺寸相一致，保证左、右上滑道的直线部分在同一直线上，左、右携门架上的上滚轮与上滑道的同一侧（内侧、外侧）接触，确保门系统的运动平滑。上滑道前部调整完成后，使用扭力扳手，按规定值（44N·m）的力矩紧固上滑道的前沿紧固螺母。调节时，注意左、右携门架上的上滚轮还在滑道直轨部分。

（4）调整平行度　如图 5-128 所示，找携门架和滑筒组件的连接处偏心轮（1个）。使用扳手轻微松开携门架上的 5 个螺钉。旋转偏心轮，使门板外侧与密封面平行。调整完毕后，旋紧偏心轮上的紧固螺钉。

（5）调整 V 度　如图 5-129 所示，松开携门架各螺钉之后，转动每个携门架连接板上的偏心轮进行调试。调试完毕后，使用扭力扳手按规定值（44N·m）的力矩紧固螺钉。

图 5-127 调整上部摆出

图 5-128 调整平行度

图 5-129 调整 V 度

(6) **收紧下滑道** 使用棘轮扳手和 10mm 套筒收紧下滑道内部的 4 个螺钉。

(7) **调整压轮** 如图 5-130 所示,通过增减垫片的方式进行调节,确保压轮轴的台阶与门扇上压轮槽的台阶之间有 1～2mm 的间隙。

将门扇放置在上滑道直道位置,松开压轮组件的紧固螺母,将压轮组件向下移动 0.5～1mm,增加压轮和压板之间的接触力,然后重新旋紧螺母。

调整后,重新电动关门,此时压轮与压板接触,用手指用力旋转压轮,压轮应很难转动。

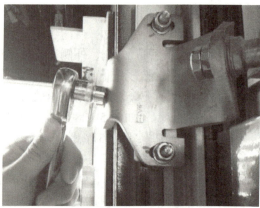
图 5-130 调整压轮

（8）调整下挡销　如图 5-131 所示，松开紧固螺栓，上下、左右调整挡销，使挡销末端和嵌块周边间隙、底部之间的距离在适当范围内。

（9）调整门净开度　如图 5-132 所示，通过调节开门止挡螺栓调节门的净开度。门净开度标准：(1300 ± 10)mm。

图 5-131　调整下挡销

在进行完尺寸调节后，需对车门尺寸进行复查，步骤与上述尺寸测量相同；若还有尺寸问题，需再次进行调节并复查，直到符合尺寸标准。当润滑工作全部完成后，必须手动开、关门 2～3 次；将使用过的无纺布、清洗剂空罐放到指定地点回收；将所有工器具、未使用完毕的耗材出清。

7. 客室车门有电作业

（1）开、关门　在司机室中操作开门按钮及关门按钮，检查门的开、关情况。客室关门报警声，车门关动作 3s 延时正常。

（2）解锁　如图 5-133 所示，检查车门内、外部解锁功能及指示灯状态。各功能应正常，指示应正确。

图 5-132　调整门净开度　　　　图 5-133　车门紧急解锁

（3）切除　如图 5-134 所示，检查车门切除功能及指示灯状态。各功能应正常，指示应正确。

（4）车门防夹　使用 30mm×60mm 的防夹棒检查车门防夹功能。各功能应正常，指示应正确。

（5）维护按钮　如图 5-135 所示，检查车门 EDCU 上的维护按钮功能。各功能应正常，指示应正确。用维护按钮进行开、关门时，车门的打开与关闭应都没有延时。

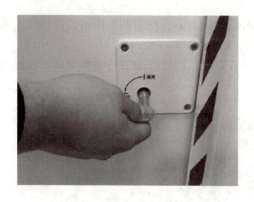

图 5-134 车门隔离

图 5-135 EDCU 维护按钮

（6）**指示灯状况及蜂鸣器** 开门时，黄色指示灯亮；关门时，黄色指示灯闪烁，且蜂鸣器发出报警声。

完成以上所有操作后，将所有罩板、功能操作开关复位。

思考与练习

1. 塞拉门的临修故障有哪些？
2. 简述客室车门切除（隔离）装置的动作及工作原理。

任务九　空气压缩机的检修作业

任务目标

1. 掌握空气压缩机检修作业的安全注意事项。
2. 掌握空气压缩机润滑油、滤芯等更换工作的流程。

知识课堂

一、空气滤清器滤芯的更换

1. 拆除空气压缩机组防护板

使用方孔钥匙将位于空气压缩机组端部的防护板上的两个锁扣顺时针旋转 90°至开位，将防护板取下并妥善置于一旁，如图 5-136 所示。

2. 拆卸滤清器盖

如图 5-137 所示，向两侧松开空气滤清器盖外部搭扣，将滤清器盖取下；用无纺布擦拭滤清器盖，将灰尘、杂质清理干净直至清洁度达到Ⅲ级（以手擦拭，手上无污物）。

图 5-136　拆除防护板　　　　　　　　　图 5-137　拆卸滤清器盖

3. 更换滤芯

使用套筒拆卸滤芯紧固螺母，向下取出空气滤芯，将新的空气滤芯装入，如图 5-138 所示；然后重新装上紧固螺母，用力矩扳手拧紧，力矩要求为 $(20\pm1)\,\text{N·m}$，用有色标记笔画防松标记，如图 5-139 所示。

图 5-138　更换滤芯　　　　　　　　　图 5-139　画防松标记

4. 安装滤清器盖

安装滤清器盖并将两侧搭扣扣上；安装空气压缩机端部防护板，用方孔钥匙将防护板锁扣逆时针旋转至锁闭位，检查锁闭良好。

二、空气压缩机油滤清器的更换

1. 拆除空气压缩机组防护板

使用方孔钥匙将位于空气压缩机组端部的防护板上的两个锁扣顺时针旋转 90° 至开位，将防护板取下并妥善置于一旁。

2. 空气压缩机组降压

用套筒扳手将注油口螺塞（FC）旋松 1 圈，如图 5-140 所示，释放空气压缩机组内部的压力，使油路系统降压，直到听不见排气声为止。

3. 更换油滤清器

如图 5-141 所示，将传动带扳手套在油滤清器下部，逆时针将油滤清器旋松，将滤清器从安装座上取下。用无纺布清洁滤清器安装座，如图 5-142 所示，要求清洁等级达到Ⅳ级（目视检查无油垢、无积炭、无尘埃）。

图 5-140　空气压缩机组降压　　图 5-141　拆卸油滤清器　　图 5-142　清洁油滤清器安装座

其后在密封圈表面抹一层空气压缩机润滑油，如图 5-143 所示，将密封圈安装到滤清器底部凹槽内，将新的油滤清器对准安装座螺栓顺时针旋紧，用有色标记笔画上防松标记，如图 5-144 所示。

图 5-143　密封圈处抹润滑油　　　　图 5-144　画防松标记

4. 恢复注油口螺塞
用力矩扳手拧紧注油口螺塞，画上防松标记。
5. 安装空气压缩机组防护板
安装空气压缩机侧部和端部防护板，用方孔钥匙将防护板锁扣逆时针旋转至锁闭位，检查锁闭良好。

三、空气压缩机油分离器滤芯的更换

1. 拆除空气压缩机组防护板
使用方孔钥匙将位于空气压缩机组端部的防护板上的两个锁扣顺时针旋转 90°至开位，将防护板取下并妥善置于一旁。
2. 空气压缩机组降压
用套筒扳手将注油口螺塞（FC）旋松 1 圈，释放空气压缩机组内部压力，使油路系统降压，直到听不见排气声为止。
3. 拆卸连接管路
1）使用活扳手逆时针旋转油分桶与冷却器间波纹管连接到冷却器上的接头，将波纹管拆下来，如图 5-145 所示。

2）用呆扳手松开报警压力开关与油分桶连接风管接头安装螺母，将风管拆下，如图 5-146 所示。

3）用呆扳手松开油分桶外部回油管安装螺母，将回油管拆下，如图 5-147 所示。

4. 更换滤芯

1）用套筒扳手配合万向接头将油分桶顶部 6 个紧固螺栓拆下，取下油分桶上盖，如图 5-148 所示。注意不要磕碰和上盖连在一起的回油管。

图 5-145 拆卸波纹管

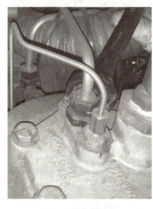
图 5-146 松开安装螺母

图 5-147 拆下回油管

2）取下油分离器滤芯上部 O 形圈，用一字螺钉旋具小心地从边缘挑起油分离器滤芯，将旧滤芯取出，如图 5-149 所示。

图 5-148 拆卸上盖

图 5-149 取出滤芯

3）检查旧的油分离器滤芯的杯形底部（图 5-150），如果充满润滑油，则回油管阻塞，需用压缩空气或者细钢丝对回油管进行疏通，无法疏通则更换回油管。

4）用无纺布对油分桶上部进行清洁，要求清洁等级达到Ⅲ级（以手擦拭，手上无污物）。在新的 O 形圈表面抹一薄层空气压缩机润滑油，将 O 形圈装入油分桶上部凹槽内，如图 5-151 所示。

5）将新油分离器滤芯装入油分桶上部，调整滤芯安装角度，使滤芯边缘缺口与油分桶上部螺栓安装口对应。

6）取下油分桶上盖的旧 O 形圈，用无纺布清洁上盖内部，要求清洁等级达到Ⅲ级（以手擦拭，手上无污物），在新的 O 形圈表面抹一薄层空气压缩机润滑油，将 O 形圈装入油分桶上盖凹槽内，如图 5-152 所示。

图 5-150　滤芯底部

图 5-151　装入 O 形圈

图 5-152　更换上盖 O 形圈

7）将油分桶上盖装到油分桶上部，对角装上 6 个安装螺栓和垫片，用套筒扳手配合万向接头将安装螺栓拧紧，最后用力矩扳手拧紧，用有色标记笔画上防松标记。

5. 安装连接管路

1）用呆扳手拧紧报警压力开关与油分桶连接风管接头安装螺母，用呆扳手拧紧油分桶外部回油管安装螺母，用有色标记笔画上防松标记。

2）先用手将油分桶与冷却器间波纹管接头旋入螺纹口，然后用活扳手拧紧管接头，用有色标记笔画上防松标记。

6. 恢复注油口螺塞

用力矩扳手拧紧注油口螺塞，画上防松标记。

7. 安装空气压缩机组防护板

安装空气压缩机侧部和端部防护板，用方孔钥匙将防护板锁扣逆时针旋转至锁闭位，检查锁闭应良好。

四、空气压缩机润滑油的更换

1）用方孔钥匙将空气压缩机前部防护板上 4 个锁扣逆时针旋转 90°至开位，将防护板取下并妥善置于一旁。

2）将废油桶放在空气压缩机放油孔正下方，用内六角套筒、加长杆、力矩扳手将 M6 放油螺堵拧下；待空气压缩机内废油放完后，用力矩扳手将 M6 放油螺塞拧紧。

3）用扳手将冷却器放油管松开，排尽冷却器内的润滑油。

4）如图 5-153 所示，用力矩扳手将注油孔螺栓拧下，用手上下压手动加注器压杆，向空气压缩机内部注油，直至最高油位，用力矩扳手将注油孔螺栓拧紧。

5）用无纺布和酒精将油气分离器外部（包括注油孔螺栓和油位镜）、放油螺塞及空气压缩机底板擦拭干净（Ⅲ级，以手擦拭，手上无污物）；用红色标记笔在注油孔螺栓和放油螺塞上画上防松标记。

6）将空气压缩机前部防护板装入安装销，用方孔钥匙将位于空气压缩机前部的防护板上 4 个锁扣顺时针旋转 90°至关位，然后检查确认锁闭良好。

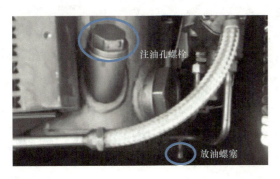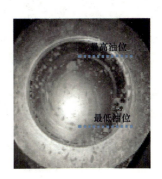

图 5-153 注油

思考与练习

1. 简述 VV120 型空气压缩机的工作原理。
2. 简述风源装置空气滤芯更换的作业步骤。
3. 简述空气压缩机油乳化的原因，对于轻微乳化、中度乳化、重度乳化的处理措施。
4. 简述空气压缩机换油作业的步骤和标准。

项目六

城市轨道交通车辆检修常用工具、量具的使用与维护

任务一　常用工具的使用与维护

任务目标

1. 掌握各种常用检修工具的使用方法。
2. 掌握各种常用检修工具的保养方法。

知识课堂

一、螺钉旋具类

1. 螺钉旋具

螺钉旋具俗称为螺丝刀、改锥，用来拆装小螺钉，它分为一字形和十字形两种，如图 6-1 和图 6-2 所示。

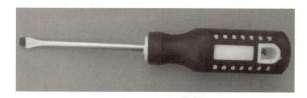

图 6-1　一字形螺钉旋具

图 6-2　十字形螺钉旋具

（1）螺钉旋具头的使用注意事项

1）螺钉旋具头的形状、尺寸大小，必须与所拆装螺钉的槽口形状、尺寸大小完全一致，且完全啮合。

2）加旋转力时，螺钉旋具头不能打滑，否则会损坏螺钉头，造成拆卸困难。

（2）螺钉旋具的使用要点

1）注意"三点一线"，螺钉旋具手柄保持垂直（与螺钉安装板平面）。

2）螺钉旋具加力要求：七分压力，三分旋转力。

3）螺钉旋具头的尺寸与螺钉槽口的尺寸相同。

2. 电动螺钉旋具

电动螺钉旋具的结构如图 6-3 所示。

（1）使用步骤　①通过夹紧轮机套筒装好螺钉旋具；②选择好速度档位；③通过方向按钮松紧螺栓；④把电池组安装紧固；⑤通过启停开关松紧。

（2）使用注意事项　①不能用电动螺钉旋具直接一步紧到位；②对于比较紧的螺栓不能直接用电动螺钉旋具松；③电动螺钉旋具电压较低时不能使用；④电量使用完时将电池组拆下进行充电。

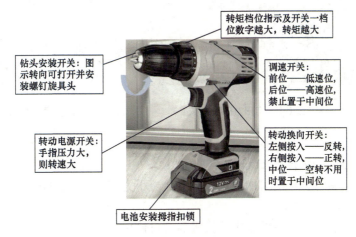

图 6-3　电动螺钉旋具的结构

二、扭力扳手

在紧固螺纹紧固件时需要控制施加的力矩大小，以保证螺纹紧固且不至于因力矩过大破坏螺纹，所以用扭力扳手来操作。扭力扳手有测扭力扳手与定扭力扳手两种，如图 6-4 所示。

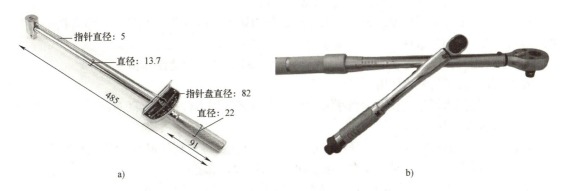

图 6-4　扭力扳手
a）测扭力扳手　b）定扭力扳手

1. 定扭力扳手的结构

定扭力扳手由锁定环、手柄、刻度盘、换向手柄和方榫等组成，如图 6-5 和图 6-6 所示。定扭力扳手使用时,首先设定好一个需要的力矩值上限,当施加的力矩达到设定值时,扳手会发出"咔嗒"的声响,这就代表已经紧固不要再加力了。扭力扳手适用于对力矩大小有明确规定的装配工作。

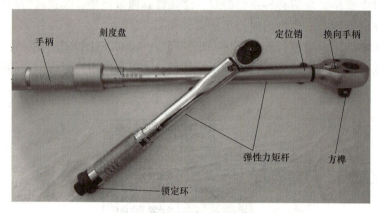

图6-5 定扭力扳手的结构

图6-6 定扭力扳手刻度盘

2. 使用步骤

1)拉出手柄末端的锁定环(LOCK钮)。

2)转动手柄(顺时针转动增加力矩值,反之减小力矩值),通过对应刻度显示数据,设定所需力矩。

3)设定完毕,将手柄末端的锁定环推进后才可使用。

3. 注意事项

1)第一次使用或长期存放后使用扭力扳手时,先以中段扭力值操作5~6次,每次以听到"咔嗒"声为止,使扳手逐渐均匀润滑,从而获得准确的测量数值。

2)请勿在闭锁状态下(即未将锁定环拉出的情况下)转动手柄,以防损坏力矩设定装置。

3)使用中,应缓慢、均匀地拉动手柄(严禁硬推、猛拉),达到设定工作力矩时,会感到明显的振动和听到清晰的"咔嗒"声,这是达到设定力矩值的信号,此时应立即停止施力。设定力矩越大,这种声音就越大,感觉越明显。

4)不准将工作力矩的设定超出该扳手规定的力矩值(不能超值使用),取扭力扳手最大值的1/3~2/3范围为最佳。

5)不使用时,应将力矩值设置到最小力矩处(回零),以保持测量精度。

6)严禁外接延长装置使用。

7)严禁将扭力扳手当作普通扳手直接用来拆卸或紧固零件;请勿随意乱丢;请不要与其他工具混放或让其他工具压在上面。

8)扭力扳手的正常使用程序是:旋紧螺母,校正力矩(达到预定力矩值时立即停止)。

9)扭力扳手使用1年时应检查校准1次,以保证其精确度。

10)施加扭力时,右手施加扭力,左手握住棘轮头,如图6-7所示。

三、钳类工具

钳类工具用于夹持零件或弯折薄片形、金属丝。带刃钳可切断金属丝,扁嘴钳可装拆销、弹簧等零件,挡圈钳专门装拆弹性挡圈,如图6-8所示。

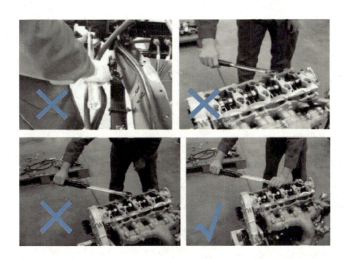

图 6-7 扭力扳手的使用

图 6-8 钳类工具
a）钢丝钳 b）扁嘴钳 c）尖嘴钳 d）挡圈钳

其中，挡圈钳分为轴用挡圈钳和孔用挡圈钳，如图 6-9 所示。
轴用挡圈钳和孔用挡圈钳的区别：
1）轴用挡圈钳是拆卸轴用弹簧挡圈的专用工具，手把握紧时钳口是张开的。
2）孔用挡圈钳是拆装孔用弹簧挡圈的，手把握紧时钳口是闭合的。
孔用挡圈和轴用挡圈分别如图 6-9 和图 6-10 所示。

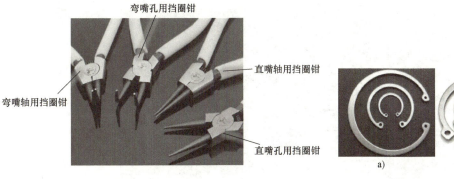

图 6-9 挡圈钳的分类

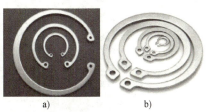

图 6-10 挡圈
a）孔用挡圈 b）轴用挡圈

四、管型测力计

1. 管型测力计的结构

如图 6-11 所示，管型测力计由挂钩、刻度盘、指针和拉环等组成，一般用于受电弓静态接触压力的测量。

2. 使用步骤

1）升起受电弓并且保持住。
2）在受电弓上臂杆横梁处绑扎较大尺寸的绑扎带，如图 6-12 所示。
3）把测力计的挂钩挂住绑扎带。
4）双手拉住拉环且刻度面向使用者垂直拉下测力计读取读数。

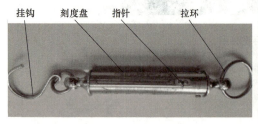

图 6-11 管型测力计

图 6-12 受电弓上臂杆横梁处绑扎带

3. 注意事项

1）管型测力计不准超量程测力，以免损坏测力计。
2）使用前注意，管型测力计垂直空载时指示线应与 0 刻度线对齐，以保证测力准确。
3）管型测力计应保存在干燥的地方以免受潮，还应免受高温。
4）管型测力计螺钉松动时需进行紧固。

五、分贝仪

分贝仪主要用于测音量的大小，它主要由测音器、反应速率和最大锁定开关、显示器、校正调整旋钮、电源与档位范围选择开关等组成，如图 6-13 所示。

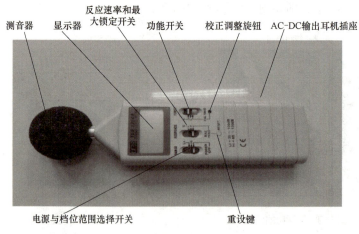

图 6-13 分贝仪

1. 使用步骤

1）打开电源开关并选择适当的档位（Hi 或 Lo）。

2）要读取即时的噪声量，选择 RESPONSE 的 F（FAST）快速；要得到当时的平均噪声量，则选择 S（SLOW）慢速。

3）要测量音量的最大读值可使用 MAX HOLD 功能。

① 将 RESPONSE 开关选择在 MAX HOLD 位置。

② 按下 RESET 开始测最大音量。

4）要测量以人为感受的噪声量，选择 FUNCT（功能）的 A；要测量机器发出的噪声量，则选择 C。测量前，可先选择 CAL94dB 自我校正一次，判断仪表是否正常。

5）将麦克风放至距离噪声源约 1～1.5m 的距离进行测量。

6）测量完后，将电源开关置于 POWER OFF 位置。

2. 注意事项

1）请勿长期放在高温、高湿度的地方。

2）请勿敲击麦克风头并保持其干燥。

3）长时间不使用时应取出电池。

4）在室外测量噪声时，可在麦克风头装上防风罩，避免被风吹到而测到无关的声音。

5）电池老化时，LCD 会显示"BT"符号，表示此时电池即将用完电，必须更换新电池。

六、角磨机

角磨机用于打磨部件及切割部件，它主要由卡片、防护罩、锁紧扳手和锁紧按钮等组成，如图 6-14 所示。其中，卡片的作用是卡住砂轮片；防护罩的作用是挡住铁屑及较大灰尘；锁紧扳手的作用是配合卡片对砂轮片进行锁紧；锁紧按钮的作用的锁紧机轴。

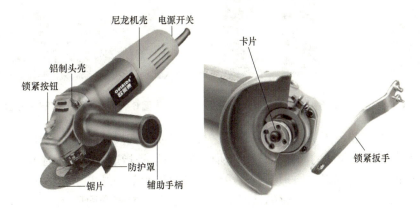

图 6-14 角磨机

1. 使用步骤

1）确认角磨机是否有电。

2）先把卡片取出，放上砂轮片，再把卡片拧上；按住锁紧按钮，将锁紧扳手爪插进卡片的两个孔内对砂轮片进行紧固。

3）防护罩需要调整时，先进行调整。

4）抓好把手及机身，按下开关进行打磨。

2. 注意事项

1）不能戴手套进行打磨，避免卷住手套。
2）戴好护目镜，避免异物进入眼睛。
3）手不能靠近砂轮片。
4）打磨时不能用力过猛，以免压断砂轮片。
5）应砂轮片确保完好，没到限，安装紧固。

七、常用检修化工用品

1. 润滑剂 WD40

如图 6-15 所示，润滑剂是具有防锈、除湿、解锈、润滑、清洁等功能的无脂非硅类的多用途金属保养剂，用来保养各类机械设备、精密仪器、零部件，能让金属制品长期保持较佳的工作状态，延长其使用寿命。

润滑剂在检修过程中常用于防锈、螺钉松解、解锈等，在一些安装过程中可以作为润滑剂，在重油污的情况下可以作为清洗剂使用。

2. LOCTITE755 清洗剂

LOCTITE755 清洗剂（图 6-16）是表面清洗剂，具有毒性低、不易燃、超级安全性的特性，适合人工现场使用，可作为所有乐泰黏结剂的表面处理剂，能除掉一切表面油渍。

3. LOCTITE 乐泰螺纹胶

LOCTITE 乐泰螺纹胶 243（图 6-17）耐机油、中强度、易拆卸、溶油性好，可在轻微油质表面使用，可用于惰性表面，快速固化，用于 M20 以下螺纹的锁固。

图 6-15　润滑剂 WD40　　图 6-16　LOCTITE755 清洗剂　　图 6-17　LOCTITE 乐泰螺纹胶

螺纹胶又名无氧胶、厌氧胶、机械胶。它与氧气或空气接触时不会固化，一旦隔绝空气后就迅速聚合变成交联状的固体聚合物。所谓"厌氧"是指这种胶使用时不需要氧。

它是利用氧对自由基阻聚原理制成的单组分密封黏和剂，既可用于粘接，又可用于密封。当涂胶面与空气隔绝并在催化的情况下便能在室温快速聚合而固化。螺纹胶的组成成分比较复杂，以不饱和单体为主要组成成分，还会有芳香胺、酚类、芳香肼、过氧化物等。

螺纹紧固胶由于颜色的不同，其强度也不同，强度差异如图 6-18 所示。

图 6-18　螺纹胶强度

4. RIVOLTA T.R.S Plus 润滑油

RIVOLTA T.R.S.Plus 润滑油（图 6-19）一般用于分离各种各样咬死和生锈的部件，如螺纹、螺钉、转动铰链；含有油、脂的零件加工过程中半成品的保存；各种各样精密器械、工具和精确机械设备、仪器的润滑;保护不锈钢表面,以避免指印和水渍斑点。此润滑油在车辆检修中用于车钩的维护。

5. 防咬合剂

防咬合剂(图 6-20)保护金属部件,防止生锈、腐蚀、磨损、擦伤及咬合。铜抗咬合剂可用在纯铜、黄铜、铸铁、钢,包括不锈钢在内的所有合金、各种塑料及各种非金属密封垫圈上,可在 -29 ~ 982℃保护金属部件,以防止生锈、腐蚀、磨损及咬合的发生。

6. 工业凡士林

工业凡士林(图 6-21)的属性为润滑剂、软膏基质,与皮肤接触有滑腻感,主要用于车下箱体密封胶条保养、蓄电池极柱防锈等。

图 6-19　RIVOLTA T.R.S Plus 润滑油

图 6-20　防咬合剂

图 6-21　工业凡士林

7. 滑石粉

滑石粉(图 6-22)手摸有油腻感,无臭、无味。滑石粉为硅酸镁盐类矿物滑石族滑石,主要成分为含水硅酸镁(经粉碎后,用盐酸处理,水洗,干燥而成),主要用于车钩电钩头橡胶件保养。

8. 锂基脂(3号)

锂基脂(3号)为半流体润滑脂,属于流动性比较稀的膏体状润滑脂,如图 6-23 所示。

9. 齿轮箱润滑油

齿轮箱润滑油具有特殊的抗氧化和热性能和优异的低温流动性;优良的低温性能;很强的极压性能和耐冲击负荷,如图 6-24 所示。

图 6-22　滑石粉

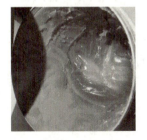

图 6-23　锂基脂

图 6-24　齿轮箱润滑油

10. 联轴器润滑油

联轴器润滑油具有极佳的负载传递能力,适合于苛刻工作条件下的齿轮系统;具有比传统矿物基齿轮油远远优越的润滑性能,可延长零件使用寿命;具有优异的热稳定性能和防老化性能,即使在高温条件下,也能确保油的使用寿命长久;倾点很低,在较低的启动温度下，也能确保有效的润滑保护；具有优异的防锈和耐蚀性，全面保护所有金属表面；主要用于驱动装置中联轴器润滑。

11. AUTOL TOP 2000

AUTOL TOP 2000（图 6-25）具有超长的使用寿命、卓越的抗极压性能、优异的耐盐碱水性能、特殊的黏附性能；工作温度范围为 $-30 \sim 120$℃，允许的最高温度为 125℃；主要用于车钩卡环润滑保养。

12. 橡胶保护剂

橡胶保护剂主要用于车门橡胶密封条保养，如图 6-26 所示。

13. 轴承润滑脂

轴承润滑脂的工作温度范围为 $-20 \sim 110$℃，主要用于 SKF 轴承润滑，如图 6-27 所示。

图 6-25　AUTOL TOP 2000

图 6-26　橡胶保护剂

图 6-27　轴承润滑脂

八、常用检修化工用品安全知识

1. 注意事项

1）在车底进行清洁时，必须戴护目镜。

2）清洁前，要戴口罩和护目镜，注意喷时不要迎风，避免清洗剂接触到脸部。

3）若使用清洗剂，要注意清洗剂对零部件的腐蚀性，对环境污染较大的清洗剂一定要回收处理。

4）遵守化工用品安全使用、存放安全制度。

2. 化工用品溅入眼内的正确处理方法

1）立即睁大眼睛，用流动清水反复冲洗，边冲洗边转动眼球，但冲洗时水流不宜正对角膜方向，冲洗时间一般不得少于 15min。

2）若无冲洗设备或无他人协助冲洗时，可将头浸入脸盆或水桶中。努力睁大眼睛（或用手拨开眼皮），浸泡十几分钟，同样可达到冲洗的目的。注意，若双眼同时受伤，必须同时冲洗。

3）冲洗完毕，如果未能解决问题，盖上干净的纱布，速去医院做进一步处理，并切记不要紧闭双眼，不要用手使劲揉眼睛。切忌未经任何处理就送医院，以免耽误了最重要的救治时机。

思考与练习

1. 在使用扭力扳手时需注意哪些事项？
2. 润滑油的作用是什么？

任务二　常用量具的使用与维护

任务目标

1. 熟练掌握游标卡尺、外径千分尺、百分表的使用方法及保养方法。
2. 熟练掌握轮对内距尺、轮径尺、第四种检查器的使用方法及保养方法。

知识课堂

一、游标卡尺

1. 游标卡尺的结构

常见的游标卡尺由尺身、内量爪、外量爪、深度测量杆和游标等组成，其结构如图 6-28 所示。

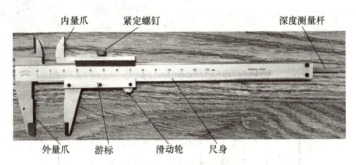

图 6-28　游标卡尺的结构

2. 游标卡尺的应用

游标卡尺一般用于测量零件长度、宽度，测量零件外径，测量零件内径，测量零件深度，如图 6-29 所示。

3. 游标卡尺的分度

游标卡尺尺身一般以 mm 为单位，游标上有 10 个、20 个或 50 个分格。根据分格的不同，游标卡尺可分为 10 分度、20 分度、50 分度等，游标为 10 分

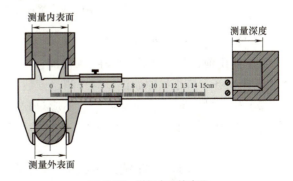

图 6-29　游标卡尺的应用

度的为 9mm，20 分度的为 19mm，50 分度的为 49mm，如图 6-30 所示。

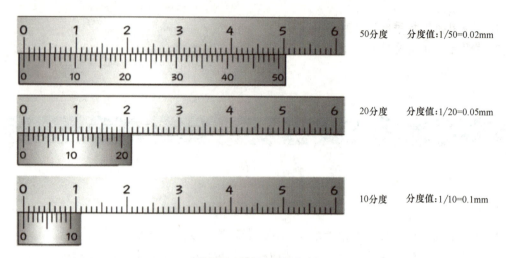

图 6-30　游标卡尺的分度

4. 游标卡尺的刻线原理（以 10 分度为例）

游标卡尺尺身上刻线每格为 1mm，游标上共刻有 10 格，游标总长度为 9mm，即游标刻线每格为 9mm÷10=0.9mm，故尺身与游标每格刻度差值为 1mm-0.9mm=0.1mm。

5. 游标卡尺的读数

如图 6-31 所示，首先读出游标零线以左尺身上所显示的整毫米数；游标上第 n 条刻线与尺身刻线对齐，则 $n×0.1$mm 即为所测尺寸的小数值；两者加起来即为测得的尺寸数值，即 52mm+6×0.1mm=52.6mm。

如图 6-32 所示，由于该游标卡尺的分度值为 0.05mm，最后得数为 10mm+18×0.05mm=10.90mm。

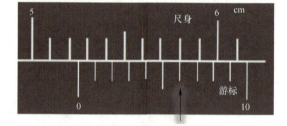

图 6-31　游标卡尺的读数（一）

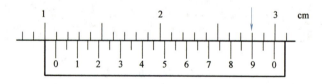

图 6-32　游标卡尺的读数（二）

6. 使用游标卡尺时的注意事项

1）使用前，先擦干净两卡脚测量面，合拢两卡脚，检查游标 0 线与尺身 0 线是否对齐。若未对齐，应根据原始误差修正测量读数。

2）移动尺框时，活动要自如，不应过松或过紧，更不能有晃动现象。用固定螺钉固定尺框时，卡尺的读数不应有变化。在移动尺框时，应松开固定螺钉，但不宜过松，以免掉落。

3）测量工件时，卡脚测量面必须与工件的表面平行或垂直，不得歪斜，且用力不能过大，以免卡脚变形或磨损，影响测量精度。

4)读数时,视线要垂直于尺面,否则测量值不准确。

5)测量内径尺寸时,应轻轻摆动,以便找出最大值。

6)为了获得正确的测量结果,可以多测量几次,即在零件的同一截面上的不同方向进行测量。对于较长零件,应当在全长的各个部位进行测量,以获得一个比较正确的测量结果。

7)游标卡尺用完后,应仔细擦净,抹上防护油,平放在盒内,以防生锈或弯曲。

二、外径千分尺

1. 外径千分尺的结构

外径千分尺由尺架、固定测砧、测微螺杆、锁紧装置、微分筒和棘轮锁紧装置等组成。图 6-33 所示,是测量范围为 0~25mm 的外径千分尺。尺架的一端装着固定测砧,另一端装着测微头。固定测砧和测微螺杆的测量面上都镶有硬质合金,以延长测量面的使用寿命。尺架的两侧面覆盖着隔热装置,使用外径千分尺时,手拿在隔热装置上,防止人体的热量影响外径千分尺的测量精度。

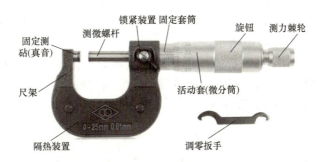

图 6-33 外径千分尺的结构

2. 外径千分尺的刻线原理

如图 6-34 所示,外径千分尺的测微螺杆的螺距为 0.5mm,当微分筒转 1 圈时,测微螺杆便随之沿轴向移动 0.5mm。微分筒的外锥面上 1 圈均匀刻有 50 条刻线,微分筒每转过 1 个刻线格,测微螺杆沿轴向移动 0.01mm,所以外径千分尺的测量精度为 0.01mm。

3. 外径千分尺的读数

图 6-34 外径千分尺的刻线原理

外径千分尺的读数步骤如下:

1)读出固定套筒上露出的刻线尺寸。一定要注意不能遗漏应读出的 0.5mm 的刻线值。

2)读出微分筒上的尺寸,要看清微分筒圆周上哪一格与固定套筒的中线基准对齐,将格数乘以 0.01mm 即得微分筒上的尺寸。

3)将上面两个尺寸相加,即为外径千分尺上测得尺寸。读数被测值的整数部分要主刻度上读(以微分筒端面所处在主刻度的上刻线位置来确定),小数部分在微分筒和固定套管的下刻线上读。

如图 6-35 所示,该外径千分尺的读数为 7mm + 0.5mm + 0.01 × 30mm = 7.80mm。

4. 使用外径千分尺时的注意事项

1）根据被测工件的特点、尺寸大小和精度要求选用合适的类型、测量范围和分度值的外径千分尺。

图 6-35　外径千分尺的读数

2）测量前，先将外径千分尺的两测头擦拭干净，然后进行零位校对。

3）测量时，被测工件与外径千分尺要对正，以保证测量位置准确。测量时，可先转动微分筒，当测微螺杆即将接触工件表面时转动棘轮，测砧、测微螺杆端面与被测工件表面即将接触时，应旋转测力装置，听到"吱吱"声即停止，不能再旋转微分筒。

4）读数时，要正对刻线，看准对齐的刻线，正确读数。特别注意观察固定套管中线之下的刻线位置，防止误读 0.5mm。

5）严禁在工件的毛坯面、运动工件或温度较高的工件上进行测量，以防损伤外径千分尺的精度和影响测量精度。

6）使用完毕后擦净上油，放入专业盒内，置于干燥处。

5. 外径千分尺校准零位的方法

1）对零误差小于 0.02mm 时，先用止动装置锁紧丝杠，然后用扳手钩住校准孔扳动固定套筒直至零线对齐，如图 6-36 所示。

2）对零误差大于 0.02mm 时，首先用止动装置锁紧丝杠，用调零扳手松开测力棘轮，取下微分筒；然后重新对齐固定套筒和微分筒上的零刻度线，再装上测力装置，如图 6-37 所示。如有必要，再用方法 1）置零。

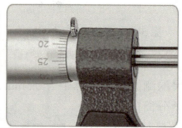

图 6-36　外径千分尺零位校正（一）　　　图 6-37　外径千分尺零位校正（二）

三、百分表

1. 百分表的用途和结构

百分表是一种精度较高的比较量具，一般需搭配磁力表座使用。它只能测出相对数值，不能测出绝对值，主要用于检测工件的几何误差（如圆度、平面度、垂直度、跳动等）。如图 6-38 所示，百分表主要由防尘帽、主指针、转数指针、下轴套、测杆和测头等组成。

2. 百分表的读数

将测杆移动 1mm，使指针沿大刻度盘转过 1 周，刻度盘沿圆周有 100 个刻度，当指针转过 1 格刻度时，表示所测量的尺寸变化 1mm/100 = 0.01mm，所以百分表的刻度值为 0.01mm，如图 6-39 所示。

项目六　城市轨道交通车辆检修常用工具、量具的使用与维护

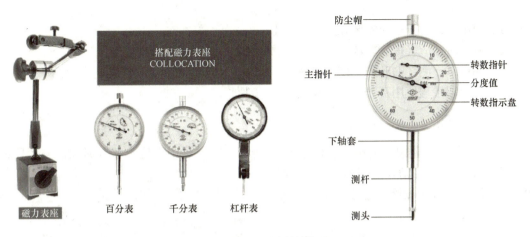

图 6-38　百分表的结构

百分表的读数方法为：先读小指针转过的刻度线（即毫米整数），再读大指针转过的刻度线（即小数部分，并乘以 0.01mm），然后两者相加，即得到所测量的数值。

如图 6-40 所示，先读小指针的刻度，为 0（还不到 1，所以为 0）；再读大指针的刻度，为 85，此数乘以 0.01mm，即 85×0.01mm=0.85mm；最后得出的数值为：0+0.85mm=0.85mm，所以该测量结果为 0.85mm。

图 6-39　百分表刻度

图 6-40　百分表读数

3. 使用百分表时的注意事项

（1）检查百分表

1）将百分表安装在专用表架上。

2）将测头和被测工件表面擦拭干净。

3）轻推测头，检查其是否灵活、指针是否能归位。

（2）测量方法

1）使测杆垂直于工件被测表面并使测头接触被测表面。

2）转动表圈，使表盘的零位线对准大指针。

3）以零位线为基准，小指针与大指针转动的刻度为测量尺寸。

（3）注意

1）使用时，百分表应安装在专用表架上。
2）测量时，应轻提、轻放测杆，以免损坏测杆及产生测量误差。
3）测量时，测杆的升降范围不宜过大，以减少由于存在间隙而产生的误差。
4）严禁超量程使用百分表，以免损坏运动部件。

四、塞尺

塞尺俗称为厚薄规或间隙片，如图6-41所示。它主要用来检验特别紧固面与紧固面、活塞与气缸、活塞环槽和活塞环、十字头滑板与导板、进排气阀顶端与摇臂、啮合齿轮等两个结合面之间的间隙大小。

塞尺由许多层厚薄不一的薄钢片（塞片）组成，塞片具有两个平行的测量平面，且都有厚度标记，以供组合使用。

使用塞尺时必须注意下列几点：

1）根据结合面的间隙情况选用塞尺片数，但片数越少越好。
2）测量时不能用力太大，以免塞尺弯曲和折断。
3）不能测量温度较高的工件。

图6-41 塞尺

五、轮径尺

1. 轮径尺的用途和结构

轮径尺是用于测量车轮滚动圆（踏面）直径的专用检具。测量出的车轮滚动圆（踏面）直径给工程师判断是否需要对车轮进行镟修提供了可靠依据，也便于检查同一轮对的直径差是否在允许范围内。

轮径尺由百分表、构架、测量仪和基准圆等组成，如图6-42所示。

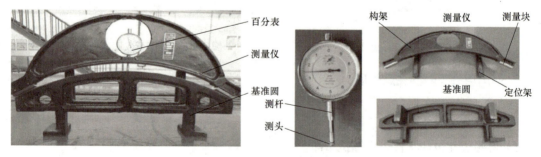

图6-42 轮径尺

2. 轮径尺的使用

1）两手握住测量仪两端的构架部位，放置在被测车轮上，如图6-43所示。
2）定位架与车轮内侧面靠紧。
3）两手轻轻压一压，使两测量块均与车轮踏面接触到位，这时即可读出直径值。

4）取上、中、下3个不同的位置进行测量。

3. 使用轮径尺时的注意事项

（1）测量前的确认　①检查轮径尺的状态，确认有效期；②检查百分表头的好坏和表的灵敏度、调零校准；③擦拭干净轮径尺各接触面；④正确组装轮径尺；⑤准确根据基准圆值调整好表头数值；⑥擦拭被测轮对踏面。

图6-43　轮径尺测量轮对直径

（2）测量时的注意事项　①测量过程中要轻拿轻放，避免剧烈碰撞测头。若感觉读数有异常，及时在基准圆校正轮径尺；②同一辆车轮径差不大于7mm，同一转向架轮径差不大于4mm，同一轴轮径差不大于2mm；③最小分度值为0.1mm。

4. 轮径尺的保养

1）测量前将工件和量具测量面擦净，以免影响测量精度和量具磨损。
2）量具在使用过程中不要和其他工器具放在一起，以免碰坏。
3）不要测量转动的工件。
4）温度对量具精度影响很大，量具不要放在热源附近，以免变形。
5）用完后及时清理、擦油，放在专用盒子里。

六、轮对内距尺

1. 轮对内距尺的用途和结构

轮对内距尺是用于测量机车车辆轮对内侧距离的计量器具，其结构如图6-44所示，由限位钩、活动测杆、示值标套和尺身等组成。

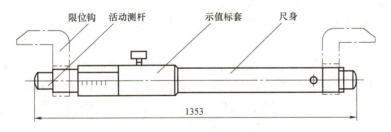

图6-44　轮对内距尺的结构

2. 轮对内距尺的使用

1）将轮对内距尺锁紧螺钉松开，使活动测杆处于自由状态。
2）拉动活动测杆检查是否运动平稳、灵活，有无卡滞或松动现象，内部弹簧工作是否可靠，螺母是否紧固可靠。
3）两手握住轮对内距尺，将其放置于两车轮内侧，使两限位钩紧贴在轮缘顶部，并且落在两车轮轮缘最高部位，如图6-45所示。
4）活动测杆与示值标套所对应的读数即测量数值，如图6-46所示。
5）固定一端，沿圆周方向移动内侧尺活动测头一端，找到最小的读数，即轮对内距。

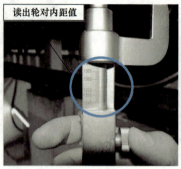

图 6-45 轮对内距尺测量　　　　　图 6-46 轮对内距尺刻度

6）取 3 个不同的位置进行测量。

3. 使用轮对内距尺时的注意事项

（1）测量前的确认　①擦拭轮对内距尺各接触面并正确组装轮对内距尺；②检查轮对内距尺的状态，确认有效期；③检查轮对被测表面并用纱布擦干净。

（2）测量时应注意　①测量时尺身要与车轴中线平行；②轮对内侧距标准为（1353±2）mm；③最小分度值 1mm。

4. 轮对内距尺的保养

1）测量前，将工件和量具测量面擦净，以免影响测量精度和量具磨损。
2）量具严防磕碰、摔伤等现象，以免影响量具的尺寸精度。
3）温度对量具精度影响很大，量具不要放在热源附近，以免变形。
4）示值标套内经常放置一些油，保证活动测杆在内活动灵便。
5）用完后及时清理、擦油，放在专用盒子里。

七、LLJ-4A 第四种检查器

1. LLJ-4A 第四种检查器的用途和结构

LLJ-4A 型铁道车辆车轮第四种检查器是测量车辆轮缘、踏面相关尺寸及缺陷的一种专用检测量具。

如图 6-47 所示，第四种检查器由尺身、轮缘磨耗及轮缘高度测尺、轮辋宽度测尺和轮缘厚度测尺等组成。该种检查器以车轮踏面滚动圆（即距车轮内侧面 70mm 处的基线）为测量基准，符合有关规定及国际上通用的测量方法，即轮缘厚度的测量点与车轮踏面滚动圆的距离始终保持恒定，不会因踏面的磨耗而改变。

2. LLJ-4A 第四种检查器的使用

1）测量踏面磨耗及轮缘高度，如图 6-48 所示。
① 移动轮辋厚度测尺尺框，使定位销落入销孔内，然后锁紧其锁紧螺钉。
② 将定位角铁与车轮内侧面密贴，使轮辋宽度测头与车轮踏面接触。
③ 推动踏面磨耗测尺使其测量面与车轮轮缘接触，以左边游标读取踏面磨耗值，从右边游标读取轮缘高度值。

2）测量轮缘厚度及垂直磨耗，如图 6-49 所示。
① 移动轮辋厚度测尺尺框，使定位销落入销孔内，然后锁紧其锁紧螺钉。
② 将定位角铁与车轮内侧面密贴，使轮辋宽度测头与车轮踏面接触。

项目六 城市轨道交通车辆检修常用工具、量具的使用与维护

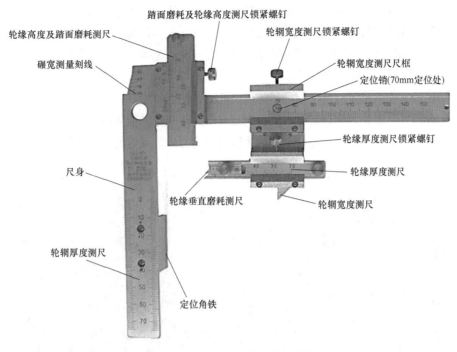

图 6-47 LLJ-4A 第四种检查器

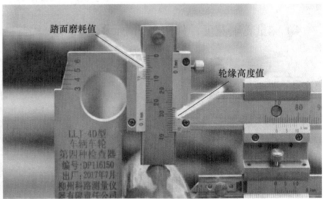

图 6-48 测量踏面磨耗及轮缘高度

图 6-49 测量轮缘厚度及垂直磨耗

③ 推动轮缘厚度测尺使其测头与轮缘接触，从游标中读取轮缘厚度值。

④ 推动轮缘垂直磨耗测尺使其测头与轮缘接触，如果轮缘厚度测尺上的"0"刻线与垂直磨耗测尺的"0"刻线对齐，则说明轮缘垂直磨耗到限了（轮缘垂直磨耗应≥0）。

3）测量轮辋厚度，如图 6-50 所示。

① 移动轮辋宽度测尺尺框，使定位销落入销孔内，然后锁紧其锁紧螺钉。

② 将定位角铁与车轮内侧面密贴，使轮辋宽度测头与车轮踏面接触。

③ 读取轮辋厚度测尺刻线中与轮辋内侧边缘对齐的数值，该数值为轮辋厚度。

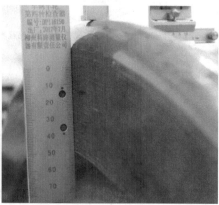

图 6-50　测量轮辋厚度

4）测量轮辋宽度，如图 6-51 所示。

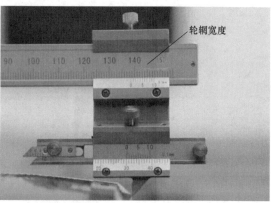

图 6-51　测量轮辋宽度

① 将定位角铁与车轮内侧面密贴，使轮辋宽度测头与车轮踏面接触。

② 推动轮辋宽度测尺尺框，使其测头与车轮外侧面贴靠，从游标中读取轮辋宽度值。如果踏面有碾宽，应减去碾宽值。

5）测量踏面擦伤深度，如图 6-52 所示。

① 将定位角铁与车轮内侧面密贴，使轮辋宽度测头与车轮踏面接触。

② 移动轮辋宽度测尺尺框，使其测头落入擦伤最深处，测量此处轮缘高度值记作 H_1。

③ 测量同一圆周未擦伤处，轮缘高度值记作 H_2，擦伤深度为 H_1-H_2 的差值。

图 6-52 测量踏面擦伤深度
a)擦伤处 b)未擦伤处

6)测量踏面剥离长度。用检查器的轮辋厚度测尺的外刻线沿车轮圆周方向测量剥离部位的长度,如图 6-53 所示。

7)测量车轮碾宽。将尺身垂直边贴紧轮辋外侧面用碾宽测量刻线测量碾宽,读取碾宽最宽处所对准刻线数值,即为车轮碾宽值,如图 6-54 所示。

8)测量踏面剥离深度。与踏面擦伤深度测量方法相同。

9)测量踏面擦伤长度。与踏面剥离长度测量方法相同。

图 6-53 测量踏面剥离长度

图 6-54 测量车轮碾宽

3. 使用第四种检查器时的注意事项

1)使用前检查"70"刻度线是否对齐。

2)直接在贴合状态下读数,最好不要取下读数,以免移动后数值跑偏。

3)平均选取 3 点进行测量,取平均值记录。

4)检查尺要轻拿轻放,严禁扔。

5)使用后及时清洁检查尺。

6)要对检查尺定期进行检测。

4. 第四种检查器的保养

1)测量前,将工件和量具测量面擦净,以免影响测量精度和量具磨损。

2)量具在使用过程中不要和其他工器具放在一起,以免碰坏。

3)不要测量转动的工件。

4)温度对量具精度影响很大,量具不要放在热源附近,以免变形。

5)用完后及时清理、擦油,放在专用盒子里。

思考与练习

1. 读出图 6-55 中第四种检查器中圈内的测量尺寸。

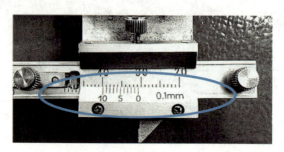

图 6-55 题 1 图

2. 第四种检查器可以测量车轮的哪些数据?

3. 写出图 6-56 中该尺测量部位的名称。

图 6-56 题 3 图

参考文献

[1] 王伯铭.城市轨道交通车辆工程［M］.成都：西南交通大学出版社，2007.
[2] 褚延辉，康鹏.城市轨道交通车辆结构与维修［M］.北京：机械工业出版社，2012.
[3] 李益民，阳东.城市轨道交通车辆制动系统维护与检修［M］.北京：机械工业出版社，2012.
[4] 曾青中，韩增盛.城市轨道交通车辆［M］.成都：西南交通大学出版社，2009.
[5] 曹双胜.城市轨道交通车辆检修工艺设备及工程车辆［M］.重庆：重庆大学出版社，2013.
[6] 阳东，卢桂云.城市轨道交通车辆检修［M］.2版.北京：机械工业出版社，2018.
[7] 郭凝.城市轨道交通车辆机械检修［M］.2版.上海：上海科学技术出版社，2021.

城市轨道交通车辆机械系统检修实训工单

主编 谢勇 张哲

机械工业出版社

目　　录

实训工单一　安全教育……………………………………………………………… 1
实训工单二　城市轨道交通车辆的日检…………………………………………… 4
实训工单三　城市轨道交通车辆的月检…………………………………………… 9
实训工单四　车钩缓冲装置的结构与检修………………………………………… 15
实训工单五　转向架的结构与检修………………………………………………… 23
实训工单六　客室车门的结构与检修……………………………………………… 28
实训工单七　基础制动单元的结构与检修………………………………………… 37
实训工单八　扭力扳手的使用……………………………………………………… 41
实训工单九　常用量具的使用……………………………………………………… 47

实训工单一　安全教育

学院		专业	
姓名		学号	
小组成员		组长姓名	

一、接收工作任务	成绩：

　　_____进入地铁公司车辆检修部门工作，为了建立自我保护安全意识，提高安全生产操作技能，进入公司后都需进行"三级安全教育"培训及考核。

　　企业安全文化是企业在安全生产活动中形成的，或有意识塑造的并且被全体员工所接受、所遵循的、具有企业特色的安全思想、安全意识、安全作风、安全管理机制、安全行为规范、安全生产目标、安全价值、安全文化素质和安全风貌等各种企业安全物质财富和精神财富的总和。

二、安全基本概念认知	成绩：

　　1. 安全泛指没有危险、_____的状态。
　　2. 生产过程中的安全指不发生_____、职业病、设备或财产损失。
　　3. 事故隐患泛指生产系统中可导致事故发生的人的_____、物的_____和管理上的缺陷。
　　4. 事故是指造成人员_____、_____、_____、财产损失或其他损失的意外事件。
　　5. 事故一般分为特别_____、_____、_____和_____4级。
　　6. 事故预防与控制主要应从_____、_____和_____等方面入手，采取相应对策。
　　7. 危险源是指可能造成人员_____、_____、_____、作业环境破坏或其他损失的根源或状态。
　　8. 我国安全生产的基本方针为"_____"。
　　9. 安全生产"五要素"是指_____、_____、_____、_____和_____。

三、通用安全注意事项认知	成绩：

　　1. 国家标准《安全色》规定安全色包括：_____、_____、_____和_____。
　　2. _____是城市轨道交通运营安全的核心部分。
　　3. 行车调度贯彻"集中领导、_____"的原则。
　　4. 行车安全的不利因素有_____、设备的因素和环境的因素。

5. 司机思想波动大，情绪不稳定，责任心不强，行车纪律观念不强，_____是造成行车事故的重要原因。

6. 列车司机的操作，应在正常情况下确保"准确"，在非正常情况下确保"_____"。

7. 电压等级在_____以下的电气设备称为低压电气设备。

8. 火灾自动报警系统（FAS）是为了及早发现、通报火灾，以便即时采取措施扑灭火灾而设置于建筑物内的一种_____。

9. _____的作用是引起人们对不安全因素的注意，以达到预防事故的目的。

10. 隧道内的百米标、限速标、停车位置标应设在行车方向的_____。

四、消防安全及劳保用品认知	成绩：

1. 消防法的立法目的是为了_____，保护公民人身、公共财产和公民财产的安全，维护公共安全，保障社会主义现代化建设的顺利进行。

2. 消防安全的方针是"_____，_____"。

3. 燃烧必须同时具备3个条件：_____、_____和_____。

4. 进行检修作业或车辆静态试验时，应在列车两端各自挂上"_____"告示牌。

5. 禁止带电情况下接触电气设备导电部分，电气设备未经验电，一律视为_____。

6. 接触网断送电、使用1500V直流验电器验电和挂设接地棒操作时，必须严格执行"_____"的原则。

7. 按照要求穿戴好劳保用品，正确佩戴安全带且_____安全带。

8. 上电前应确认车底无人作业，升弓前鸣笛_____警示，降弓前确认列车两端空气压缩机未起动，关闭列车负载（空调、客室电热和客室照明），鸣笛_____警示。

9. 推动主控手柄前需确认_____断开。

10. 作业完成后_____，确认所携带的_____，未遗留在作业现场，确认平台门锁闭。

五、各类安全标志认知	成绩：

六、质量检查　　成绩：

请实训指导教师检查本组作业结果，并针对实训过程中出现的问题提出改进措施及建议。

序号	评价标准	评价结果
1	具备生产安全的基本意识	
2	熟知员工通用安全生产守则	
3	掌握消防用品的使用	
4	熟知各类安全指示标志	
综合评价		☆　☆　☆　☆　☆
综合评语（作业问题及改进建议）		

七、评价反馈　　成绩：

请根据自己在课堂中的实际表现进行自我反思和自我评价。

自我反思：_____

_____。

自我评价：_____

_____。

实训成绩单

项目	评分标准	分值	得分
接收工作任务	清楚本小组的生产任务、小组内的生产分工、作业完成时间节点	5	
安全基本概念认知	掌握安全生产的基本知识	20	
通用安全注意事项认知	掌握通用安全注意事项	20	
消防安全及劳保用品认知	掌握消防安全及劳保用品的使用方法	20	
各类安全标志认知	熟知各类安全标志	20	
质量检查	安全知识及劳保用品的使用方法掌握到位	5	
评价反馈	能对自身表现情况进行客观评价	5	
	在任务实施过程中能发现自身问题	5	
得分（满分100）			

实训工单二　城市轨道交通车辆的日检

学院		专业	
姓名		学号	
小组成员		组长姓名	|史

一、接收工作任务　　成绩：

　　为了确保列车处于良好状态投入正线载客运营，地铁公司规定在列车上线运营前要进行地铁列车的日常检查作业。

　　车辆检修工_____，现接到任务，需对回库列车 0318 车进行日检作业。

二、日检作业流程　　成绩：

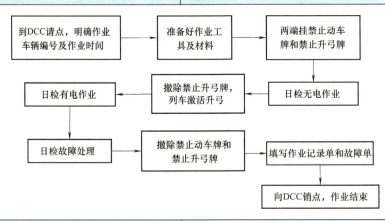

三、准备工作　　成绩：

　　1. 作业安全要点

　　1）作业前确认列车已降弓，处于断电模式。

　　2）列车两端挂好禁动牌。

　　3）按照要求穿戴好劳保用品。

　　4）升弓前，确认车底无人作业，鸣笛两声警示，降弓前鸣笛 1 声警示，降工前确认列车两端空气压缩机未起动，关闭列车负载（空调、客室电热和客室照明、司机室照明）。

　　5）在开关门检查时，必须进行人工广播后再进行开关门作业。

　　6）推动主控手柄前需确认 HSCB 已断开。

　　7）作业完成后清理现场，确认所携带的检修工具齐全，未遗留在作业现场。

　　8）作业完成离开列车，关闭客室侧门，锁闭司机室门。

2. 作业使用的工具

序号	名称	型号	数量	清点
1	方孔钥匙	8mm × 8mm	2 把	□ 已清点
2	手电筒	—	2 个	□ 已清点
3	主控钥匙	—	2 把	□ 已清点
4	禁动牌	—	2 块	□ 已清点

3. 作业使用的耗材

序号	名称	型号	数量	清点
1	抹布	无纺布	适量	□ 已清点
2	划线笔	—	1 支	□ 已清点
3	酒精	—	适量	□ 已清点

四、日检无电功能检查——转向架侧面检查　成绩：

图片	作业步骤	作业内容	检查结果
	1	检查 TI 天线梁	正常：是 □ 否 □ 缺陷描述：
	2	检查轮对踏面	正常：是 □ 否 □ 缺陷描述：
	3	检查车轮注油孔螺堵	正常：是 □ 否 □ 缺陷描述：

（续）

图片	作业步骤	作业内容	检查结果
	4	检查一系悬挂装置	正常：是□ 否□ 缺陷描述：
	5	检查轴箱及轴端装置	正常：是□ 否□ 缺陷描述：
	6	检查轮对提吊	正常：是□ 否□ 缺陷描述：
	7	检查构架	正常：是□ 否□ 缺陷描述：
	8	检查车底与转向架接地线	正常：是□ 否□ 缺陷描述：

(续)

图片	作业步骤	作业内容	检查结果
	9	检查手动缓解拉绳	正常：是□ 否□ 缺陷描述：
	10	检查闸瓦	正常：是□ 否□ 缺陷描述：
	11	检查基础制动单元	正常：是□ 否□ 缺陷描述：
	12	检查二系悬挂装置	正常：是□ 否□ 缺陷描述：
	13	检查抗侧滚扭杆	正常：是□ 否□ 缺陷描述：
	14	检查高度阀	正常：是□ 否□ 缺陷描述：

五、质量检查		成绩：	

请实训指导教师检查本组作业结果，并针对实训过程出现的问题提出改进措施及建议。

序号	评价标准	评价结果
1	作业前做好防护措施，转向架表面干净无异物、无变形或损伤	
2	严格按工艺进行标准化日检作业	
3	轮对、轴箱检查到位	
4	一系悬挂、构架检查到位	
5	抗侧滚扭杆、二系悬挂、基础制动单元等检查到位	
6	作业后做好现场6S，整理工器具；作业记录表填写及时、准确	
综合评价	☆☆☆☆☆	
综合评语（作业问题及改进建议）		

六、评价反馈		成绩：	

请根据自己在课堂中的实际表现进行自我反思和自我评价。

自我反思：_____
_____。

自我评价：_____
_____。

实训成绩单

项目	评分标准	分值	得分
接收工作任务	清楚本小组的生产任务、小组内的生产分工、作业完成时间节点	5	
日检作业流程	清楚日检作业流程	10	
准备工作	检修场地准备充分，检修设备、工具、材料准备齐全	10	
日检无电功能检查——转向架侧面检查	轮对、轴箱检查按标准执行	15	
	一系悬挂、构架检查按标准执行	15	
	抗侧滚扭杆、二系悬挂检查按标准执行	10	
	基础制动单元检查按标准执行	15	
质量检查	能有效、及时发现走行部明显的故障，做了防护，现场6S整理，作业记录表按时填写	10	
评价反馈	能对自身表现情况进行客观评价	5	
	在任务实施过程中能发现自身问题	5	
得分（满分100）			

实训工单三　城市轨道交通车辆的月检

学院		专业	
姓名		学号	
小组成员		组长姓名	

一、接收工作任务

　　为了确保列车处于良好状态投入正线载客运营，车辆检修工_____，现接到任务，需对回库列车 02111 车进行月检作业。

二、月检车顶无电作业流程	成绩：

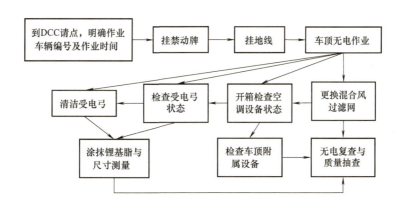

三、准备工作	成绩：

1. 无电作业注意事项

1）按照要求穿戴好劳保用品，正确佩戴安全带且安全带高挂低用。

2）作业前确认相应轨道接触网断电并挂好接地线、受电弓降弓、列车处于断电状态、无库用电源向列车供电，断开蓄电池控制开关。

3）列车两端放置"禁止动车"牌，两端司机室升弓按钮处挂"禁止升弓"牌，列车上电旋钮处挂"严禁合闸"牌，按下司机台上紧急制动按钮。

4）作业完成后清理现场，确认所携带的检修工具齐全，未遗留在作业现场，确认平台门锁闭。

2. 作业使用的工具

序号	名称	型号	数量	清点
1	方孔钥匙	8mm×8mm	2把	□已清点
2	手电筒	—	1个	□已清点
3	主控钥匙	—	2把	□已清点
4	禁动牌	—	2块	□已清点
5	游标卡尺	—	1把	□已清点
6	支撑架	—	1把	□已清点
7	秒表	—	1个	□已清点
8	塞尺	2mm	1套	□已清点
9	整形锉	—	1把	□已清点
10	扭力扳手套件	20～100N·m	1套	□已清点
11	套筒扳手套件	58件套	1套	□已清点
12	梯子	—	1把	□已清点

3. 作业使用的耗材

序号	名称	型号	数量	清点
1	抹布	无纺布	适量	□已清点
2	划线笔	—	4支	□已清点
3	锂基脂3号	—	0.25kg	□已清点
4	油漆膏	红色	4支	□已清点
5	油漆膏	黄色	2支	□已清点
6	医用酒精95%	500mL	3瓶	□已清点
7	工业清洗剂	500mL	3瓶	□已清点

四、受电弓及平台清洁　　成绩：

图片	作业步骤	作业内容	检查结果
	1	清洁弓头油污、炭粉	正常：是□ 否□ 缺陷描述：
	2	使用无纺布蘸酒精清洁上臂、下臂、下导杆、上导杆上的油污、炭粉等污渍	正常：是□ 否□ 缺陷描述：

(续)

图片	作业步骤	作业内容	检查结果
	3	清洁受电弓底架、ADD控制箱的绝缘子上的油污、灰尘	正常：是□否□ 缺陷描述：
	4	清洁避雷器上的油污	正常：是□否□ 缺陷描述：
	5	清洁绝缘气管上的油污	正常：是□否□ 缺陷描述：
	6	清洁受电弓安装紧固件表面	正常：是□否□ 缺陷描述：
	7	清洁受电弓平台绝缘层	正常：是□否□ 缺陷描述：
注意事项： 1）清洁紧固件时，不可把防松线清洁掉；若发现防松线错位，需重新紧固螺栓；若发现防松线不清晰，需擦拭干净，重新画防松线 2）若清洁过程中擦掉润滑脂，需重新涂抹			

五、升降弓调整　　成绩：

图片	作业步骤	作业内容	检查结果
	1	静态接触压力测量	将弹簧秤有钩一端挂在受电弓弓头横杆中点处，垂直下拉，在距离升弓高度800～1200mm范围内记录弹簧秤读数	正常：是□否□ 下拉位置：_____ 压力测试值：_____ 结果描述：_____ 缺陷描述：

（续）

图片	作业步骤	作业内容	检查结果
	2	检查碳滑板与接触网接触情况	在升弓状态下检查碳滑板与接触网的接触情况	正常：是□否□ 缺陷描述：
	3	检查气囊运动情况	检查气囊的运动及膨胀情况，观察气囊的运动是否正常	正常：是□否□ 缺陷描述：
	4	检查受电弓升弓功能	检查受电弓升弓功能，测试升弓时间：车内作业者按下升弓按钮后，车顶作业者看到受电弓动作时用秒表开始计时，碳滑板与接触网接触后停止计时	正常：是□否□ 升弓时间：_____ 缺陷描述：

（续）

图片	作业步骤	作业内容	检查结果
	5	检查受电弓降弓功能	检查受电弓降弓功能，测试降弓时间：车内作业者按下降弓按钮后，车顶作业者听到气缸放气声时用秒表开始计时，受电弓完全落下后停止计时	正常：是□否□ 降弓时间：_____ 缺陷描述：
		注意事项： 1）如果出现不正常现象，应调整升弓钢丝绳，使两根钢丝绳的长度相等，以排除上述现象 2）快降距离过小容易产生拉弧现象，快降距离过大容易对车顶产生冲击。快降距离应根据网线高度来适当调整	

六、质量检查　　　　　　　　　　　成绩：

请实训指导教师检查本组作业结果，并针对实训过程出现的问题提出改进措施及建议。

序号	评价标准	评价结果
1	作业前做好防护措施，受电弓表面干净无异物，无变形或损伤	
2	严格按工艺进行标准化月检作业	
3	受电弓静态接触压力测量准确	
4	受电弓碳滑板磨损情况检查到位	
5	受电弓升弓功能检查到位	
6	作业后做好现场6S，整理工器具；作业记录表填写及时、准确	
综合评价	☆☆☆☆☆	
综合评语 （作业问题及改进建议）		

七、评价反馈	成绩：

请根据自己在课堂中的实际表现进行自我反思和自我评价。

自我反思：_____
_____。

自我评价：_____
_____。

实训成绩单

项目	评分标准	分值	得分
接收工作任务	清楚本小组的生产任务、小组内的生产分工、作业完成时间节点	5	
月检车顶无电作业流程	清楚日检作业流程	10	
准备工作	检修场地准备充分，检修设备、工具、材料准备齐全	10	
受电弓及平台清洁	受电弓及平台清洁按标准执行；表面清洁，无污渍堆积	25	
升降弓调整	升、降弓功能正常，对接触网无有害冲击现象	30	
质量检查	受电弓平台清洁，功能正常，做了防护，现场6S整理，作业记录表按时填写	10	
评价反馈	能对自身表现情况进行客观评价	5	
	在任务实施过程中能发现自身问题	5	
得分（满分100）			

实训工单四　车钩缓冲装置的结构与检修

学院		专业	
姓名		学号	
小组成员		组长姓名	
一、接收工作任务		成绩：	

　　0312 车正在进行定修作业，车辆检修工_____，在师傅的带领下完成了对车钩的基本认识。按照操作要求，需对全自动车钩进行外观清洁、尺寸测量调整等。

二、车钩基础认知	成绩：

　　1. 看图写出车钩各部分的名称。

1—_____　2—_____　3—_____　4—_____　5—_____　6—_____
7—_____　8—_____　9—_____　10—_____

　　2. 看图写出电气连接器各部分的名称。

1—_____　2—_____　3—_____　4—_____　5—_____
6—_____　7—_____　8—_____

3. 简述车钩的类型,并用"符号"表示出来。

4. 过载保护螺栓安装在什么地方?有什么作用?

三、准备工作	成绩:

1. 车钩年检作业注意事项

1)按照要求穿戴好劳保用品。

2)作业前确认相应轨道接触网断电并挂好接地线、受电弓降弓、列车处于断电状态、无库用电源向列车供电,断开蓄电池控制开关。

3)列车两端放置"禁止动车"牌,两端司机室升弓按钮处挂"严禁升弓"牌,列车上电旋钮处挂"严禁合闸"牌,按下司机台上紧急制动按钮。

4)作业完成后清理现场,确认所携带的检修工具齐全,未遗留在作业现场,确认平台门锁闭。

2. 作业使用的工具

序号	名称	型号	数量	清点
1	梯子	铝合金 A 型梯	1 把	□已清点
2	呆扳手	36mm	2 把	□已清点
3	扭力扳手	60～500N·m	1 把	□已清点
4	内六角扳手	5mm	1 把	□已清点
5	美工刀	—	1 把	□已清点

3. 作业使用的耗材

序号	名称	型号	数量	清点
1	润滑脂	AUTOL TOP2000	6 支	□已清点
2	抹布	—	若干	□已清点
3	酒精	—	1 罐	□已清点
4	防尘服	—	适量	□已清点
5	橡胶手套	—	适量	□已清点
6	清洗剂	—	适量	□已清点
7	防锈剂	Zinkoton	适量	□已清点
8	润滑剂	PLUS	适量	□已清点

四、全自动车钩清洁与检查		成绩：		
图片	作业步骤		作业内容	检查结果
	1	检查并清洁钩面、车钩钩身、阀体、管路	1）用清洗剂和抹布清洁钩面、车钩钩身、阀体、管路等 2）检查钩头表面、钩身、阀体、管路有无生锈、脱漆现象	正常：是□ 否□ 缺陷描述：
	2	检查车钩上的各紧固件及气路管接头	检查所有紧固件及气路管接头	正常：是□ 否□ 缺陷描述：
	3	清洁风管连接器	用压缩空气清洁风管连接器，再用无纺布擦拭风管管口表面	正常：是□ 否□ 缺陷描述：
	4	检查电气连接器推送机构	1）目测电气连接器推送机构上的弹簧有无异常损伤 2）用酒精清洁并检查电子钩头操作装置导向杆	正常：是□ 否□ 缺陷描述：
	5	检查电气连接器及电气连接插	1）清洁并检查电钩头外保护盖 2）将电气连接器推出，用压缩空气清洁电气连接器针子，再用无纺布擦拭电气连接器表面；检查定触头，手动按压动触头；在电子钩头橡胶件表面涂抹滑石粉 3）检查电气连接插	正常：是□ 否□ 缺陷描述：

（续）

图片	作业步骤	作业内容	检查结果
	6	清洁、润滑电子钩头转动关节	1）检查转动关节处开口销无丢失 2）使用润滑油（PLUS油）对车钩转动关节进行润滑	正常：是□ 否□ 缺陷描述：
	7	喷涂防锈剂	1）使用胶纸将主风管口密封 2）使用砂纸对生锈部位进行打磨 3）打磨干净后，喷涂防锈剂	正常：是□ 否□ 缺陷描述：
	8	检查垂直支撑橡胶	检查垂直支撑橡胶的外观	正常：是□ 否□ 缺陷描述：
	9	检查车钩接地线	检查车钩接地线的外观	正常：是□ 否□ 缺陷描述：
	10	检查滴水孔	1）检查卡环滴水孔 2）检查钩头滴水孔 3）检查钩尾座滴水孔	正常：是□ 否□ 缺陷描述：
	11	检查并润滑压馈管	检查上部红色指示销，并用 TOP 2000 润滑脂润滑压溃管与钩身间隙	正常：是□ 否□ 缺陷描述：

(续)

图片	作业步骤	作业内容	检查结果
	12	检查并润滑抱箍、转轴	1）检查卡环孔内的润滑脂是否变黑或变质，将变黑或变质的润滑脂去除 2）用 TOP 2000 润滑脂润滑抱箍及转轴	正常：是□ 否□ 缺陷描述：
	注意事项：做好防护措施，避免吸入化学试剂，造成身体伤害			

五、全自动车钩尺寸测量与调整工艺　　成绩：

图片	作业步骤	作业内容	检查结果
	1	测量车钩面水平度	在车钩面上方放置水平尺，检查钩面水平情况	正常：是□ 否□ 缺陷描述：
	2	测量车钩高度	1）将水平尺放置在车钩钩头正下方轨道上 2）从车钩侧面中心刻度线处测量车钩高度	正常：是□ 否□ 测量高度：_____ 缺陷描述：
	3	调整车钩高度	1）松开调节座与钩身之间的两个螺母 2）车钩高度低于 660mm 时，逆时针旋转车钩高度调整螺栓（调节座下部）；车钩高度高于 670mm 时，顺时针旋转车钩高度调整螺栓 3）调整车钩高度到标准尺寸范围后，顺时针拧紧上部螺母，然后逆时针拧紧下部螺母 4）作业完成后重新紧固螺栓，调整好力矩；对漆面破损处进行补漆处理	调整后车钩高度：_____ 力矩值：_____

（续）

图片	作业步骤	作业内容	检查结果
	4	测量钩锁间隙	1）将车钩间隙测量仪安装到车钩表面上 2）手动拧紧主控量规上的把手，使得车钩模拟与另一个车钩连挂现象 3）读取车钩间隙测量仪的数据	正常：是□ 否□ 车钩间隙：_____ 缺陷描述：
	注意事项：车钩必须清洁后才可进行测量		

六、全自动车钩功能测试　　成绩：

图片	作业步骤	作业内容	检查结果
	1	检查二位五通阀和其他气路管的密封性	将漏点测试剂均匀喷涂在阀体连接处、各气路管界面处，检查各部位是否有明显气泡产生	正常：是□ 否□ 缺陷描述：
	2	检查手动解钩功能	转动解钩手柄，检查钩舌转动情况。手拉解钩拉绳，检查红色指示线的位置	正常：是□ 否□ 缺陷描述：
	3	检查车钩对中功能	手动推动车钩，使其偏离原位（15°以内），卸力后可恢复原位	正常：是□ 否□ 缺陷描述：

七、质量检查		成绩：	

请实训指导教师检查本组作业结果，并针对实训过程出现的问题提出改进措施及建议。

序号	评价标准	评价结果
1	作业前做好防护措施，车钩表面干净无异物，无变形或损伤	
2	线缆、插头清洁按标准执行，外观清洁、除锈按标准执行	
3	车钩面在水平位置，车钩中心高度符合标准	
4	钩锁间隙测量规范	
5	车钩功能测试规范，手动解钩、二位五通阀测试到位	
6	作业后做好现场6S，整理工器具；作业记录表填写及时、准确	
综合评价	☆ ☆ ☆ ☆ ☆	
综合评语（作业问题及改进建议）		

八、评价反馈		成绩：	

请根据自己在课堂中的实际表现进行自我反思和自我评价。

自我反思：_____

_____。

自我评价：_____

_____。

实训成绩单

项目	评分标准	分值	得分
接收工作任务	清楚本小组的生产任务、小组内的生产分工、作业完成时间节点	5	
车钩基础认知	清楚车钩各部分的结构、作用与工作原理	10	
准备工作	检修场地准备充分，检修设备、工具、材料准备齐全	5	
全自动车钩清洁与检查	车钩的清洁、除锈、润滑按标准执行	20	
全自动车钩尺寸测量与调整	车钩的尺寸测量按标准执行，尺寸调整符合标准	20	

（续）

项目	评分标准	分值	得分
全自动车钩功能测试	车钩功能测试按标准执行，且功能正常	20	
质量检查	车钩清洁、润滑到位，尺寸调节到位，做了防护；现场6S整理；作业记录表按时填写	10	
评价反馈	能对自身表现情况进行客观评价	5	
	在任务实施过程中能发现自身问题	5	
得分（满分100）			

实训工单五　转向架的结构与检修

学院		专业	
姓名		学号	
小组成员		组长姓名	

一、接收工作任务	成绩：
_____是一名车辆检修工，0207 车正在进行定修作业，按照车间生产计划，转向架工班对 0207 车 12 台转向架进行检修。工班长根据作业项目对班组人员进行分工，对其接地轴端及速度传感器进行检修。	

二、转向架结构认知	成绩：

1. 看图写出转向架各部分的名称。

1—_____　2—_____　3—_____　4—_____　5—_____　6—_____
　　7—_____　8—_____　9—_____　10—_____

2. 看图写出轮对各部分的名称。

1—_____　2—_____　3—_____　4—_____　5—_____

3.看图写出轴箱各部分的名称。

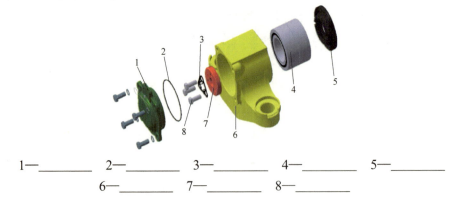

1—_____ 2—_____ 3—_____ 4—_____ 5—_____
6—_____ 7—_____ 8—_____

4.简述 LV3 型自动高度调整阀的工作原理。

三、准备工作	成绩：

1.转向架年检作业注意事项
1）按照要求穿戴好劳保用品。
2）作业前确认相应轨道接触网断电并挂好接地线、受电弓降弓、列车处于断电状态、无库用电源向列车供电，断开蓄电池控制开关。
3）列车两端放置"禁止动车"牌，两端司机室升弓按钮处挂"禁止升弓"牌，列车上电旋钮处挂"严禁合闸"牌，按下司机台上紧急制动按钮。
4）作业完成后清理现场，确认所携带的检修工具齐全，未遗留在作业现场，确认平台门锁闭。

2.作业使用的工具

序号	名称	型号	数量	清点
1	套筒扳手套件	17#	2把	□已清点
2	扭力扳手套件	0~100N·m	2套	□已清点
3	毛刷	—	2把	□已清点
4	斜口钳	—	1把	□已清点
5	套筒扳手套件	30#	2套	□已清点
6	钳子	—	1把	□已清点
7	棘轮	—	1套	□已清点
8	塞尺	—	1套	□已清点

3. 作业使用的耗材

序号	名称	型号	数量	清点
1	螺纹紧固胶	—	1瓶	□已清点
2	酒精	95%	1瓶	□已清点
3	无纺清洁布	—	适量	□已清点
4	不锈钢丝	—	适量	□已清点

四、接地轴端检查　　　成绩：

图片	作业步骤	作业内容	检查结果
	1	检查轴端接地装置内部，并清洁炭粉	正常：是□ 否□ 缺陷描述：
	2	检查电刷外观、电刷功能	正常：是□ 否□ 缺陷描述：
	3	检查电刷是否磨耗到限	正常：是□ 否□ 缺陷描述：
	4	1）安装轴端紧固螺栓 2）安装接地线紧固螺栓 3）重新画防松线	正常：是□ 否□ 缺陷描述：

五、速度传感器检查			成绩：	
图片	作业步骤	作业内容		检查结果
	1	拆卸轴端检查螺栓		正常：是 □ 否 □ 缺陷描述：
	2	检查速度传感器间隙		正常：是 □ 否 □ 测量间隙：_____ 缺陷描述：
	3	清洁速度传感器表面		正常：是 □ 否 □ 缺陷描述：
	4	检查线鼻安装情况		正常：是 □ 否 □ 缺陷描述：
	5	安装轴端检查螺栓		正常：是 □ 否 □ 缺陷描述：

六、质量检查		成绩：	
请实训指导教师检查本组作业结果，并针对实训过程出现的问题提出改进措施及建议。			
序号	评价标准		评价结果
1	作业前做好防护措施，转向架轴端干净无异物，无变形或损伤		
2	轴端接地装置内部炭粉清洁完毕		
3	电刷测量厚度符合标准		
4	速度传感器间隙测量规范		
5	螺栓紧固、防松钢丝安装符合标准		
6	作业后做好现场6S，整理工器具；作业记录表填写及时、准确		
综合评价	☆☆☆☆☆		
综合评语（作业问题及改进建议）			

七、评价反馈	成绩：

请根据自己在课堂中的实际表现进行自我反思和自我评价。

自我反思：_____

_____。

自我评价：_____

_____。

实训成绩单			
项目	评分标准	分值	得分
接收工作任务	清楚本小组的生产任务、小组内的生产分工、作业完成时间节点	5	
转向架结构认知	清楚转向架各部分的结构、作用与工作原理	10	
准备工作	检修场地准备充分，检修设备、工具、材料准备齐全	5	
接地轴端检查	轴端炭粉的清洁、电刷磨耗尺寸测量按标准执行	25	
速度传感器检查	速度传感器表面的清洁、速度传感器测量间隙符合标准	25	
螺栓紧固、防松钢丝	螺栓紧固无松动，重打防松钢丝，重新划防松线	10	
质量检查	轴端清洁、润滑到位，尺寸调节到位，做了防护；现场6S整理；作业记录表按时填写	10	
评价反馈	能对自身表现情况进行客观评价	5	
	在任务实施过程中能发现自身问题	5	
得分（满分100）			

实训工单六 客室车门的结构与检修

学院		专业	
姓名		学号	
小组成员		组长姓名	

一、接收工作任务	成绩：

_____是一名车辆检修学徒工，0711 车正在进行定修作业，工班长组织班组全员熟悉检查客室塞拉门。按照规程工艺卡的要求，根据作业项目对班组人员进行分工，_____接到任务后，按照操作要点对客室塞拉门进修检修。

二、车门结构认知	成绩：

1.看图写出客室塞拉门各部分的名称。

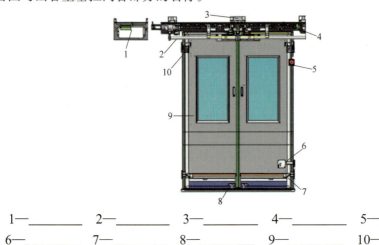

1—_____   2—_____   3—_____   4—_____   5—_____
6—_____   7—_____   8—_____   9—_____   10—_____

2.看图写出门头机构各部分的名称。

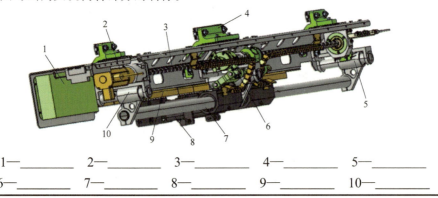

1—_____   2—_____   3—_____   4—_____   5—_____
6—_____   7—_____   8—_____   9—_____   10—_____

三、准备工作	成绩:

1. 车门年检作业注意事项

1）按照要求穿戴好劳保用品，断开车门断路器。

2）作业前确认相应轨道接触网断电并挂好接地线、受电弓降弓、列车处于断电状态、无库用电源向列车供电，断开蓄电池控制开关。

3）列车两端放置"禁止动车"牌，两端司机室升弓按钮处挂"禁止升弓"牌，列车上电旋钮处挂"严禁合闸"牌，按下司机台上紧急制动按钮。

4）作业完成后清理现场，确认所携带的检修工具齐全，未遗留在作业现场，确认平台门锁闭。

2. 作业使用的工具

序号	名称	型号	数量	清点
1	十字螺钉旋具	2×125mm	1把	□已清点
2	棘轮把手	—	2把	□已清点
3	接杆	12.5mm×250mm	1个	□已清点
4	38件套	—	1组	□已清点
5	内六角扳手	—	1组	□已清点
6	呆扳手	—	1组	□已清点
7	扭力扳手	0~100N·m	1把	□已清点
8	橡胶槌	—	1把	□已清点
9	凳子	—	1个	□已清点
10	钢直尺	200mm	1把	□已清点
11	钢卷尺	3m	1个	□已清点
12	防夹块	25mm×60mm	4个	□已清点

3. 作业使用的耗材

序号	名称	型号	数量	清点
1	螺纹紧固胶	乐泰263、乐泰243	2个	□已清点
2	划线笔	红色	6支	□已清点
3	NS-7润滑油	NSK	10个	□已清点
4	润滑脂	—	1桶	□已清点
5	WD-40	—	1瓶	□已清点
6	无纺清洁布	—	适量	□已清点

四、客室车门年检作业		成绩：	
图片	作业步骤	作业内容	检查结果
	1	门叶外观	正常：是□ 否□ 缺陷描述：
	2	门叶密封性能	正常：是□ 否□ 缺陷描述：
	3	机架安装	正常：是□ 否□ 缺陷描述：
	4	S1、S4 开关	正常：是□ 否□ 缺陷描述：

（续）

图片	作业步骤	作业内容	检查结果
	5	坦克链	正常：是□ 否□ 缺陷描述：
	6	上滑道	正常：是□ 否□ 缺陷描述：
	7	丝杠	正常：是□ 否□ 缺陷描述：
	8	门驱电动机	正常：是□ 否□ 缺陷描述：

(续)

图片	作业步骤	作业内容	检查结果
	9	端部解锁装置、紧急解锁行程开关S3状态	正常：是□ 否□ 缺陷描述：
	10	螺母副	正常：是□ 否□ 缺陷描述：
	11	传动架	正常：是□ 否□ 缺陷描述：
	12	直线轴承	正常：是□ 否□ 缺陷描述：
	13	长导柱	正常：是□ 否□ 缺陷描述：

实训工单六　客室车门的结构与检修

（续）

图片	作业步骤	作业内容	检查结果
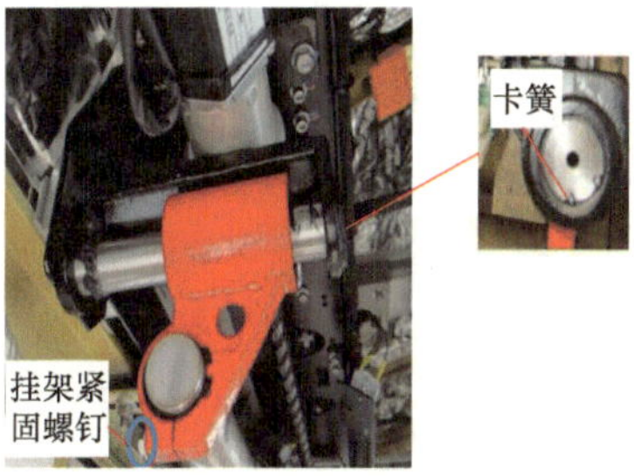	14	短导柱	正常：是□　否□ 缺陷描述：
	15	携门架	正常：是□　否□ 缺陷描述：
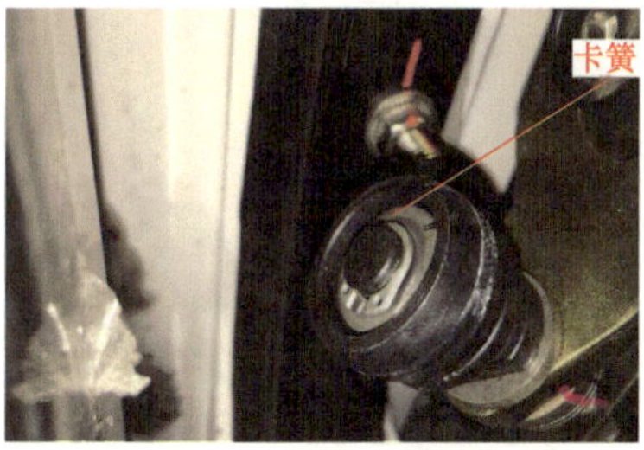	16	平衡压轮	正常：是□　否□ 滚轮深度与门板加强点间的距离：_____ 缺陷描述：
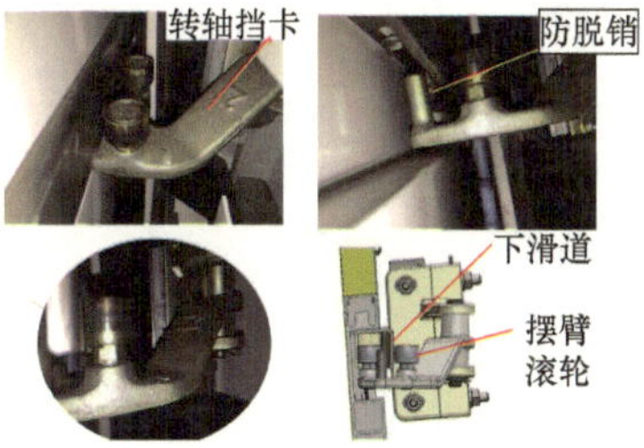	17	下滑道与下摆臂	正常：是□　否□ 下滑道边缘和滚轮臂之间的距离（在门叶开度700mm）：_____ 缺陷描述：
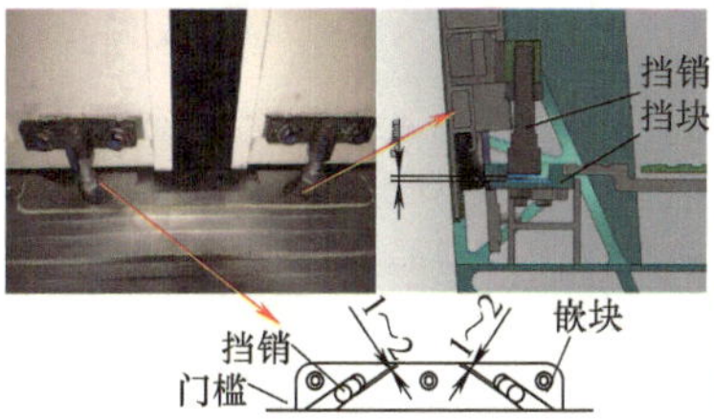	18	下挡销组件	正常：是□　否□ 挡销侧面与嵌块的间隙：_____ 挡销底面与嵌块的间隙：_____ 缺陷描述：

（续）

图片	作业步骤	作业内容	检查结果
	19	门控器组件	正常：是□ 否□ 缺陷描述：
	20	内部、外部紧急解锁装置	正常：是□ 否□ 缺陷描述：
	21	门隔离开关	正常：是□ 否□ 缺陷描述：
	22	尺寸测量及调整	正常：是□ 否□ 左、右门叶对中尺寸偏差：____ 门叶 V 形尺寸：____ 车门完全打开，左、右门叶外摆尺寸：____ 缺陷描述：

（续）

图片	作业步骤	作业内容	检查结果
	23	手动开关门功能	正常：是□ 否□ 缺陷描述：
	24	各部件清洁	正常：是□ 否□ 缺陷描述：
	25	部件润滑	正常：是□ 否□ 缺陷描述：
	26	关键螺栓力矩校验	正常：是□ 否□ 缺陷描述：

五、质量检查　　　成绩：

请实训指导教师检查本组作业结果，并针对实训过程出现的问题提出改进措施及建议。

序号	评价标准	评价结果
1	作业前做好防护措施，客室车门表面干净无异物，无变形或损伤	
2	线缆、插头清洁按标准执行，外观清洁、除锈按标准执行	
3	客室车门尺寸测量及调整符合标准	
4	各行程开关检测符合标准	
5	部件清洁、润滑，关键螺栓力矩校验符合标准	
6	作业后做好现场 6S，整理工器具；作业记录表填写及时、准确	
综合评价	☆☆☆☆☆	
综合评语（作业问题及改进建议）		

六、评价反馈　　　成绩：

请根据自己在课堂中的实际表现进行自我反思和自我评价。

自我反思：_____

_____。

自我评价：_____

_____。

实训成绩单

项目	评分标准	分值	得分
接收工作任务	清楚本小组的生产任务，小组内的生产分工、作业完成时间节点	5	
车门结构认知	清楚客室车门的结构、作用与工作原理	10	
准备工作	检修场地准备充分，检修设备、工具、材料准备齐全	5	
行程开关检测	各行程开关检测、行程开关位置调整按标准执行	20	
车门尺寸测量及调整	车门的尺寸测量按标准执行，尺寸调整符合标准	20	
润滑、紧固	部件清洁、润滑到位，关键螺栓力矩校验符合标准	20	
质量检查	车门清洁、润滑到位，尺寸调节到位，做了防护；现场 6S 整理；作业记录表按时填写	10	
评价反馈	能对自身表现情况进行客观评价	5	
	在任务实施过程中能发现自身问题	5	
得分（满分 100）			

实训工单七 基础制动单元的结构与检修

学院		专业	
姓名		学号	
小组成员		组长姓名	
一、接收工作任务		成绩:	

_____是一名车辆检修学徒工,0411车正在进行定修作业,工班长组织全员熟悉该车定修进度。随后,工班长对该车基础制动单元的闸瓦检修进行了人员分工。_____接到任务,按照操作要点进行闸瓦检修作业。

二、基础制动单元结构认识	成绩:

看图写出基础制动单元各部分的名称。

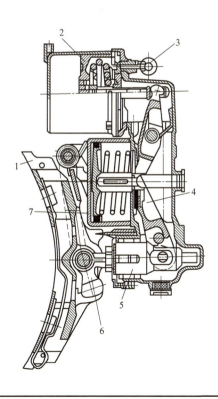

1—_____ 2—_____
3—_____ 4—_____
5—_____ 6—_____
7—_____

三、准备工作	成绩：

1. 闸瓦检修作业注意事项
1）禁止供电，仅在最终测试时供电。
2）禁止供气，仅在最终测试时供气。
3）用轨道铁鞋止住车轮，并悬挂禁动牌和防护灯。
2. 作业使用的工具

序号	名称	型号	数量	清点
1	呆扳手	46mm	1	□已清点
2	平口钳	—	1	□已清点

四、基础制动单元闸瓦更换作业	成绩：

图片	作业步骤	作业内容	检查结果
	1	排气，将整车的气全部排完。将全车的B05和B30.02全部置于隔离位	正常：是□ 否□ 缺陷描述：
	2	移动闸瓦托，用46mm的呆扳手顺时针旋转调整螺栓移动闸瓦托	正常：是□ 否□ 缺陷描述：
	3	用平口钳拆下开口销	正常：是□ 否□ 缺陷描述：
	4	用平口钳拆下插销	正常：是□ 否□ 缺陷描述：
	5	将新的闸瓦放置到位	正常：是□ 否□ 缺陷描述：
	6	用平口钳装上插销	正常：是□ 否□ 缺陷描述：

(续)

图片	作业步骤	作业内容	检查结果
	7	用平口钳装上开口销	正常：是□ 否□ 缺陷描述：
	8	用46mm的呆扳手逆时针旋转调整螺栓移动闸瓦托至合适位置	正常：是□ 否□ 缺陷描述：
	9	将B05，B30.02位置恢复	正常：是□ 否□ 缺陷描述：

五、质量检查　　　　　　　　　成绩：

请实训指导教师检查本组作业结果，并针对实训过程出现的问题提出改进措施及建议。

序号	评价标准	评价结果
1	作业前做好防护措施，基础制动单元表面干净无异物，无变形或损伤	
2	检修作业前按标准将整车的气全部排完	
3	更换闸瓦符合标准	
4	开口销安装符合标准	
5	作业后做好现场6S，整理工器具；作业记录表填写及时、准确	
综合评价	☆ ☆ ☆ ☆ ☆	
综合评语 （作业问题及改进建议）		

六、评价反馈　　　　　　　　　成绩：

请根据自己在课堂中的实际表现进行自我反思和自我评价。

自我反思：＿＿＿＿＿＿＿＿＿＿＿＿＿＿＿＿＿＿＿＿＿＿＿＿＿＿＿＿＿＿＿＿＿＿
＿＿＿＿＿＿＿＿＿＿＿＿＿＿＿＿＿＿＿＿＿＿＿＿＿＿＿＿＿＿＿＿＿＿＿＿＿＿。

自我评价：＿＿＿＿＿＿＿＿＿＿＿＿＿＿＿＿＿＿＿＿＿＿＿＿＿＿＿＿＿＿＿＿＿＿
＿＿＿＿＿＿＿＿＿＿＿＿＿＿＿＿＿＿＿＿＿＿＿＿＿＿＿＿＿＿＿＿＿＿＿＿＿＿。

实训成绩单			
项目	评分标准	分值	得分
接收工作任务	清楚本小组的生产任务、小组内的生产分工、作业完成时间节点	5	
基础制动单元结构认知	清楚基础制动单元各部分的结构、作用与工作原理	10	
准备工作	检修场地准备充分，检修设备、工具、材料准备齐全	5	
闸瓦更换	检修作业前，将整车的气全部排完	10	
	用呆扳手顺时针旋转调整螺栓移动闸瓦托	20	
	更换新闸瓦	20	
	将 B05、B30.02 位置恢复	10	
质量检查	基础制动单元清洁到位，尺寸调节到位，做了防护；现场 6S 整理；作业记录表按时填写	10	
评价反馈	能对自身表现情况进行客观评价	5	
	在任务实施过程中能发现自身问题	5	
得分（满分 100）			

实训工单八 扭力扳手的使用

学院		专业	
姓名		学号	
小组成员		组长姓名	

一、接收工作任务	成绩:

随着地铁线网的发展,对新进员工的需求量增大,基础作业的规范统一尤为重要,参差不齐的作业方式会给生产带来不必要的损失,为此结合现场,针对部分工序进行规范培训。

新进车辆检修员工_____,必须进行车辆螺栓拧紧工艺及防松标识作业的规范培训。

二、扭力扳手基础认知	成绩:

1. 看图写出扭力扳手各部分的名称。

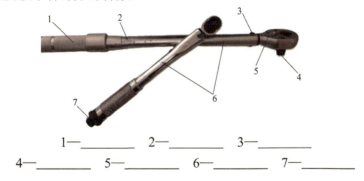

1—_____ 2—_____ 3—_____
4—_____ 5—_____ 6—_____ 7—_____

2. 简述扭力扳手的使用步骤。

三、准备工作	成绩：

1. 螺栓紧固前注意事项

按安全要求穿工作服和安全鞋，戴安全帽。

2. 螺栓紧固前确认

1）根据被紧固件的力矩要求选用适合的扭力扳手，并检查准用证是否在可用期内。

2）检查扭力扳手是否外观良好、部件齐全、无锈蚀。

3）调整方向转换开关，设置好方向。

4）用一只手握住扭力扳手棘轮头，另一只手轻轻摆动扭力扳手，确认扭力扳手是否棘轮良好、方向锁定有效。

5）根据被紧固件螺栓矩的要求设定好力矩值，并锁定调节装置（预紧力矩低于额定力矩，校准力矩是额定力矩的 80%，紧固力矩为额定力矩）。

6）清洁干净被紧固螺栓螺母或螺母头。

3. 作业使用的工具

序号	名称	数量	清点
1	扭力扳手	1 把	□已清点
2	油漆记号笔	1 支	□已清点

四、扭力扳手标准实操	成绩：

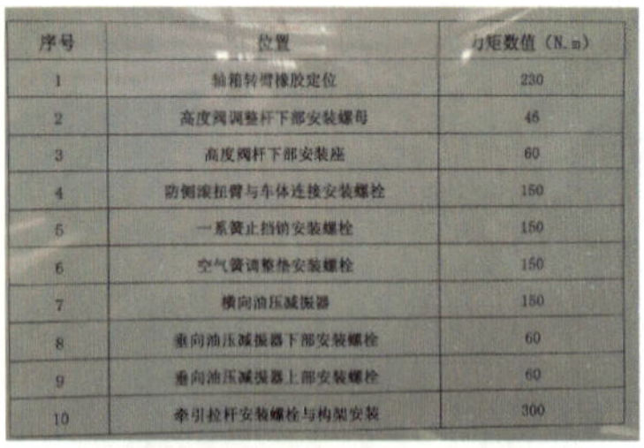

<table>
<tr><td>
<table>
<tr><th>序号</th><th>位置</th><th>力矩数值（N.m）</th></tr>
<tr><td>1</td><td>轴箱转臂橡胶定位</td><td>230</td></tr>
<tr><td>2</td><td>高度阀调整杆下部安装螺母</td><td>46</td></tr>
<tr><td>3</td><td>高度阀杆下部安装座</td><td>60</td></tr>
<tr><td>4</td><td>防侧滚扭臂与车体连接安装螺栓</td><td>150</td></tr>
<tr><td>5</td><td>一系簧止挡销安装螺栓</td><td>150</td></tr>
<tr><td>6</td><td>空气簧调整垫安装螺栓</td><td>150</td></tr>
<tr><td>7</td><td>横向油压减振器</td><td>150</td></tr>
<tr><td>8</td><td>垂向油压减振器下部安装螺栓</td><td>60</td></tr>
<tr><td>9</td><td>垂向油压减振器上部安装螺栓</td><td>60</td></tr>
<tr><td>10</td><td>牵引拉杆安装螺栓与构架安装</td><td>300</td></tr>
</table></td><td>转向架各紧固位置力矩值是否熟知</td><td>□是 □否</td></tr>
<tr><td> </td><td>用手将螺母拧紧进入螺栓中，用棘轮扳手将螺母拧进螺栓底部，不得拧得太紧</td><td>□是 □否</td></tr>
<tr><td> </td><td>连接并检查扭力扳手与各辅助连接件（如套筒）连接状态是否良好，套筒与被紧固件连接是否稳固</td><td>□是 □否</td></tr>
</table>

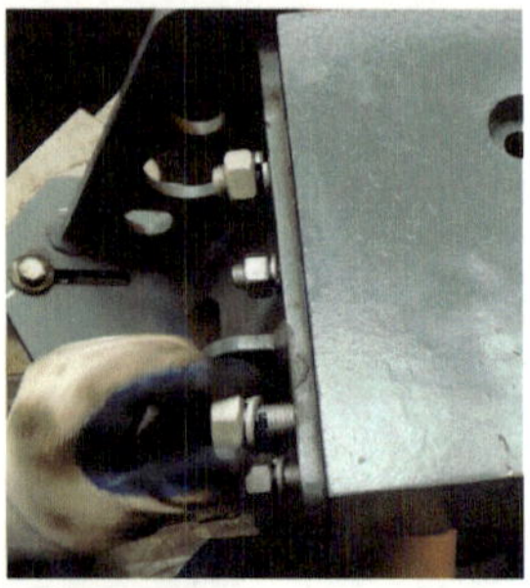

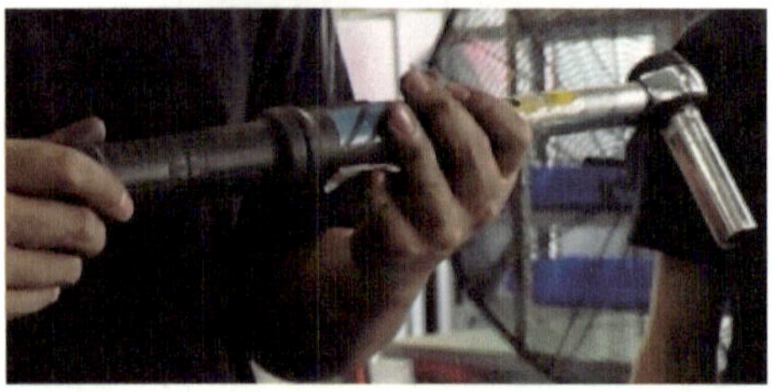

（续）

	根据环境情况站稳、扶紧，保持正确姿势：一手扶住棘轮一头，另一手掰扭力扳手手柄中部位置	□是 □否
	施加力矩，沿垂直于管身方向慢慢加力，施加力应尽量与扳手垂直（施力摆角在任何方向应在15°以内），保持施加力矩的平衡、稳固	□是 □否
	当听到"咔嚓"响声后停止掰动扭力扳手，手柄往回回一点，再次扶稳住紧固方向掰动手柄加力，当听到扭力扳手发出第2次声响后，停止摆动手柄	□是 □否
	对被紧固件实行逐级预紧和对角施加力矩紧固	□是 □否
	紧固作业结束后，将紧固的螺栓画好防松线	□是 □否
	作业结束，拆卸扭力扳手上的套筒，将扭力扳手力矩值调至最小，锁紧调整装置	□是 □否

		（续）
	擦拭干净扭力扳手和套筒，并将扭力扳手和套筒放入指定工具盒或工具包	□是 □否

五、使用扭力扳手的注意事项	成绩：

1）检查扭力扳手使用有效期，检查扭力扳手外观状态良好。
2）请勿在闭锁状态下转动手柄，以防损坏力矩设定装置。
3）不使用时，请将力矩值设置到最小力矩处（回零），以保持测量精度。
4）严禁外接延长装置使用。
5）严禁将扭力扳手当作普通扳手，直接用来拆卸或紧固零件；请勿随意乱丢；请不要与其他工具混放或让其他工具压在上面。
6）扭力扳手使用 1 年时应检查、校准 1 次，以保证其精确度。

六、防松标识（弛缓线）作业规范	成绩：

防松标记的主要功能是在检查工作中能快速、明确地掌握紧固件或工件是否发生松动，提高作业质量的一种检查方式。
1）油漆记号笔的颜色应能与被标识部分颜色明显区分开，一般情况选用红色油漆记号笔。
2）部件或者系统的恢复功能的检修工作，造成紧固件需要重新紧固的，必须重新对紧固件进行防松标记。
3）通常紧固件的固定方向就是标记线的标记方向。
4）同一产品的相同部位防松标识应一致，相邻或成组螺栓（螺钉）、螺母的防松标识应一致。
5）标记线的标记位置以该部件受检可视位置为准，如果该部件没有检车可视位置，以紧固工序的可视位置为准。
6）自检与复检的标记方法。
① M8 及以上的螺栓、螺母。
a. 用两条红、黑平行线条表示，自检时用黑笔涂打，复检时用红笔涂打。
b. 从螺母端紧固的，在可视部位从固定件的表面打到螺母的侧面。
c. 从螺栓端紧固的，在可视部位从固定件的表面打到螺栓的头部。
② M8 以下的螺栓、螺母。
a. 用一条黑线和一个红点表示，自检时用黑笔涂打，复检时用红笔涂打。
b. 从螺母端紧固的，在可视部位黑线从固定件的表面打到螺母的侧面，红点在黑线相邻螺母的可视部位涂打。
c. 从螺栓端紧固的，在可视部位黑线从螺栓的头部打到固定件的表面，红点在黑线相邻螺栓的可视部位涂打。

七、质量检查		成绩：	
请实训指导教师检查本组作业结果，并针对实训过程出现的问题提出改进措施及建议。			
序号	评价标准		评价结果
1	熟知作业部件各力矩值		
2	准用证在可用期内		
3	扭力值调整规范、到位		
4	在施加力矩过程中，保持施加力矩的平衡、稳固		
5	防松线按标准涂打		
6	作业后做好现场6S，整理工器具；作业记录表填写及时、准确		
综合评价	☆ ☆ ☆ ☆ ☆		
综合评语 （作业问题及改进建议）			

八、评价反馈	成绩：

请根据自己在课堂中的实际表现进行自我反思和自我评价。

自我反思：_____
_____。

自我评价：_____
_____。

实训成绩单			
项目	评分标准	分值	得分
接收工作任务	清楚本小组的生产任务、小组内的生产分工、作业完成时间节点	5	
扭力扳手基础认知	清楚扭力扳手的结构和使用方法	10	
准备工作	检修场地准备充分，检修设备、工具、材料准备齐全	5	
扭力扳手标准实操	扭力扳手的操作按标准执行	30	
防松标识（弛缓线）作业规范	画弛缓线完整无缺漏，按标准执行	20	

(续)

项目	评分标准	分值	得分
使用扭力扳手的注意事项	未出现扭力扳手的禁忌使用动作、行为	10	
质量检查	扭力扳手的使用规范，保养到位，现场 6S 整理，作业记录表按时填写	10	
评价反馈	能对自身表现情况进行客观评价	5	
	在任务实施过程中能发现自身问题	5	
得分（满分 100）			

实训工单九　常用量具的使用

学院		专业	
姓名		学号	
小组成员		组长姓名	

一、接收工作任务	成绩：

轮对的相关尺寸对行车安全、稳定性至关重要。车辆检修工____在师傅的带领下进行轮对尺寸的测量。轮对的相关尺寸测量需要用到第四种检查器、轮径尺、轮对内距尺等。

二、常用量具基础认知	成绩：

1. 看图写出 LLJ-4C 第四种检查器各部分的名称。

1—_____　2—_____　3—_____　4—_____　5—_____
6—_____　7—_____　8—_____　9—_____　10—_____

2. 看图写出轮径尺各部分的名称。

1—_____　2—_____　3—_____　4—_____　5—_____
6—_____　7—_____　8—_____

三、准备工作		成绩:	
1. 测量前注意事项 按安全要求穿工作服和安全鞋，戴安全帽。 2. 测量前确认 1）检查第四种检查器的合格证及状态。 2）检查轮对被测表面并用纱布擦干净。 3. 作业使用的工具			
序号	名称	数量	清点
1	LLJ-4C 第四种检查器	1 把	□已清点
2	轮径尺	1 把	□已清点

四、轮对尺寸的测量			成绩:	
图片	作业步骤	作业内容	合格标准	
	1	测量踏面磨耗及轮缘高度	1）对车轮踏面外形进行检查，并测量轮缘高度，做好记录 2）每个车轮在可测量范围内平均取3点测量，计算平均值	正常：是□ 否□ 踏面磨耗：＿＿＿＿ 轮缘高：＿＿＿＿ 缺陷描述：
	2	测量轮缘厚度及垂直磨耗	1）测量轮缘厚度、轮缘磨耗，做好记录 2）每个车轮在可测量范围内平均取3点测量，计算平均值	正常：是□ 否□ 轮缘厚度：＿＿＿＿ 垂直磨耗：＿＿＿＿ 缺陷描述：
	3	测量轮辋宽度	1）测量轮辋宽度，做好记录 2）每个车轮在可测量范围内平均取3点测量，计算平均值	正常：是□ 否□ 轮辋宽度：＿＿＿＿ 缺陷描述：

(续)

图片	作业步骤	作业内容	合格标准
轮辋高度值 H_1 / 轮辋高度值 H_2	4	测量踏面擦伤深度、擦伤长度	检查踏面擦伤，擦伤达到标准，应镟轮	正常：是 □ 否 □ 缺陷描述：
踏面剥离长度	5	测量踏面剥离深度、剥离长度	检查踏面剥离，剥离达到标准，应镟轮	正常：是 □ 否 □ 缺陷描述：
	6	测量车轮碾宽	将尺身垂直边贴紧轮辋外侧面；用碾宽测量刻线测量碾宽	正常：是 □ 否 □ 车轮碾宽：____ 缺陷描述：
	7	轮径尺寸测量	1）用轮径测量尺对车轮直径进行测量，并做好记录，测量一个转向架之后重新用标准圆校准 2）每个车轮在可测量范围内平均取3点测量3次	正常：是 □ 否 □ 车轮直径：____ 缺陷描述：
	8	内侧距尺寸测量	用轮对内距尺测量轮对内距，在可测量范围内平均取3点进行测量，计算平均值	正常：是 □ 否 □ 轮对内侧距离：____ 缺陷描述：

五、专业量具的使用注意事项	成绩：

1. 第四种检查器使用时的注意事项
1）使用前注意"70"刻度线是否对齐。
2）直接在贴合状态下读数，最好不要取下读数，以免移动后数值跑偏。
3）平均选取3点进行测量，取平均值记录。
4）检查尺要轻拿轻放，严禁扔。
5）使用后及时清洁检查尺。
6）要对检查尺定期进行检测。
2. 轮径尺使用时的注意事项
1）检查轮径尺的状态，确认有效期。
2）检查百分表头的好坏和表的灵敏度、调零校准。
3）擦拭干净轮径尺各接触面。
4）正确组装轮径尺。
5）准确根据基准圆值调整好表头数值。
6）擦拭被测轮对踏面。

六、专业量具的维护	成绩：

第四种检查器、轮径尺的维护：
1）测量前将工件和量具测量面擦净，以免影响测量精度和量具磨损。
2）量具在使用过程中不要和其他工器具放在一起，以免碰坏。
3）不要测量转动的工件。
4）温度对量具精度影响很大，量具不要放在热源附近，以免变形。
5）用完后及时清理擦净，放在专用盒子里。

七、质量检查	成绩：

请实训指导教师检查本组作业结果，并针对实训过程出现的问题提出改进措施及建议。

序号	评价标准	评价结果
1	清楚第四种检查器、轮对内距尺、轮径尺各部分的名称和功能	
2	按安全操作规程使用第四种检查器、轮对内距尺、轮径尺	
3	测量数值准确，测量误差在5%范围内	
4	量具保养到位	
5	作业后做好现场6S，整理工器具；作业记录表填写及时、准确	

(续)

序号	评价标准	评价结果
综合评价	☆ ☆ ☆ ☆ ☆	
综合评语 （作业问题及改进建议）		

八、评价反馈	成绩：

请根据自己在课堂中的实际表现进行自我反思和自我评价。

自我反思：_____
_____。

自我评价：_____
_____。

实训成绩单

项目	评分标准	分值	得分
接收工作任务	清楚本小组的生产任务、小组内的生产分工、作业完成时间节点	5	
常用量具基础认知	清楚专业量具的结构和使用方法	10	
准备工作	检修场地准备充分，检修设备、工具、材料准备齐全	5	
轮对尺寸的测量	轮对尺寸的测量、读数按标准执行	30	
第四种检查器的使用注意事项	第四种检查器的测量、读数按标准执行	15	
专业量具的维护	专业量具的保养按标准执行	15	
质量检查	专业量具的使用规范，保养到位，现场 6S 整理，作业记录表按时填写	10	
评价反馈	能对自身表现情况进行客观评价	5	
	在任务实施过程中能发现自身问题	5	
得分（满分 100）